Pour une marine marchande au service du développement

Martin Parfait Aimé COUSSOUD-MAVOUNGOU

Pour une marine marchande au service du développement

Discours

Préface de Françoise Odier

L'Harmattan
Congo-Brazzaville

5-7, rue de l'Ecole-Polytechnique, 75005 Paris

http://www.editions-harmattan.fr

ISBN : 978-2-343-13487-1
EAN : 9782343134871

Je dédie cet ouvrage à :

- Papa Cououssoud et Maman Julienne ;
- Palmera et Louise, mes épouses ;
- Lody, Reine, Lo Aimée, Martin, Dylan, Kukel, Martilo, Amelife et Julie, mes enfants ;
- Mes frères et sœurs ;
- Toute ma famille ;
- La communauté maritime africaine ;
- Tous les administrateurs des affaires maritimes.

PREFACE

L'engagement d'une personnalité politique en faveur du transport maritime et multimodal est un fait suffisamment rare pour que j'en souligne ici l'importance et la qualité.

L'auteur de cet ouvrage, tout en étant engagé de façon active dans la vie politique et économique de son pays, a découvert dès les bancs de l'école l'importance du transport et de la navigation et acquis, dans ce domaine, une somme de connaissances qui marquent toute son action. Il a aujourd'hui le courage et l'intelligence d'offrir un ouvrage qui doit servir de guide et d'instrument de réflexion à tous les Etats soucieux de s'engager dans une politique de développement et en particulier à tous les Etats d'Afrique de l'Ouest et du Centre pour lesquels exporter et importer constituent un élément essentiel de leur activité.

L'ouvrage est publié au moment où il le fallait : il correspond en effet aux besoins de l'Afrique de l'Ouest et du Centre qui s'engagent dans des mutations essentielles, une évolution de cette nature ne se fait pas en se refermant sur ses frontières, elle n'est possible que grâce à une ouverture au monde.

Cette ouverture au monde se réalise à travers le développement des ports et le développement des transports aussi bien maritimes que terrestres.

L'ouvrage dont nous soulignons ici l'importance est imprégné de cette idée. Il sera le fil conducteur des politiques nationales et régionales dans les années à venir.

Il est en effet primordial que dans le cadre d'une coordination régionale les infrastructures se mettent en place de telle sorte que les transports ferroviaires et routiers puissent se développer de façon rapide et sûre au service des industries locales. En effet il n'est pas concevable qu'une économie puisse connaître une forte croissance si les transports ne jouent pas leur rôle de complément indispensable à la production. Il est également inconcevable qu'une économie puisse vivre sans des ports d'accès facile où les transits s'effectuent rapidement et sûrement sans pénaliser la marchandise ou le navire.

Tous ces aspects méritaient d'être rappelés et tous les responsables disposent maintenant d'un corpus de réflexion qu'il conviendra de méditer pour les choix à venir.

Il est important que ce message ait été délivré par un homme politique car les orientations à prendre impliquent des choix globaux.

Il est en effet impossible de réussir une politique de transports terrestre et maritime si elle ne s'inscrit pas dans un environnement politique et économique stable et sûr. Il faut donc un droit adapté, des mesures en matière de sécurité et de sûreté, une politique d'investissement faisant une place aux industriels, mais soucieuse aussi de la défense de l'Etat.

Tous ces aspects, les politiques doivent les avoir en tête, ils ont maintenant un guide pour les soutenir dans leur ambition.
Il ne reste qu'à souhaiter que tous sachent lire l'ouvrage qu'ils ont la chance d'avoir en main et à nous féliciter qu'un tel livre ait pu être écrit.

Françoise ODIER
Présidente d'honneur de
l'Association française du droit maritime (AFDM),
Professeure associée à l'Université de Paris 1 Panthéon Sorbonne
(honoraire).

AVANT-PROPOS

Le commerce international s'effectue à plus de 90% par les voies maritimes. Pays côtier, avec une façade de 170 kilomètres ouverte sur l'Atlantique, la République du Congo entend capitaliser sa position géostratégique en la matière. Son port de Pointe-Noire, de loin le plus grand en eaux profondes, dans le golfe de Guinée, est un atout supplémentaire pour booster l'économie maritime en Afrique de l'Ouest et du Centre. Pour le Congo, la reconquête du statut de pays de transit passe en priorité par une réorganisation rationnelle de ce secteur pourvoyeur d'emplois et dont la gestion intègre la formation d'une main-d'œuvre qualifiée, la protection et l'exploitation des ressources naturelles, la construction des infrastructures, ainsi que la sécurisation des voies et des moyens de transport.

Dans cette perspective, le Congo s'est résolu à mettre sa réglementation en conformité avec les normes internationales. Le pays a ratifié la totalité des conventions de l'Organisation maritime internationale relatives, entre autres questions, à la sûreté et à la sécurité maritimes, à la lutte contre la pollution ainsi qu'à la navigation. Cet engagement lui a valu d'assurer à maintes occasions la présidence des instances sous-régionales ad hoc telles que le Mémorandum d'entente sur le contrôle des navires par l'Etat du port dans la région d'Afrique de l'Ouest et du Centre (MoU d'Abuja) et l'Académie régionale des sciences et techniques de la mer (ARSTM) d'Abidjan.

Ces questions participent de la matière du présent livre. Les discours qui en constituent l'ossature ont été prononcés dans le cadre des charges que j'ai assumées au sein de l'Organisation maritime de l'Afrique de l'Ouest et du Centre de 1998 à 2001 et que j'assume au sein du Gouvernement pour les questions maritimes depuis 2008, en qualité de ministre ou de ministre délégué à la Marine marchande. Ces discours n'ont pas la prétention d'égaler ceux des grands tribuns qui, par la beauté et la vigueur de leur verbe, ont marqué l'histoire, mais ils apportent des réponses aux questions que se posent les citoyens au quotidien, questions que Quintilien, rhéteur du 1er siècle après Jésus-Christ, auteur des codes administratifs de l'Empire romain, prescrivit comme règle d'or de l'acte d'informer : Qui ? Quoi ? Où ? Quand ? Comment ? Pourquoi ?

Dans la vie publique, le pouvoir des discours réside dans leur capacité d'immortaliser les événements et de fixer, dans l'espace et dans le temps, les repères de l'action, états de lieux, bilans des projets réalisés, projection des tâches à accomplir, feuilles de route : les plus grands choix de gouvernance de la cité, les plus grandes décisions politiques se lisent sous le pli des propos des décideurs.

J'ai emprunté ma rhétorique aux métiers de la mer, ceux auxquels j'ai été formé et qui ont façonné ma personnalité, ceux dont l'apport est attendu dans la diversification de l'économie congolaise. Spécialistes de l'économie maritime et profanes devraient y trouver des données pratiques et des informations utiles sur la politique nationale en matière d'économie maritime.

La publication de ce livre me donne l'occasion de renouveler mes hommages à monsieur le président de la République, Denis Sassou-N'Guesso, pour sa confiance et pour ses orientations. J'associe, à ces mots de gratitude, tous les ministres et ministres d'Etat auprès desquels j'ai travaillé respectivement en qualité de conseiller ou de ministre délégué. Les premiers m'ont initié à l'art de gérer les hommes et les dossiers, tandis que les seconds m'inspirent au quotidien.

Martin Parfait Aimé COUSSOUD-MAVOUNGOU

MESSAGES DE VŒUX DE NOUVEL AN

Allocution prononcée à la cérémonie de présentation des vœux de nouvel an 2008
Brazzaville, le 29 janvier 2008

Monsieur le directeur général du Port autonome de Pointe-Noire, qui est qualifié ici de plus ancien des directeurs généraux,

Messieurs les anciens directeurs généraux du département des Transports maritimes et de la marine marchande,

Messieurs les directeurs centraux,

Vous tous ici présents en vos rangs et prérogatives, je voudrais en cet instant remercier ceux qui ont choisi ce lieu parce que ce lieu me rappelle janvier 1999. Les plus anciens se souviendront qu'après la Conférence réussie de 1998, le ministre Martin Mberi passa le témoin au ministre Isidore Mvouba en ce lieu. C'est en ces lieux qu'il y a eu le cocktail, je m'en souviendrai toujours et je voudrais vous remercier de nous avoir ramenés à ces années-là en train d'attendre le mot de monsieur le ministre.

En principe, je ne devrais pas prononcer de discours. Mais, on a beau chasser le naturel, il revient au galop.

Le président de la République a fait une fois de plus confiance au secteur maritime en y amenant un des cadres- maison, c'est pourquoi, je vais vous donner quelques orientations.

La protection de l'environnement marin et côtier, les transports maritimes, l'administration et la gestion portuaires, la gestion des gens de mer, la défense des intérêts des chargeurs, la coopération internationale, régionale et sous-régionale, la formation maritime et portuaire, sont des dossiers qui nous ont été transmis par notre prédécesseur.

A cet effet, il me plaît d'abord de vous exhorter au travail bien fait et ce, en conformité avec les orientations du président de la République, afin que la marine marchande et les transports maritimes prennent toute leur place de soutien solide aux secteurs-clés de l'économie congolaise tant pour les importations que pour les exportations.

C'est le lieu de vous rappeler que le privilège d'avoir à gérer la « chose publique » est inséparable du devoir d'en rendre compte. Aussi, je veillerai personnellement à ce que chacun de vous, dans ses fonctions et attributions, soit comptable de son propre rendement.

Je voudrais rassurer les structures sous-tutelle, placées dans le 2ème périmètre de privatisation, que le Gouvernement de la république ne ménagera aucun effort pour leur apporter, dans toute la mesure du possible, un appui multiforme en vue de l'assainissement de leurs situations respectives.

Aux partenaires sociaux, je voudrais dire que je reste ouvert au dialogue constructif dans l'intérêt bien compris de toutes les parties concernées.

Si dans son message à la Nation de l'année 2007, Son Excellence Denis Sassou-N'Guesso, président de la République, chef de l'Etat, déclarait : « 2007, année de la rigueur et de l'ardeur au travail », il n'en demeure pas moins que cette déclaration reste d'actualité pour cette année 2008.

C'est dire que nous plaçons l'année 2008 sous le signe « du pragmatisme, de la rigueur, de la discipline, de la concertation et de l'enthousiasme au travail ».

C'est à ce prix en effet que, tous ensemble, ceux qui, sur le pont, tiennent le gouvernail, le sextant et la règle Cras, de même que ceux qui, dans la soute, œuvrent sans relâche au parfait fonctionnement des moteurs et machines, nous réussirons à mener au bon port de « La Nouvelle espérance », le navire « MARINE MARCHANDE ET TRANSPORTS MARITIMES » battant pavillon de la République du Congo.

Mesdames et messieurs,

La politique maritime globale que, tous ensemble, nous devons porter haut et impulser large, consiste à cerner tous les maillons de la chaîne congolaise des transports maritimes en vue de la reconquête durable de la vocation de transit et du dynamisme économique de notre pays.

Pour ce faire, conformément aux prescriptions de « La Nouvelle espérance », je vous ordonne de faire en sorte que, dans notre département, les orientations suivantes soient scrupuleusement observées tout au long de l'année en cours.

Il s'agit fondamentalement de :

- Restaurer l'autorité de l'Etat dans sa triple fonction régalienne :
- D'abord, la conception des règles du jeu, justes et impartiales dans toutes les activités maritimes et portuaires dans notre pays ;

- Ensuite l'impulsion d'une dynamique constante dans leur loyale observation par tous les acteurs ;
- Et enfin, le contrôle in fine du travail accompli ;
- Faire aboutir au plus vite le dossier relatif au statut particulier des agents du sous-secteur des transports maritimes et de la marine marchande, dans l'affirmation du caractère paramilitaire ;
- Veiller au respect des normes internationales en matière de travail maritime, de navigation, de sécurité et sûreté maritimes dans les eaux sous juridiction nationale particulièrement le respect du Code ISPS et STCW 95 ;
- Encadrer et contrôler les opérateurs maritimes du secteur des auxiliaires du transport maritime, des professions maritimes et des prestataires de services aux gens de mer ;
- Refaire toute la réglementation nationale en matière de travail maritime, de sécurité, de navigation et de sûreté maritimes ;
- Veiller à la professionnalisation de l'exercice des activités des opérateurs dans le secteur des transports maritimes et de la marine marchande, car dès aujourd'hui les prédateurs qui œuvrent dans notre secteur doivent s'éloigner déjà de nous ;
- Assurer la promotion de la participation des femmes dans le secteur maritime ;
- Veiller à la bonne coordination des actions de l'Etat en mer pour un développement harmonieux du secteur maritime ;
- Promouvoir les mécanismes adéquats à la création des emplois maritimes particulièrement dans le secteur des gens de mer ;
- Veiller de matière courageuse que le port soit véritablement compétitif en lui assurant un regard bienveillant dans la gestion de toutes ses réformes qui lui permettent d'être réellement au service du développement économique de notre pays par sa vocation de voie de transit ;
- Suivre la mise en œuvre effective du Programme d'investissements prioritaires du port autonome de Pointe-Noire ;
- Recenser tous les occupants illégaux du domaine public portuaire en vue de leur déguerpissement.

Vous conviendrez avec moi qu'il ne vous échappe pas en effet que plus vite sera assainie l'occupation du domaine public portuaire, plus vite sera restaurée une totale confiance entre le port et tous ses partenaires privés et publics.

A cela, les opérateurs économiques se sentiront sécurisés dans toutes leurs activités dans l'enceinte portuaire lorsqu'ils capitaliseront l'immense gain de temps que leur procurera désormais une meilleure fluidité de circulation de leurs marchandises dans le périmètre portuaire.

C'est pourquoi, je vous exhorte donc solennellement à prendre bonne note de ce que l'assainissement et la sécurisation de l'occupation du domaine public portuaire constituent le premier acte qui vous incombe dans notre politique de revalorisation visant à réinstaller le port au cœur des activités économiques non pas seulement de la ville de Pointe-Noire, même si nous tenons à valoriser « l'interface ville-port », mais aussi et surtout de tout le Congo :

- Faire en sorte que tous ensemble nous œuvrions pour que la mer, patrimoine commun de tous les Congolais, soit au service du développement du Congo : c'est à ce moment-là seulement que nous cesserons de tourner le dos à la mer ;
- Veiller, par le biais des superviseurs des zones et des mandataires à l'étranger du Conseil congolais des chargeurs, à ce que ne soient plus embarqués, à destination de notre pays, des véhicules non cotés à l'Argus c'est-à-dire d'un âge avancé ;
- Assister véritablement les chargeurs sur toute l'étendue du territoire national, par la mise en place d'infrastructures d'appui à leurs activités (gares de fret, entrepôts, centres intégrés de marchandises) ;
- Veiller à l'aboutissement du projet Guichet unique maritime ;
- Transporter, tant à l'import qu'à l'export, dans les meilleures conditions de coût qu'offre un marché toujours plus concurrentiel, tous les produits nécessaires à la bonne marche de l'économie congolaise ;
- Gérer avec rigueur les droits de trafic maritimes générés par le commerce extérieur du Congo, d'où la nécessité de déployer les voies et moyens d'acquisition des navires ;
- Mettre en œuvre la Convention de concession des activités de pilotage, de remorquage et de lamanage, signée avec le Port autonome de Pointe-Noire ;
- Dynamiser le Centre national d'information et de documentation maritimes qui est chargé de la mise en application des dispositions du mémorandum d'entente sur le contrôle des navires par l'Etat du port dans la région de l'Afrique de l'Ouest et du Centre du 22 octobre 1999.

Mesdames et messieurs,

La mer est-elle une richesse exploitée, explorée ou oubliée ?

La signature, le 17 janvier 2008, par le ministre des Transports maritimes et de la Marine marchande de la loi portant adhésion de la République du Congo à la Convention des Nations Unies de 1982 sur le droit de la mer, qui va être promulguée par le président de la République, va augurer des lendemains meilleurs afin que le Congo reprenne sa place dans le concert des nations maritimes en Afrique d'abord particulièrement avec l'Organisation maritime de l'Afrique de l'Ouest et du Centre et dans le monde ensuite avec l'Organisation maritime internationale.

C'est à cet effet que nous lançons à partir de cette année une campagne de vulgarisation du secteur maritime congolais :

- L'organisation et le suivi du Prix de stratégie, de travail, sécurité, navigation et sûreté maritimes « Denis Sassou-N'Guesso » décerné pendant la Journée mondiale de la mer dans notre pays, qui va récompenser les travaux riches d'enseignement pour le présent et l'avenir dans le domaine de la pensée et de l'histoire maritimes de notre pays ;

- L'Organisation des journées maritimes à l'attention du parlement congolais dès la session de mars 2008 ;

- La création des vendredis de la mer qui comporteront des exposés des personnalités maritimes avec les chambres consulaires ;

Enfin, à toutes les structures relevant des secteurs maritime et portuaire, je demande impérativement de veiller à la formation du personnel, à son recyclage et à son perfectionnement permanent, en vue du renforcement régulier de ses capacités.

Parce qu'aucune politique de développement, si bien conçue soit-elle, n'a de chance d'efficacité que si elle n'est portée et mise en application par des hommes et des femmes bien formés et compétents.

C'est le prix que nous devons tous accepter de payer pour améliorer le niveau de rendement et de compétitivité de toutes nos structures au service de « La Nouvelle espérance », porteuse du bien-être et de l'épanouissement du peuple congolais.

Je n'ai ni l'intention ni la vocation de m'ériger en gendarme de vos faits et gestes quotidiens, mais vous conviendrez avec moi que pour bien faire son travail, il faut commencer par être présent et assidu à son lieu de travail. Ensuite, seulement vient la récompense du mérite et de la compétence.

Mesdames et messieurs,

Par conséquent, la rigueur, l'effort, l'enthousiasme et l'abnégation au travail doivent être le leitmotiv non seulement de tous mes collaborateurs immédiats, mais également de tous les cadres et agents des secteurs maritime et portuaire.

Je me réserve le droit de m'en assurer personnellement aussi bien par des visites périodiques que par des visites inopinées.

Il m'importe au plus haut point en effet que chacun ait constamment à l'esprit qu'en faisant administrer et gérer la marine marchande et les transports maritimes par des professionnels maritimes, hommes et femmes, cadres et agents, tous formés et rompus aux grands enjeux maritimes de notre temps, le président de la République, Son Excellence Denis Sassou-N'Guesso nous a certes honorés de sa confiance, mais il nous a surtout astreints à une rigoureuse obligation de résultat qui nous ferme toute fenêtre de justification d'éventuelles insuffisances.

Qu'il trouve ici et maintenant l'expression de notre reconnaissance et de notre disponibilité renouvelées.

Vous l'avez donc compris, mesdames et messieurs, c'est à nous à présent de prendre résolument nos responsabilités, sans aucune perte de temps, pour ancrer véritablement les secteurs maritime et portuaire comme fer de lance de la croissance économique et du développement durable de notre pays, afin qu'ils tiennent toute leur place dans la lutte contre la pauvreté.

C'est bien en cela qu'en son temps, un illustre pionner en la matière, feu président Félix Houphouët-Boigny de la Côte d'Ivoire, disait : « La voie de la libération économique passe par la mer ».

Mesdames et messieurs,

C'est ici le lieu de rendre un vibrant hommage à Son Excellence Denis Sassou-N'Guesso, président de la République du Congo qui, lors de la 10ème session ordinaire de la Conférence ministérielle des Etats de l'Afrique de l'Ouest et du Centre sur les transports maritimes, qui s'était tenue à Brazzaville, du 26 au 30 octobre 1998, a jeté les bases du nouveau concept du management stratégique de la mer, qui a donné une impulsion nouvelle s'étant traduite entre autres par la naissance de l'Organisation maritime de l'Afrique de l'Ouest et du Centre à Abidjan, le 06 août 1999, à la 6ème session extraordinaire.

C'est pourquoi, j'ai l'honneur et le plaisir de vous annoncer les personnalités de notre pays nominées pour les décorations à la 13ème Assemblée générale de l'Organisation maritime de l'Afrique de l'Ouest et du Centre à Dakar, en mars 2008 :

- Son Excellence Denis Sassou-N'Guesso, président de la République ;
- Monsieur Isidore Mvouba, Premier ministre, chargé de la Coordination de l'action du Gouvernement et des privatisations, président de la 10ème Organisation maritime de l'Afrique de l'Ouest et du Centre ;
- Maître Martin Mberi, ministre des Transports, de l'Aviation civile et de la Marine marchande ;
- Monsieur Martin Parfait Aimé Coussoud-Mavoungou, ministre des Transports maritimes et de la Marine marchande de la République du Congo ; en sa qualité de président du comité des experts de la 10ème Organisation maritime de l'Afrique de l'Ouest et du Centre (OMAOC) ;
- Madame Colette Maganga, directrice du marketing et de l'assistance aux chargeurs ;
- Monsieur André Loemba-Goma, inspecteur général des affaires maritimes et portuaires, ancien directeur général de la marine marchande ;
- Monsieur Jean Félix Mouthoud-Tchikaya, directeur général de la marine marchande ;
- Monsieur Jean Marie Anielé, directeur général du Port autonome de Pointe-Noire, ancien président de l'Association de gestion des ports de l'Afrique de l'Ouest et du Centre ;
- Monsieur Alphonse Bayonne, ancien directeur de la marine marchande ;
- Alphonse Mbama, ancien directeur du Port de Pointe-Noire ;
- Dominique Bemba, directeur de cabinet du Premier ministre, ancien directeur du Port de Pointe-Noire.

Il me sied de citer le président Denis Sassou-N'Guesso : « Le temps est accompli où nous devons regarder toujours plus loin et viser toujours plus haut.

L'essor de renouveau dont le Congo est désormais animé lui promet un développement qui, pour être durable, doit être cumulatif.
Soyons donc sourds aux sirènes du recul pour que le Congo reprenne résolument, librement et solidairement la main de son destin, celle de son développement national.

Mais, la page dont je viens de décliner la trame devant vous, représentants de la nation, est celle de la confiance dans le renouveau.

Avec foi et détermination, nous devons œuvrer sans relâche, pour donner plus de substance et de constance à cet élan de reconnaissance et de rédemption nationale, afin que, dans l'unité, le travail et le progrès, triomphent le Congo et la république ».

Mesdames et messieurs,

Vous avez bien voulu m'adresser des vœux chaleureux en ce début d'année 2008, en retour, je formule pour chacun de vous en sa qualité et pour vous tous collectivement, ainsi que pour vos familles respectives, des vœux de bonheur, de paix et de prospérité tout au long de cette année 2008.

Je vous remercie.

Allocution prononcée à la cérémonie de présentation des vœux de nouvel an 2009
Brazzaville, le 17 janvier 2009

Monsieur l'inspecteur général des Affaires maritimes et portuaires ;
Mesdames et messieurs les directeurs généraux des administrations et entreprises sous-tutelle ;
Mesdames et messieurs les directeurs centraux et divisionnaires ;
Mesdames et messieurs les directeurs généraux des sociétés sous-tutelle ;
Distingués invités ;
Mesdames et messieurs,

A cet instant particulier qui réunit en ce lieu devenu historique pour notre département, tous les membres de la communauté portuaire, les usagers de la mer, les auxiliaires du transport maritime, les prestataires de services des gens de mer et certaines personnalités qui ont marqué l'histoire de notre pays, permettez-moi de lancer, en votre nom et en mon nom propre, un très vibrant hommage à un homme émérite, un "maritimiste" hors pair, vous l'avez sans doute deviné, Son Excellence Denis Sassou-N'Guesso, président de la République, chef de l'Etat, pour le soutien au secteur maritime par les directives édictées au Gouvernement.

A Madame Antoinette Sassou-N'guesso, épouse du président de la République, marraine de la première Vedette de surveillance côtière dénommée "Affaires Maritimes 001- Moe Tchikambissi", tous nos hommages les plus déférents pour l'œuvre salvatrice qu'elle ne cesse d'accomplir pour le développement harmonieux du secteur maritime et portuaire.

Mesdames et messieurs,

C'est le 30 décembre 2007 que, sous l'impulsion du chef de l'Etat, nous fut confié l'insigne honneur de présider aux destinées du département ministériel en charge des Transports maritimes et de la Marine marchande.

Mais, c'était précisément le 10 janvier 2008 que je pris attache avec vous tous ici présents pour définir ensemble les missions qui étaient les nôtres à la tête de ce département et qui étaient avant tout un acte de foi.

Foi en l'avenir de notre département et au rôle croissant qu'il est appelé à jouer dans le développement économique de notre pays.

Mesdames et messieurs,

Le président de la République dans son message à la Nation à l'occasion des vœux du nouvel an 2009 a précisé : « Le tableau de l'année 2008 pour le Congo met en relief une double teinte faite de satisfaction légitime et de contrariété subie ».

Il en va de même pour le secteur des transports maritimes et de la marine marchande.

En effet, au regard des résultats obtenus, je n'ai pas la prétention de dire qu'en une année civile nous ayons tout accompli du programme d'activités 2008 qui, en toute logique, doit se poursuivre en 2009, comme l'a su préciser monsieur le directeur de cabinet dans son allocution de circonstance.

Néanmoins, je puis me réjouir comme vous des avancées significatives notées dans l'accomplissement de certaines tâches, dans la négociation des accords bilatéraux et multilatéraux et la ratification des Conventions maritimes internationales, notamment la Convention des Nations Unies de 1982 sur le droit de la mer dite « Convention de Montego Bay ».

J'aimerais dire clairement pour le bien de tous que des succès notables ont été relevés dans l'aboutissement de certains dossiers clés du département dont, entre autres :

- L'amendement du Code communautaire de la marine marchande de la CEMAC ;
- La matérialisation du projet Guichet unique maritime (GUMAR) ;
- La signature de la Convention de concession du terminal à conteneurs du Port autonome de Pointe-Noire ;
- La privatisation de la Société congolaise de manutention de bois (SOCOMAB) ;
- La mise en œuvre effective des délégations maritimes de la Direction générale de la marine marchande ;
- La réappropriation du domaine public maritime spolié à Pointe-Noire et à Matombi.

Mesdames et messieurs,

Dans son message à la Nation, le président de la République à l'occasion des vœux du nouvel an, a placé l'année 2009 « sous le signe de l'effort solidaire et de la responsabilité partagée pour faire face à la conjoncture difficile du moment, accentuée par la crise financière internationale ».

Pour cela, le secteur de la Marine marchande et des Transports maritimes est plus que jamais ici sollicité pour renforcer les capacités d'absorption de crise de notre économie, afin de garder le cap de « La Nouvelle espérance » sans désemparer.

Pour deux mil neuf, le bon rendement doit être la préoccupation majeure qui nous accompagnera dans l'exécution des missions assignées au département.

J'exhorte chacun de vous à se mettre résolument au travail, d'imprimer un nouveau rythme, un nouvel élan, aux différentes tâches qui nous attendent et que la ponctualité, l'assiduité et l'efficacité doivent être le leitmotiv de chacun afin que dans l'harmonie et l'effort collectif nous réussissions de donner au secteur maritime l'occasion de jouer pleinement son rôle de levier dans l'économie congolaise.

Chacun devrait se sentir responsable dans la recherche du rendement quantitatif et qualitatif au travail.

Vous ne pouvez pas prendre part à la table du Seigneur et à celle des esprits mauvais, avait dit Saint Paul.

Il me plaît de vous rappeler une pensée de Winston Churchill : « Certains considèrent le chef comme un loup qu'on devrait abattre, d'autres pensent que c'est une vache que l'on peut traire sans arrêt. Peu voient en lui le cheval qui tire le chat ».

Ceux qui parmi vous se sont illustrés par certains comportements négatifs doivent se reconnaître dans leur capacité de nuisance avérée. Que cela s'arrête dès aujourd'hui avant que les mesures soient prises à leur encontre, car leur jeu est déjà démasqué.

Mesdames et messieurs,

Au regard des efforts consentis en 2008, des résultats obtenus et des objectifs atteints, je vous exhorte à ne pas perdre de vue des orientations déjà émises en 2008 et qui sont encore d'actualité.

L'année deux mil neuf doit se faire sur le thème : « Sécurité, sûreté et formation maritimes ».

Un accent particulier devra être mis sur les préoccupations ci-après :

Il est expressément demandé à toutes les structures sous-tutelle de procéder à la tenue, dans les meilleurs délais, des différents Conseils d'administration ou comités de direction et des sessions budgétaires pour l'exercice 2009.

L'Inspection générale des affaires maritimes et portuaires doit veiller scrupuleusement à la restauration et au renforcement de l'autorité de l'Etat en vue de dynamiser le secteur maritime et portuaire et de promouvoir la création d'emplois pour les jeunes.

L'administration maritime doit :

- finaliser le dossier qui dotera le ministère d'un statut particulier des agents du sous-secteur des Transports maritimes et de la Marine marchande par l'affirmation de son caractère paramilitaire ;
- suivre la mise en œuvre des questions de sécurité et de sûreté maritimes, notamment par l'application des dispositions des Codes ISPS et ISM ;
- traduire en droit interne les Conventions maritimes internationales ratifiées par le Congo ;
- poursuivre la gestion idoine du domaine public maritime et côtier, notamment contre l'érosion côtière ;

- former et recycler les agents dans le cadre de la coopération avec le Bureau international maritime (BIMV) ;
- Continuer avec l'Université de Nantes et l'Institut Eurafrique export avec lesquels nous venons de conclure un accord de partenariat en matière de formation.

L'autorité portuaire est appelée à :

- assurer le renforcement de la compétitivité portuaire en vue de faire face à la concurrence acharnée interportuaire ;
- mettre en œuvre le vaste Programme d'investissements prioritaires (PIP), notamment l'application des clauses de la Convention de concession du terminal à conteneurs, signée le 23 décembre 2008 avec le Groupe BOLLORE ainsi que la recherche de financement auprès des bailleurs de fonds pour la réalisation des autres projets ;
- respecter et faire respecter des dispositions pertinentes du Code ISPS.

Il est prescrit au Conseil congolais des chargeurs de :

- assurer la facilitation du commerce international et la simplification des formalités et procédures juridiques, administratives fiscalo-douanières constituant l'un des axes d'amélioration de la chaîne de transport et d'assistance aux activités des chargeurs ;
- procéder à la mise en place effective du Guichet unique maritime virtuel (GUMAR) ;
- renforcer les capacités opérationnelles des infrastructures d'appui aux activités des chargeurs déjà fonctionnelles (Centre intégré des marchandises de Nkayi, les antennes de Brazzaville, Ouesso, la supervision de Douala au Cameroun et l'Europe / l'Asie à Anvers en Belgique) ;
- veiller aux bonnes dispositions qui œuvrent dans la poursuite de la construction de l'entrepôt de Dolisie ;
- mettre en place de manière effective l'observatoire des transports.

L'armement national étant un instrument de consolidation de l'indépendance nationale et de la souveraineté d'un Etat, la Société congolaise de transports maritimes (SOCOTRAM S.A) et ses filiales doivent :

- veiller à la bonne exploitation des droits de trafic générés par le commerce extérieur du Congo ;
- acquérir si possible des navires en propre ou en affréter ;

- respecter les dispositions contenues dans la Convention de concession par le Port autonome de Pointe-Noire, des opérations portuaires à savoir : le pilotage, le remorquage et lamanage ;

La Société congolaise de transit (SOCOTRA) placée dans le second périmètre de privatisation est tenue de poursuivre la réflexion amorcée en 2008 sur sa remise à flot.

Le Centre national d'information et de documentation maritimes devra préparer et se préparer pour le respect des normes édictées dans le contrôle des navires par l'Etat du port et l'implantation opérationnelle du centre régional au rez-de-chaussée de l'immeuble dit FARGETTE à l'entrée du Port autonome de Pointe-Noire et cette dernière se trouve aussi interpellée.

La logistique pétrolière nécessitant des moyens performants, le Centre des services pétroliers (CSP) géré par INTELS CONGO S.A doit poursuivre les efforts entrepris pour sa modernisation.

Les partenaires sociaux (syndicats professionnels), quant à eux, doivent intérioriser les orientations du président de la République sur la préservation de la paix sociale édictées dans son message de fin d'année 2008.

Mesdames et messieurs,

La déclaration du millénaire des Nations Unies de septembre 2000 matérialisée par les Objectifs du millénaire pour le développement (OMD), nous enseigne qu'aucun Etat ne peut vivre en autarcie, c'est pourquoi, je vous demande qu'un accent particulier soit mis sur la coopération internationale, la promotion et l'intégration régionale et sous-régionale par la mise en application des résolutions et recommandations adoptées lors des assises des organisations ci-après :

- l'Organisation maritime internationale (OMI) ;
- la Conférence des Nations Unies sur le commerce et le développement (CNUCED) ;
- l'Organisation internationale du travail (OIT) ;
- la Division des affaires maritimes et de droit de la mer des Nations Unies ;
- la Commission océanographique intergouvernementale (COI) près l'UNESCO ;
- l'Union africaine (UA) avec le Nouveau partenariat pour le développement de l'Afrique (NEPAD) ;

- l’Organisation maritime de l’Afrique de l’Ouest et du Centre (OMAOC) avec ses organes spécialisés :
- l’Association de gestion des ports de l’Afrique de l’Ouest et du Centre (AGPAOC) ;
- l’Union des conseils des chargeurs africains (UCCA) ;
- l’Association des armements africains (3A) ;
- les académies maritimes régionales ;
- le Mémorandum d’entente sur le contrôle des navires par l’Etat du port dans la région de l’Afrique de l’Ouest et du Centre (MoU d’Abuja) pour les questions d’éradication des navires sous normes de nos eaux territoriales et dont notre pays assure la présidence.
- la Communauté économique des Etats de l’Afrique centrale (CEEAC) ;
- la Communauté économique et monétaire de l’Afrique centrale (CEMAC) ;

Sur le plan de la coopération bilatérale, des contacts devront être multiples pour élargir le champ de coopération maritime avec les pays émergents et permettre à notre pays l’exploitation des opportunités de coopération dans les domaines de la gestion des ports, la formation, la sécurité et sûreté maritimes.

Toutefois, les préoccupations sus-évoquées impliquent le renforcement des capacités du personnel et je m’y impliquerai personnellement.

Mesdames et messieurs,

La formation qualifiante est un de nos grands défis. La majorité de nos jeunes arrive sur le marché du travail sans aptitudes professionnelles spécifiques, sans qualification. Si nous voulons développer l’activité maritime, nous devons dispenser aux jeunes Congolais et Congolaises une formation qualifiante. C’est l’une des conditions du développement. Aucun pays au monde ne s’est développé sans femmes et sans hommes qualifiés.

Toutefois, la présence et l’assiduité au travail sont de rigueur. Ceux d’entre vous qui ne les respectent pas ou les directeurs généraux qui ne les font pas respecter feront l’objet de sanctions disciplinaires. Pour les agents qui ne les respectent pas, les sanctions iront jusqu’à la suspension des salaires.

Mesdames et messieurs,

Nous avons foi en la mer, c'est ici l'occasion de se tourner vers la mer, non seulement se tourner, mais aussi la dominer. C'est pourquoi Michel Montaigne disait : « dominer la mer, c'est dominer le monde ».

A cet effet, nous réaffirmons l'existence des vendredis de la mer et la mise en œuvre effective du prix de stratégie maritime Denis Sassou-N'Guesso.

Ce programme d'action nous paraît cohérent et nécessite la contribution de tous pour sa réalisation comme nous venons de le faire en 2008, et nous convenons que pour préserver ce vaste mouvement, il nous faut, dans un élan solidaire, nous armer de volonté et de détermination pour affronter les aléas et les désagréments de parcours qui ne manqueront pas. Il nous faut dispenser des efforts conséquents pour maîtriser les inconvénients conjoncturels.

Mesdames et messieurs,

Avant de terminer mon propos, je voudrais donc ici féliciter l'ensemble des travailleurs du cabinet et des structures sous-tutelle pour avoir su réaliser un certain nombre de conditions de succès dans l'accomplissement des tâches que nous nous sommes assignées en 2008.

L'année deux mil neuf est l'année de l'élection présidentielle et le secteur maritime et portuaire ne peut rester en marge de cet évènement capital de notre pays.

Votre ardeur au travail prouvera votre volonté d'assurer sans failles la réélection du président Denis Sassou-N'Guesso et nous poursuivrons notre action pour le bien du peuple congolais.

Pour ma part, sa réélection est déjà un acquis.

Mesdames et messieurs,

Paraphrasant les Saintes Ecritures, vous êtes prévenus qu' « il faut toujours tenir sa lampe allumée, car le Seigneur reviendra la nuit où vous l'attendrez le moins ».

J'ajoute encore : « lorsque l'on mène des combats en pensant à soi-même, on a plus de risques de finir dans la frustration que lorsque l'on se bat pour les autres, les générations futures ».

Sur ces mots, je vous formule en retour, ainsi qu'à vos familles respectives, mes vœux de bonheur, de santé, de prospérité et de réussite pour l'année 2009.

Je vous remercie.

ORGANISATION MARITIME INTERNATIONALE

Message à l'occasion de l'ouverture de la 26ème session de l'assemblée générale de l'Organisation maritime internationale
Londres, le 23 novembre 2009

Monsieur le président,
Monsieur le secrétaire général,
Honorables ministres et chefs de délégations,
Mesdames et messieurs ;

Permettez-moi tout d'abord de vous adresser au nom du peuple congolais et à ceux de mon Gouvernement et de son chef, Son Excellence Denis Sassou-N'Guesso, président de la République du Congo à vous-mêmes, à tout le bureau qui vous accompagne, à toutes les délégations ici présentes ainsi qu'au personnel de l'organisation nos chaleureuses salutations et tous nos vœux de totale réussite.

Nous aurons tout au long de ces deux semaines une occasion d'échanger sur l'avenir de l'organisation et sur les priorités qui gouverneront son action. Et il me revient à l'esprit que, dans cet exercice, l'Organisation maritime internationale et sa façon de faire font école parmi les institutions similaires. Nous sommes donc en droit de nous réjouir de ce que nous faisons ici.

En effet, à travers son programme intégré de coopération technique, tous les Etats ont la possibilité d'accroître leurs capacités de mettre en œuvre les conventions maritimes internationales et de rehausser ainsi le niveau de sécurité et de sûreté maritimes ainsi que la sensibilité aux questions des gens de mer et de protection du milieu marin pour le bien de toute la communauté mondiale.

Cependant, dans la partie du monde d'où je viens, c'est-à-dire en Afrique de l'Ouest et du Centre, une région partant de la Mauritanie en Angola, les transports maritimes ont quelques caractéristiques spécifiques :

- Le transport par mer se fait à l'aide des navires de faibles dimensions et de construction artisanale ;
- On note plusieurs activités en mer souvent incompatibles : explorations pétrolières intensives, pêche, circulation internationale ;
- On note également une forte concentration de navires d'un certain âge, en fin d'exploitation normale ;
- Une forte montée de la criminalité en mer.

Cet environnement crée un ensemble de problèmes dont on ne parle que peu ou presque pas à l'Organisation maritime internationale. Pourtant, ce sont bien des questions de sécurité et de sûreté maritimes qui se posent, les gens qui y trouvent la mort sont bien des gens de mer et les pollutions engendrées sont des pollutions marines émanant des navires.

En un mot, il y a bien des drames passés sous silence juridique maritime.

Monsieur le président,

Il me semble que l'organisation devrait assister cette partie du monde et prendre en compte ses spécificités.

En ce qui nous concerne, 15 Etats francophones de l'Afrique de l'Ouest et du Centre ont mis en avant leur désir de solidarité et d'intégration et ont créé une institution de formation appelée Académie régionale des sciences et techniques de la mer, basée à Abidjan, en Côte d'Ivoire, et qui se charge de la formation des personnels navigants et sédentaires à travers deux écoles.

En ma qualité de président en exercice du Conseil d'administration de l'académie, j'ai été chargé de tout mettre en œuvre afin de bâtir des partenariats susceptibles d'aider l'institution qui est sur la liste blanche de l'Organisation maritime internationale, à moderniser ses équipements et restaurer ses installations qui s'étendent sur 30 hectares à Abidjan.

J'en appelle ainsi solennellement au soutien de l'organisation et d'autres partenaires au développement pour que vive cette importante institution régionale qui cadre bien avec les objectifs de l'organisation.

Dans le même contexte de vouloir avancer ensemble, le Mémorandum d'entente sur le contrôle des navires par l'Etat du port dans la région de l'Afrique de l'Ouest et du Centre que nous avons créé avec le précieux concours de l'Organisation maritime internationale en 1999 à Abuja, au Nigéria, commence à prendre son envol et, en ma qualité une fois encore de président en exercice, j'ai le plaisir de vous annoncer que nous projetons de célébrer ses dix années d'existence au début de l'an prochain.

Ainsi, le MoU d'Abuja attend de l'Organisation maritime internationale l'implication nécessaire et des autres mémorandums à travers le monde l'appui qu'immanquablement ils voudront bien apporter pour le renforcement des capacités des inspecteurs appelés à effectuer les contrôles.

Monsieur le président,
Monsieur le secrétaire général,
Mesdames et messieurs,

La République du Congo, mon pays, est membre de l'Organisation maritime internationale depuis le 05 septembre 1975 et elle entend poursuivre ses activités au sein de cette organisation, car elle souhaite tirer le maximum de profit des programmes et projets mis en chantier en son sein d'où elle va s'acquitter de toutes ses contributions et arriérés de contributions au montant de 13.599,19 livres sterling avant la session du Conseil du 24 novembre 2009.

Le programme facultatif d'audit des Etats membres que nous considérons comme essentiel pour l'efficacité des administrations maritimes a eu toute notre adhésion et notre pays qui s'est aligné parmi les Etats désireux de s'y soumettre a déjà entrepris d'échanger avec l'Organisation dans ce sens.

Je souhaite que beaucoup d'Etats membres y adhèrent.

Membre de la Communauté économique et monétaire de l'Afrique centrale, l'aide de l'Organisation est sollicitée pour finir la révision du Code communautaire révisé de la marine marchande.

Monsieur le président,
Monsieur le secrétaire général,
Mesdames et messieurs,

En cette année où plusieurs évènements consacrés aux problèmes de développement durable et à l'écologie, dont un facteur a été certainement les effets constatés du réchauffement climatique, sont célébrés çà et là, le Congo, membre du bassin qui porte le même nom et qui passe pour le deuxième poumon de la planète après celui de l'Amazonie, se félicite des choix faits par le Conseil de l'organisation en ayant comme thème de la Journée mondiale de la mer 2009 : "Les changements climatiques : un défi à relever pour l'O.M.I aussi !"

La pertinence de ce choix est plus qu'évidente. Le Gouvernement congolais ainsi que son chef, le président Denis Sassou-N'Guesso ont eu à plusieurs occasions à s'exprimer sur ce sujet, y compris au Forum international de Brazzaville sur le développement durable et s'apprêtent à délivrer un message au sommet de Copenhague sur les changements climatiques.
Lors de la célébration de la Journée mondiale de la mer tenue le 06 octobre 2009 à Pointe-Noire, la communauté maritime du Congo a salué les efforts de l'OMI et du secrétaire général l'Amiral Efthimios Mitropoulos, visant à

réduire considérablement les effets néfastes des transports maritimes sur le climat.

La mise en œuvre de l'Initiative mondiale pour l'Afrique de l'Ouest et du Centre (GI-WACAF) qui est un partenariat entre l'OMI et l'Association internationale de l'industrie pétrolière pour la sauvegarde de l'environnement (IPIECA) pour renforcer les capacités des pays à se préparer et à répondre aux déversements d'hydrocarbures est une action majeure dont nous ne cesserons pas de remercier les concepteurs et les animateurs.

Grâce à cette initiative, la plupart des pays de la sous-région dont le Congo ont développé des plans nationaux d'intervention en cas de pollutions par les hydrocarbures et travaillent déjà à leur intégration en une réponse régionale pour donner plein effet à la Convention OPRC 90.

Monsieur le secrétaire général,

Votre sollicitude envers notre vieux continent depuis que vous animiez la division de la sécurité maritime est toujours fort appréciée. Ces derniers temps, vous avez pu parcourir l'Afrique pour les mises en service des centres de coordination de recherche et de sauvetage maritimes (SAR). Il me plaît aussi de vous inviter de participer aux festivités qui marqueront à Abuja (République fédérale du Nigéria) la commémoration du 10ème anniversaire du MoU d'Abuja.

Monsieur le président,
Honorables délégués,
Mesdames et messieurs,

Je voudrais, pour terminer mon propos, souhaiter plein succès à nos travaux,

Vive la coopération internationale,

Vive l'Organisation maritime internationale.

Je vous remercie.

Message à l'occasion de l'ouverture de la 27ème session de l'Assemblée générale de l'Organisation maritime internationale
Londres, le 22 novembre 2011

Monsieur le président de la 27ème Assemblée générale ;
Monsieur le secrétaire général ;
Honorables ministres et chefs des délégations ;
Mesdames, messieurs ;

Permettez-moi tout d'abord de vous adresser au nom du peuple congolais, de celui du Gouvernement et de son chef, Son Excellence Denis Sassou-N'Guesso, président de la République du Congo à vous-mêmes, à tout le bureau qui vous accompagne, à toutes les délégations ici présentes ainsi qu'au personnel de l'organisation, nos chaleureuses salutations et tous nos vœux de totale réussite.

La République du Congo, consciente des mutations intervenues dans l'industrie maritime, tient à participer activement à la prise de tous les quitus de développement portuaire et maritime et notre terminal à conteneurs au Port autonome de Pointe-Noire en est un reflet.

Toutefois, elle remarque que l'organisation fait trop passer sous silence les questions vitales de sécurité maritime, de transports maritimes et de sûreté maritime de la région de l'Afrique de l'Ouest et du Centre.

Le 23 novembre 2009, j'avais, devant la 26ème Assemblée générale de l'Organisation maritime internationale, dit ceci : « Dans la partie du monde d'où je viens, c'est-à-dire en Afrique de l'Ouest et du Centre, une région partant de la Mauritanie en Angola, les transports maritimes ont quelques caractéristiques spécifiques :

- le transport par mer se fait à l'aide des navires de faibles dimensions et de construction artisanale ;
- on note souvent plusieurs activités en mer souvent incompatibles : exploration et exploitation pétrolières intensives, pêche, circulation internationale ;
- on note également une forte concentration de navires d'un certain âge en fin d'exploitation normale ;
- une forte montée de la criminalité en mer.

Cet environnement crée un ensemble de problèmes dont on ne parle que peu ou presque pas à l'Organisation maritime internationale. Pourtant ce sont bien des questions de sécurité et de sûreté maritimes qui se posent, les gens qui y trouvent la mort sont bien des gens de mer et les pollutions engendrées, des pollutions marines émanant des navires.

En un mot, il y a bien des drames passés sous silence juridique maritime.

Il me semble que l'Organisation devrait assister cette partie du monde et prendre en compte ses spécificités ».

Monsieur le président,
Monsieur le secrétaire général,
Mesdames et messieurs,

Nous connaissons l'apport du programme intégré de coopération technique.

Mais comment orchestrer la réponse à la piraterie maritime qui commence à prendre de l'ampleur en Afrique de l'Ouest ?

L'Afrique centrale, d'où je viens, semble momentanément épargnée, mais pour combien de temps ?

Un déploiement des forces navales est constant en Afrique de l'Est, mais à quand l'analyse du regroupement des Forces navales internationales pour la prévention en Afrique centrale ?

Que fait l'Organisation maritime internationale ?

Accompagne-t-elle l'Organisation maritime de l'Afrique de l'Ouest et du Centre ?

L'occasion est fortuite pour vous informer que la Commission du golfe de Guinée et le secrétariat général de la Communauté économique des Etats de l'Afrique centrale par le Centre régional pour la sécurité maritime en Afrique centrale dit CRESMAC dont le siège est à Pointe-Noire en République du Congo mutualisent leurs efforts pour l'effectivité des opérations de surveillance et la communauté internationale est ici interpellée.

Pour lutter contre la piraterie, seuls des efforts concertés sous-régionaux, régionaux, internationaux sont à soutenir : nous encourageons les Etats membres de notre organisation à adhérer au principe de coopération sous-régionale et, afin d'apporter une réponse durable à cette résurgence d'une pratique millénaire, il convient d'avoir une démarche globale et collective face à ce phénomène en associant des actions civiles et militaires, publiques et privées, à court et long termes.
La République du Congo qui a célébré le 30 septembre 2011 la journée mondiale de la mer félicite le secrétaire général et le Conseil de l'Organisation maritime internationale pour le choix dudit thème.

Monsieur le président,
Monsieur le secrétaire général,
Mesdames et messieurs,

En notre qualité de président du Conseil d'administration de l'Académie régionale des sciences et techniques de la mer ayant son siège à Abidjan en République de Côte d'Ivoire, institution régionale de formation, nous tenons à remercier le secrétaire général de l'Organisation maritime internationale pour avoir fait financer, à hauteur d'un million de dollars US, les simulateurs de navigation, de pêche et de machine qui permettront une bonne mise à niveau dans la formation maritime des navigants de la sous-région.

J'associe à ces remerciements madame Monica Mbanefo, monsieur El Housseini et monsieur Hoba Honorat pour leurs contributions à ce financement.

Je voudrais aussi en notre qualité de président du Mémorandum d'entente sur le contrôle des navires par l'Etat du port dans la région de l'Afrique de l'Ouest et du Centre du MoU d'Abuja dont le siège est Lagos en République fédérale du Nigeria, saisir cette opportunité pour réaffirmer notre attachement à l'organisation et que son soutien est toujours recommandé, car la formation des inspecteurs reste d'actualité.
Avec les efforts louables réalisés par la secrétaire générale de ce mémorandum dans la mise en œuvre du plan d'action, on peut noter que le MoU d'Abuja commence à s'établir, son centre régional d'information à Pointe-Noire en République du Congo sera opérationnel en 2012 et les conseils des autres MoU et de l'Organisation maritime internationale sont attendus.

Monsieur le président,
Monsieur le secrétaire général,
Mesdames et messieurs,

La République du Congo remercie l'Organisation maritime internationale pour :

- l'assistance aux Etats membres de la Communauté économique de l'Afrique centrale (CEMAC) pour la rédaction, la révision et l'adoption du Code communautaire de la marine marchande ;
- l'assistance pour la prévention de la pollution marine suivant le plan d'action du projet GI-WACAF de l'Association internationale de l'industrie pétrolière pour la sauvegarde de l'environnement (IPIECA) ;
- l'accent particulier sur la formation des femmes et la promotion des femmes dans le secteur maritime.

La République du Congo considère comme essentiel pour l'efficacité de nos administrations maritimes de poursuivre le programme facultatif d'audit et notre requête reste d'actualité.

Elle réaffirme son adhésion sans ambages aux contours prévus par le Code international pour la sûreté des navires et des installations portuaires dit Code ISPS, car nous pouvons dire que nos rapports avec les gardes-côtes américains portent des fruits positifs.

Que l'Organisation maritime internationale continue à nous assister dans la mise en œuvre des Conventions maritimes internationales.

Toutefois, remarquons que peu ou aucun ressortissant de l'Afrique de l'Ouest et du Centre ne fait plus partie des cadres dans le système OMI, ici au siège.

Prenons cette absence pour une passivité, mais ne peut-on pas la corriger ?

Monsieur le président,
Monsieur le secrétaire général,
Mesdames et messieurs,

L'Organisation maritime internationale veut un transport maritime apaisé et sécurisé. En 2009, le thème de la journée mondiale de la mer était : « Les changements climatiques : un défi à relever pour l'Organisation maritime internationale aussi ». Maintenant, tout le monde pense que le transport maritime constitue une bonne source de la taxe carbone.

De ce problème qui sera certainement posé ici, il faut prendre en ligne de compte l'inquiétude des chargeurs surtout africains, car les armateurs comme à l'accoutumée vont passer son coût aux utilisateurs de leurs services que sont les chargeurs sans une véritable réduction considérable de carbone au lieu d'instituer pour le secteur maritime un programme rigoureux visant les navires ainsi que d'autres mesures pouvant réduire l'émission carbonique des navires.
Les chargeurs réprouvent les pratiques des compagnies maritimes qui imposent unilatéralement les surcharges sans préavis et qui évitent toutes charges supplémentaires de la profession en les répercutant sur les chargeurs sans se justifier, à titre d'exemple : les ports de Conakry, de Libreville et de Pointe-Noire subissent, depuis le 15 septembre 2011, les surcharges de congestions portuaires imposées de manière unilatérale par les armements regroupés au sein de l'Association des armateurs européens (ECSA) foulant au pied l'accord signé le 16 juillet 2010 à Bruxelles avec l'Union des Conseils des chargeurs africains et l'Association de gestion des ports de

l'Afrique de l'Ouest et du Centre qui demande la concertation avant toute décision.

Je rappelle que la maîtrise du coût du transport est un facteur déterminant pour participer au commerce international.

La République du Congo a protesté contre cette pratique et prendra des mesures de rétorsion si cela s'avère utile.

A cet effet, la République du Congo propose que :

- le comité de simplification des formalités de l'OMI élargisse son champ d'application aux autres modes de transport aux fins de la prise en compte du transport de bout en bout ;
- une synergie soit mise en place entre l'OMI et les autres instances traitant des questions de facilitation des échanges OMC et CNUCED de manière à permettre aux Etats notamment africains de faire des économies d'échelle dans le fonctionnement des comités nationaux de facilitation.

Monsieur le président,
Monsieur le secrétaire général,
Mesdames et messieurs,

La République du Congo, comme elle l'a fait le 24 novembre 2003, joint ses pensées à celles des autres Etats membres de l'organisation pour remercier et féliciter l'Amiral Efthimios Mitrolpoulos, secrétaire général de l'Organisation maritime internationale sortant, pour l'action titanesque menée depuis janvier 2004 pour le développement de notre organisation commune.

Monsieur Koji Sekimizu, secrétaire général de l'Organisation maritime internationale entrant en janvier 2012, nous sommes convaincus que votre longue présence dans l'organisation et votre dextérité dans la connaissance des dossiers vous permettront de relever les défis de l'organisation dans vos nouvelles fonctions.

Monsieur le président,
Honorables délégués,
Mesdames et messieurs,
Je voudrais, pour terminer mon propos, souhaiter pleins succès à nos travaux,

Vive la coopération internationale,
Vive l'Organisation maritime internationale,
Vive la 27ème session ordinaire de l'assemblée de l'OMI.

Je vous remercie.

Message à l'occasion de la 28ème session de l'assemblée générale de l'Organisation maritime internationale (OMI)
Londres le 26 novembre 2013

Monsieur le secrétaire général de l'Organisation maritime internationale,
Monsieur le président de la 28ème Assemblée générale ;
Mesdames et messieurs,

La République du Congo, son peuple et son chef, le président Denis Sassou-N'Guesso félicitent monsieur le secrétaire général de l'Organisation maritime internationale pour la tenue de la 28ème Assemblée générale et félicitent aussi le président de la 28ème Assemblée générale pour sa brillante élection ainsi que son bureau.

Nos pensées de condoléances sont adressées aux Philippines pour ce qui leur est arrivé.

La République du Congo, qui affiche sans cesse son ambition maritime avec les nombreuses mutations positives de son secteur maritime particulièrement au Port autonome de Pointe-Noire, renouvelle ici son attachement aux objectifs de l'Organisation maritime internationale car elle est à jour de ses contributions et fait un don au fonds de roulement de l'OMI, l'encourage à pérenniser le programme intégré de coopération technique et exhorte les Etats africains à adhérer au programme facultatif d'audit des administrations maritimes et à la ratification des conventions maritimes internationales.
La République du Congo sollicite le soutien des Etats membres de l'OMI dans le suivi de la Stratégie africaine intégrée pour les mers et les océans à l'horizon 2050 de l'Union africaine dont elle assure le plaidoyer depuis mai 2013 et qui devrait être adoptée en janvier 2014 par la conférence des chefs d'Etats et de Gouvernements de l'Union africaine.

Cette stratégie est conçue comme un outil pour faire face aux défis maritimes de l'Afrique en matière de développement durable et de compétitivité pour une économie florissante et sécurisée soit l'économie bleue.

La République du Congo, en sa qualité de 2ème vice-président de l'Organisation maritime de l'Afrique de l'Ouest et du Centre, représentant son président qu'est la République démocratique du Congo, remercie infiniment le Conseil de l'OMI et particulièrement la Grèce pour avoir proposé à la 28ème Assemblée générale de l'OMI, la résolution sur la prévention et la répression de la piraterie, des vols à main armée à l'encontre des navires et des activités maritimes illicites en Afrique de l'Ouest et du Centre.

Nous souhaitons que la 28ème Assemblée générale l'adopte pour accompagner la volonté des chefs d'Etats et de Gouvernements des Communautés des Etats de l'Afrique de l'Ouest et du Centre ainsi que de la Commission du golfe de Guinée réunis à Yaoundé, le 25 juin 2013.

Du haut de cette tribune, nous avions à la 26ème et à la 27ème Assemblée générale de l'OMI marqué, avec force et vigueur, notre indignation face à l'immobilisme de l'OMI de ne pas accompagner les Etats de l'Afrique de l'Ouest et du Centre en ce qui concerne les problèmes de sûreté et de sécurité de la navigation maritime ; aujourd'hui, nous disons merci pour avoir été entendus et parce que la résolution a été adoptée, car la piraterie maritime est constante devant nous et ne nous attend pas.
La République du Congo, en sa double qualité de président du Conseil d'administration de l'Académie régionale des sciences et techniques de la mer d'Abidjan et de président du Mémorandum d'entente sur le contrôle des navires par l'Etat du port dans la région de l'Afrique de l'Ouest et du Centre dit MoU d'Abuja, remercie l'OMI pour son assistance multiforme et l'encourage à en faire davantage.

Nous remercions et encourageons les divers donateurs qui accompagnent l'Académie maritime d'Abidjan, particulièrement la Corée du Sud, la France et le Japon, car nous avons l'ambition de la transformer en Université maritime.

Monsieur le secrétaire général,

La Communauté économique et monétaire des Etats de l'Afrique centrale, la CEMAC, vous informe que depuis le 22 juillet 2012 elle a un Code communautaire de la marine marchande, instrument harmonisé, pour lequel votre assistance a été des plus décisives.
Il faut noter que le secrétariat général de l'Organisation maritime de l'Afrique de l'Ouest et du Centre sollicitera votre appui pour le Code maritime des Etats de l'Afrique de l'Ouest et du Centre actuellement en chantier dans ce pavé mosaïque.

Tout en vous félicitant dans la bonne poursuite de votre action dont les fruits sont visibles, nous vous rappelons comme nous l'avions fait ici même à la 27ème Assemblée générale, que malgré l'existence des coordinations régionales de l'OMI en Afrique, les Etats africains sont mal représentés dans les instances de l'OMI, tant dans le nombre d'experts choisis que dans le nombre des membres au Conseil soit 05 sur 40 membres.

Monsieur le secrétaire général,

La tradition bantu enseigne que « le soleil n'oublie pas un visage parce qu'il est petit ». Devant cette symbolique, que les Etats africains et leurs experts se lèvent pour relever le défi !

L'Afrique, pour la comprendre, il faut la toucher. Monsieur le secrétaire général, nous vous attendons en 2014 en Afrique francophone de l'Ouest et du Centre.

Pour terminer,

Monsieur le secrétaire général,

Monsieur le président de la 28ème Assemblée générale ;

Mesdames et messieurs,

La République du Congo et son chef, le président Denis Sassou-N'Guesso souhaitent plein succès aux travaux de la 28ème session de l'Assemblée générale de l'Organisation maritime internationale.

Nous vous remercions.

MESSAGES SUR LA JOURNEE MONDIALE DE LA MER

Message du Gouvernement à l'occasion de la Journée mondiale de la mer
Brazzaville, le 30 septembre 2010

Chers compatriotes,

Chaque année, dans la dernière semaine du mois de septembre, la Communauté maritime internationale célèbre la Journée mondiale de la mer, l'occasion pour l'Organisation maritime internationale (OMI), ses 164 Etats membres et ses 3 membres associés de faire connaître à un plus large public les objectifs et les réalisations de l'organisation, mais aussi de sensibiliser davantage au rôle vital que joue le secteur maritime dans la vie de tout un chacun.

Le thème de cette année est : "2010 : année des gens de mer".

En choisissant ce thème, l'Organisation maritime internationale et toute la communauté maritime ont l'intention de profiter de cette occasion unique pour donner à ceux qui travaillent "en première ligne", à savoir les gens de mer, l'assurance que les autres acteurs de la communauté maritime, dont les décisions ont des répercussions directes sur leur vie quotidienne, sont conscients des pressions immenses qu'ils subissent et s'acquittent de leurs tâches en ayant véritablement à cœur leurs intérêts et ceux de leurs proches.

Dans l'économie mondialisée d'aujourd'hui, des centaines de millions de personnes de par le monde s'en remettent aux transports maritimes pour se procurer des biens, du combustible, des denrées alimentaires, des marchandises et d'autres produits indispensables et la nature même des transports maritimes en fait un secteur à l'écart.

Cette différence s'applique aussi aux gens de mer qui assurent l'exploitation des navires, alors même que l'économie mondiale est largement tributaire de leur travail. De fait, sans les gens de mer – ce rouage essentiel – l'activité commerciale cesserait complètement.

Le métier de marin, difficile et exigeant, s'accompagne des tensions et des risques particuliers et toujours présents dans un recoin de l'esprit, l'idée qu'un revers de la nature ou autre – une attaque de pirates, l'immobilisation injustifiée du navire ou l'abandon dans un port étranger – est possible.

C'est pourquoi, nous appelons à la mise en place dans les brefs délais du Centre régional pour la sécurité maritime en Afrique centrale à Pointe-Noire tel que décidé par la 14ème session ordinaire de la conférence des chefs d'Etat et de gouvernement de la Communauté économique des Etats de l'Afrique centrale, le 24 octobre 2009, à Kinshasa, dans le protocole relatif à la sécurisation des intérêts vitaux en mer dans le golfe de Guinée.

Chers compatriotes,

En cette année des gens de mer, nous avons donc tenté non seulement d'attirer l'attention sur les conditions particulières dans lesquelles ils travaillent pour nous rendre des services indispensables, mais aussi de contribuer concrètement à améliorer leur bien-être :

- La révision des Conventions collectives à la pêche maritime, au commerce en 2009 ;
- La révision finale du Code communautaire de la marine marchande des Etats de la CEMAC, qui va se faire à Brazzaville du 20 au 22 octobre 2010, avant l'adoption par les ministres chargés de la Marine marchande, est un des moments forts des gens de mer de notre sous-région.

Toutefois, il faut noter que le plus grand succès de l'année 2010 est l'adoption, par la Conférence diplomatique réunie en juin dernier à Manille, du texte profondément remanié de la convention internationale sur les normes de formation des gens de mer, de délivrance des brevets et de veille (Convention STCW) et du Code qui y est associé. Ces instruments révisés, signés par notre pays et préparés à ratification suivant la procédure usuelle, dont l'entrée en vigueur est prévue le 1er janvier 2012, garantissent des normes de formation et de délivrance des brevets qui permettront aux gens de mer de servir à bord des navires à la pointe du progrès technologique.

Grâce à ces importantes dispositions, les gens de mer verront leurs conditions de travail s'améliorer : dans plusieurs cas d'accidents de mer, on a constaté que la fatigue avait joué un rôle.

De ce fait, je me réjouis tout particulièrement du fait que les nouvelles règles de la convention STCW sur cette question primordiale rejoignent les dispositions de la convention du travail maritime que l'Organisation internationale du travail a adoptée en 2006 et qui traite expressément des conditions de travail représente une autre avancée positive concernant le bien-être des gens de mer. Qualifié de "quatrième pilier" de la réglementation internationale applicable à des transports maritimes axée sur la qualité, cet instrument vient compléter les trois conventions phares de l'Organisation maritime internationale, à savoir la convention SOLAS, la convention MARPOL et la convention STCW.

Sa bonne mise en œuvre généralisée rendra très certainement le métier de marin beaucoup plus attrayant.

Chers compatriotes,

Nous voulons que l'année 2010 marque la naissance de cette dynamique et qu'elle continue.

C'est pourquoi, nous avons accueilli et soutenu avec enthousiasme la décision prise à la conférence de Manille à savoir que la contribution exceptionnelle des gens de mer du monde entier au commerce maritime international, à l'économie mondiale et à la société civile dans son ensemble, serait dorénavant fêtée chaque année, à l'occasion d'une "Journée des gens de mer", dont la date a été fixée au 25 juin.

Nous encourageons donc vivement les compagnies maritimes, les propriétaires, les armateurs-gérants et les exploitants de navires ainsi que les syndicats à promouvoir la journée des gens de mer.

Nous nous réjouissons donc de constater que le but recherché à travers le thème autour duquel la communauté maritime tout entière s'est mobilisée a été atteint et qu'il continue de l'être, à savoir : trouver des moyens de reconnaître la valeur des gens de mer et de leur rendre hommage pour la contribution unique qu'ils apportent à la société et pour le rôle vital qu'ils jouent dans la facilitation du commerce mondial.

Cette valeur ne sera reconnue que quand la Direction générale de la marine marchande veillera à l'application des normes édictées et que les syndicats des marins seront à même de défendre leurs intérêts.

Chers compatriotes,

En cette Journée mondiale de la mer, il m'échoit de m'adresser directement à chacun des groupes qui forment la communauté maritime ou qui y sont liés et nous souhaitons leur dire :

- aux membres du secteur maritime : maintenez un niveau d'exigence élevé ; définissez des pratiques optimales ; adoptez le principe de la responsabilité sociale des entreprises ; offrez un lieu de travail propre, sûr et cordial ;

- aux responsables politiques : œuvrez à la ratification, à l'entrée en vigueur et à l'application de tous les instruments internationaux qui ont une incidence sur la sécurité et la sûreté des gens de mer, ainsi que leurs conditions de vie et de travail.
- aux législateurs et aux autorités chargées de veiller au respect de la loi : recherchez le juste équilibre chaque fois que vous prenez une décision qui touche les gens de mer, afin qu'ils ne se retrouvent pas transformés en boucs émissaires en cas d'accident ou d'incident ; réservez-leur un traitement équitable et décent : ils méritent sympathie et compassion ;
- aux éducateurs : parlez aux jeunes générations de la navigation, de tout ce dont nous sommes redevables aux transports maritimes et des attraits des professions maritimes ;
- aux autorités portuaires et aux services d'immigration : traitez les gens de mer avec tout le respect qui leur est dû ; accueillez-les comme des hôtes et des visiteurs de votre pays, comme des professionnels qui servent aussi les intérêts et l'essor de votre pays et de vos concitoyens ;
- à ceux qui sont en position de façonner et d'influencer l'opinion publique, en particulier les journalistes de la presse et des chaînes télévisées : prenez le temps et la peine d'étudier toutes les versions des faits quand vous rendrez compte d'un accident mettant en cause un navire ; replacez l'accident dans ce contexte ; ce sont des millions de tonnes de cargaisons que les gens de mer, spécialistes dévoués, encombrent aux quatre coins de la planète, sur des distances incommensurables ;
- enfin, aux gens de mer : la communauté maritime tout entière apprécie vos mérites et les services indispensables que vous rendez ; elle est sensible aux conditions dans lesquelles vous vous acquittez de vos tâches ; elle compatit avec vous pour les sacrifices que vous faites ; elle se soucie réellement de votre bien-être, priant pour que, toujours, vous naviguiez par mer, calmes, avec des vents favorables, et arriviez à bon port. C'est ce que nous vous souhaitons de tout notre cœur.

La navigation n'est pas seulement un métier satisfaisant et intéressant en soi, c'est aussi le passeport pour toutes sortes d'emplois para maritimes, à terre, pour lesquels une expérience de marin est un atout considérable : un métier où il est de notre obligation d'assurer la parité.

Le président Denis Sassou-N'Guesso dans son message sur l'état de la Nation, le 13 août 2010, déclarait : « la parité est un principe de justice que nous devons rapidement réaliser pour l'équilibre de notre société, ce pour une représentativité équitable de la femme congolaise aux fonctions politiques, électives et administratives ». L'Organisation maritime internationale accorde désormais aux Etats qui ouvrent de la place aux femmes dans les métiers de la mer, et le secteur congolais y adhère.

Notre pays à travers, le département de la Marine marchande met l'accent sur :

- La promotion, l'attraction et la formation aux métiers de la mer, montrer les atouts qu'ils présentent ;
- La signature des accords maritimes pour accentuer la coopération en matière d'assistance dans le renforcement des capacités des agents du secteur maritime ;
- La promotion des emplois maritimes par la mise en place d'une réglementation et d'une politique assurant le juste équilibre entre la création, la préservation des emplois, la défense des droits fondamentaux c'est-à-dire les salaires, le bien-être des marins, la garantie de la sécurité sociale, la prise en charge de la santé et l'amélioration des conditions de travail d'une part, les niveaux d'exigence internationalement reconnus en matière de qualification d'éditions des nouveaux livrets professionnels maritimes biométriques et sécurisés, d'autre part.

Ce n'est que dans ces conditions que tous ensemble, autorités politiques, responsables administratifs du secteur maritime et portuaire, éducateurs, responsables des compagnies maritimes et syndicats des gens de mer apprécieront les services et les métiers des gens de mer dans l'édification de l'économie maritime, maillon essentiel dans le développement des infrastructures de base de notre pays.

Vive la communauté maritime internationale,

Vive la communauté maritime nationale ;

Vive le Congo ;

Je vous remercie.

Message du Gouvernement à l'occasion de la Journée mondiale de la mer
Brazzaville, le 30 septembre 2011

Chers compatriotes,
Chaque année, la communauté internationale célèbre, dans la dernière semaine du mois de septembre, la Journée mondiale de la mer et la Communauté maritime congolaise a choisi la date du 30 septembre afin de sensibiliser les populations aux problèmes que peuvent rencontrer les usagers de ces vastes ensembles constitués par les mers et les océans et qui véhiculent la majeure partie des besoins vitaux nécessaires à l'humanité, mais aussi d'informer et de réfléchir ensemble sur les défis et les enjeux liés à l'exploitation de la mer.

Pour l'année 2011, l'Organisation maritime internationale (OMI), organe spécialisé du système des Nations Unies chargé d'étudier et d'adopter les règlements en matière de transports maritimes, a retenu le thème suivant : "Piraterie : orchestrer la réponse".

Pourquoi un thème si alarmiste ?

Chers compatriotes,

Depuis quelques années maintenant, la piraterie en milieu marin fait régulièrement l'actualité. Pourtant, elle n'est pas une nouveauté, y compris à l'époque contemporaine.

La Convention des Nations Unies de 1982 sur le droit de la mer ratifiée par la loi n°4 – 2008 du 30 janvier 2008, définit la piraterie à l'article 101 comme tout acte illégal de détention ou de violence à des fins privées contre un navire, un équipage ou des passagers.

En mai 2011, l'OMI relevait dans ses statistiques qu'en 2012 489 actes de piraterie et vol armé ont été perpétrés contre des navires, contre 406 en 2009, ce qui représentait une hausse de 20,4%, que deux membres d'équipage avaient été tués, que 30 avaient été blessés et que 1027 navires avaient été pris en otages ou kidnappés. On recensait également 57 navires détournés, dont un manquerait toujours à l'appel.

Au total, ce sont 4 185 marins qui avaient été attaqués par des pirates utilisant des armes à feu, voire des lance-grenades.

Chers compatriotes,

Au début des années 2000, la piraterie sévissait en mer de Chine et dans le détroit de Malacca. Aujourd'hui même, alors que les projecteurs sont braqués sur le golfe d'Aden et les côtes somaliennes, une piraterie bien plus dangereuse touche les installations pétrolières du golfe de Guinée en Afrique.

Au cours de la seule année 2009, 104 actes de piraterie ou de brigandage en mer ont été recensés dans le golfe de Guinée. Les pirates localisés à l'ouest du Nigéria à la frontière avec le Bénin suivent l'exemple des pirates somaliens en kidnappant l'équipage et en demandant des rançons.

Considérés comme opportunistes, sans revendications politiques, les actions des pirates sont tournées vers l'exploitation pétrolière.

Si des gens de mer innocents sont les premières victimes de ces délits, l'économie mondiale en pâtit également car : le coût annuel des pertes est estimé à environ 16 milliards de dollars américains.

C'est pour toutes ces raisons que l'OMI a décidé non seulement de faire de la lutte contre la piraterie le thème de la journée mondiale de la mer, mais aussi de lui accorder une large place à ses travaux à venir, pendant aussi longtemps que cela sera nécessaire.

Les six objectifs majeurs retenus par la communauté maritime internationale se déclinent ainsi qu'il suit :

- accroître les pressions au niveau politique pour obtenir la libération de tous les otages détenus par les pirates ;

- réviser et améliorer les directives de l'OMI à l'attention des administrations et des gens de mer et promouvoir le respect des meilleures pratiques de gestion du secteur et des mesures de prévention, d'autoprotection et de défense qu'il est recommandé aux navires d'observer ;

- promouvoir un plus grand degré d'appui de la part des forces navales et un niveau de coordination accru avec elles ;

- promouvoir une coordination et une coopération en matière de lutte contre la piraterie entre les Etats, les régions, les organisations et le secteur maritime selon des procédures convenues entre eux ;

- aider les Etats à se doter, dans les régions du monde infestées de pirates et ailleurs, des capacités nécessaires pour dissuader, appréhender et traduire en justice ceux qui commettent des actes de piraterie et des vols à main armée à l'encontre des navires ; et

- offrir des services d'assistance aux personnes attaquées ou prises en otages par des pirates et à leurs familles.

Il est crucial que la volonté politique des Gouvernements dont l'intervention peut être déterminante se concrétise sur le terrain à la hauteur de la gravité du problème. Fournir les moyens requis, adopter sur le champ et appliquer rigoureusement des dispositions législatives garantissant l'engagement de poursuite contre les pirates, et veiller à ce que tous les navires qui traversent des zones fortement touchées par la piraterie se conforment aux meilleures pratiques de gestion.

Chers compatriotes,

Quelle est la réponse sous-régionale et nationale sur la question ?

Au niveau sous-régional
Le Congo participe avec les vingt-cinq (25) membres de l'Organisation maritime de l'Afrique de l'Ouest et du Centre (OMAOC) à la mise en place effective du réseau sous-régional intégré des gardes-côtes pour parer à la montée de la piraterie et lutter contre l'immigration clandestine.

Quatre (04) zones d'activités sont créées dont la 4ème comprend le Gabon, la République démocratique du Congo, l'Angola, Sao Tomé Principe et la République du Congo. Il faut noter que le centre de coordination de cette 4ème zone est prévu à Pointe-Noire.
Le Congo participe aussi depuis le 27 mai 2008 à l'effectivité de la coordination des services de recherche et de sauvetage maritimes qui comprend le Bénin, le Cameroun, la République démocratique du Congo, le Gabon, la Guinée Equatoriale, le Nigéria, Sao Tomé et Principe et le Togo.

La République du Congo, en sa qualité de 2ème vice-président de l'Organisation maritime de l'Afrique de l'Ouest et du Centre depuis le 10 août 2011 va déposer auprès du secrétaire général de l'Organisation maritime de l'Afrique de l'Ouest et du Centre et à la 27ème assemblée générale de l'OMI à Londres en fin novembre 2011 sa contribution à la stratégie en matière de piraterie englobant les mesures politiques, militaires, juridiques et le renforcement des moyens.

Toutefois, dans le but d'assurer la maîtrise de leurs eaux maritimes, les chefs des Etats membres de la CEEAC ont ratifié, à Kinshasa le 24 octobre 2009, le protocole relatif à la stratégie de sécurisation des intérêts vitaux en mer des Etats de la CEEAC du golfe de Guinée.
La clé de voûte de cette action de sécurisation est la mise en place du Centre régional pour la sécurité maritime en Afrique centrale (CRESMAC) à Pointe-Noire dont l'effectivité devient visible par les opérations de surveillance.

Au niveau national :
Le Gouvernement sous la très haute direction de son chef, le président Denis Sassou-N'Guesso avait depuis 2008 compris la nécessité de prévenir et de contrer ces actes illicites dits de piraterie dans les eaux maritimes congolaises.

Il s'est agi :

- D'être parties à la majorité des conventions maritimes internationales, des accords maritimes africains et sous- régionaux ;

- De veiller à leur mise en œuvre : le respect du Code international pour la sûreté des navires et des installations portuaires dit Code ISPS sur les onze (11) installations portuaires du Port autonome de Pointe-Noire et la présidence du Congo au Mémorandum d'entente sur le contrôle des navires dans la région de l'Afrique de l'Ouest et du Centre par l'Etat du port (MoU d'Abuja) sont une bonne réponse aux activités titanesques en faveur du développement et d'extension, de la sécurité et de la sûreté maritimes et portuaires ;

- De continuer d'assister les gens de mer auxquels était consacré le thème de la Journée mondiale de la mer 2010. D'ailleurs, avant la fin de l'année 2011, il sera organisé le focus sur la problématique de l'emploi et la sécurité des gens de mer.

- D'assurer avant la fin de l'année 2011 à l'initiative du Congo l'adoption par les ministres chargés de la Marine marchande du Code communautaire de la marine marchande.

Les budgets d'investissement 2012, 2011 qui vont se poursuivre en 2012 ont prévu une place importante pour la mise en œuvre des engagements énoncés supra comme la création du Centre de recherche et de sauvetage maritime, la création du centre des radiocommunications maritimes, les installations de réception de résidus d'hydrocarbures en mer, l'acquisition des moyens de surveillance dont quatre (04) déjà opérationnels et un (01) en commande…

Il est à noter que la Marine nationale, la Gendarmerie nationale, l'Armée de l'air, la Police nationale, les Douanes congolaises, la Marine marchande, le Port autonome de Pointe-Noire sont tous ici interpellés pour mutualiser leurs compétences et leurs efforts pour contrer les éventuels pirates.

Dieu merci, jusqu'aujourd'hui cela ne nous est pas encore arrivé et nous nous attelons à la prévention.

Chers compatriotes,

Pour ma part, je fais noter que la piraterie n'est pas une maladie d'origine hydrique, c'est un symptôme de la situation sur le terrain. A cela, il faut mobiliser tous les outils à notre disposition.

Pour lutter contre la piraterie, seul un effort concerté international permettra de le faire : aucun pays, seul, ne pourra ou ne devra supporter cette charge, et nous invitons l'ensemble des Gouvernements à s'engager dans cette lutte mondiale.

Pour apporter une réponse durable à cette résurgence d'une pratique millénaire, il convient de s'inscrire dans une approche globale et collective du problème, articulant actions civiles et militaires, publiques et privées, à court et à plus long terme.

Et c'est la voie que le président Denis Sassou-N'Guesso nous a prescrite.

Vive la communauté maritime internationale,

Vive la communauté maritime nationale,

Vive le Congo

Je vous remercie.

Message du Gouvernement à l'occasion de la Journée mondiale de la mer
Brazzaville, le 30 septembre 2012

Chers compatriotes,

Mesdames et messieurs les membres de la communauté maritime et portuaire ;

L'Organisation maritime internationale a institué la célébration chaque année de la Journée maritime mondiale dans la période du 24 au 28 septembre et a invité les Etats membres à tenir des cérémonies pendant cette semaine tout en informant l'Organisation des activités menées dans ce contexte.

Pour l'année 2012, le thème de la Journée mondiale de la mer est le suivant : « l'OMI, cent ans après le Titanic ».

Mesdames et messieurs,

L'évocation du nom Titanic vous renvoie certainement à une des meilleures tragi-romances de ces derniers temps au cinéma. Hélas pour nous, usagers de la mer, le naufrage réel de l'apparemment invulnérable paquebot Titanic, le 14 avril 1912, avec plus de 2000 morts et disparus, a marqué d'une pierre blanche l'histoire de la sécurité maritime, plus précisément celle de la sauvegarde de la vie humaine en mer.

Maints navires ont coulé, un trop grand nombre, mais peu d'entre eux ont eu les retombées durables du Titanic, réputé invulnérable, dont le naufrage a déclenché une succession d'événements qui ont conduit, en fin de compte, à la création de l'Organisation maritime internationale (OMI), institution spécialisée des Nations Unies qui a été à l'origine de tant d'améliorations apportées à la sécurité maritime qui ont rendu, désormais, la navigation maritime beaucoup plus sûre qu'elle ne l'était du temps du Titanic.

L'accident tragique du Titanic a poussé les grandes nations maritimes du monde, à ce moment-là, à agir de manière décisive pour renforcer la sécurité maritime, ce qui a abouti à l'adoption, deux ans plus tard, de la toute première convention internationale pour la sauvegarde de la vie humaine en mer (Convention SOLAS) et à la création de l'OMI.

Aujourd'hui, après avoir fait l'objet de nombreuses révisions et mises à jour, la Convention SOLAS reste l'instrument international le plus important sur la sécurité maritime.

Le thème de cette année, décidé par le Conseil de l'organisation, voudrait restituer, cent ans après le naufrage, comment les objectifs de l'organisation ont été poursuivis et, au niveau de chaque Etat, quelles réalisations ont été atteintes en matière de renforcement des mesures destinées à garantir que la vie des marins qui travaillent en mer soit sauvegardée.
Le fruit des travaux réglementaires de l'OMI est une vaste panoplie des conventions internationales, renforcée littéralement par de centaines de directives et de recommandations qui, ensemble, régissent pratiquement

toutes les facettes du secteur maritime de la planche à dessin jusqu'au chantier de démolition. Le plus important résultat a fait qu'aujourd'hui les transports maritimes sont plus sûrs, plus propres, plus efficaces et plus sécurisés qu'ils ne l'ont jamais été.

Toutefois, chaque nouvelle génération de navires soulève des défis nouveaux et, malheureusement, des accidents se produisent encore, ce qui intensifie la nécessité d'une amélioration continue. Les efforts à jamais. Il nous faut réagir rapidement en cas d'accident et nous devons être proactifs.

En ce qui concerne la République du Congo, le pays se dotait déjà en 1963 d'un Code de la marine marchande, véritable socle pour les lois et règlements en la matière.

Depuis cette date, et surtout à partir de 1975, année où le pays est devenu membre à part entière de l'OMI, sa vision pour une sécurité maritime accrue s'est améliorée.

S'il est vrai que la principale responsabilité qui nous incombait était la sécurité, et qu'elle le demeure encore aujourd'hui, un nouveau problème a commencé à se profiler, à savoir la pollution. L'accroissement de la quantité d'hydrocarbures transportés par mer, le gigantisme des navires pétroliers impliqués ainsi que l'intensification des activités pétrolières offshore étaient devenus préoccupants, et le désastre, en 1967, du TORREY CANYON, au cours duquel 1200 tonnes d'hydrocarbures furent déversées, ont témoigné de l'ampleur du problème.

Aujourd'hui, on peut affirmer sans ambages que le Gouvernement a œuvré ces derniers temps, en vue d'une réelle prise en compte des questions liées à la sécurité maritime et à la protection du milieu marin.

En matière de sécurité en mer, les progrès accomplis sont nombreux et divers. Notre pays a ratifié la plupart des conventions internationales qui couvrent tous les aspects de la sauvegarde de la vie des gens qui travaillent à bord des navires, en même temps que des initiatives ont été prises en ce qui concerne spécifiquement l'élément humain, l'homme au cœur de l'activité maritime.

De plus, le Congo met actuellement en place des services efficaces de recherche et de sauvetage en mer dédiés au secours de toute personne ou de tout engin en détresse dans la zone de compétence nationale.
En ce qui concerne la préservation du milieu marin, il nous a été possible d'adopter une série de mesures qui visent à prévenir les accidents des navires-citernes et à en réduire au minimum les conséquences. C'est le cas

avec la mise en œuvre de la Convention internationale de 1973 pour la prévention de la pollution par les navires, telle que modifiée par son protocole de 1978 y relatif (MARPOL 73/78), qui constitue l'ensemble de mesures visant non seulement la pollution par les produits chimiques, les marchandises en colis, les eaux usées, les ordures et la pollution atmosphérique.

En outre, notre pays a adhéré au système qui permet d'indemniser ceux qui avaient été confrontés à des difficultés financières à la suite d'événements de pollution. Deux instruments, la convention sur la responsabilité civile et la convention portant création du fonds, ont été adoptés en 1969 et en 1971, pour permettre aux victimes d'événements de pollution due aux pétroliers d'obtenir une indemnisation beaucoup plus simplement et beaucoup plus rapidement qu'il ne l'avait été possible auparavant. Plusieurs autres conventions exécutoires ont été élaborées depuis, qui portaient sur la responsabilité et l'indemnisation pour d'autres types d'événements de pollution des mers par les navires.

Il ne fait donc l'ombre d'aucun doute que s'agissant des questions de sécurité, de protection de l'environnement et de sureté, notre pays a œuvré inlassablement au sein de l'OMI et a ainsi donné suite aux accidents graves par la mise en place d'une infrastructure réglementaire qui couvre un large éventail de mesures sur la prévention des accidents, la réduction des atteintes et d'autres accidents de mer peuvent recevoir un dédommagement adéquat.

De toute évidence, adopter des instruments et des normes à l'échelle internationale n'est qu'un élément de l'ensemble. Il faut disposer de femmes et d'hommes capables de les appliquer et de les exécuter dans les faits. C'est pourquoi le développement des capacités à travers des actions de formation soutenue est actuellement la priorité de notre pays.

Notre secteur se doit de ne pas rester en marge de l'objectif de Son Excellence Denis Sassou-N'Guesso, à savoir : l'année 2013, l'année de l'éducation.

Vive la communauté maritime et portuaire ;
Vive l'OMI,
Je vous remercie.

Message du Gouvernement à l'occasion de la Journée mondiale de la mer
Brazzaville le 26 septembre 2013

Mes chers compatriotes,

Chaque année, dans la période du 23 au 27 septembre, le monde entier célèbre la Journée mondiale de la mer en vue de sensibiliser un plus grand public aux enjeux du moment liés à l'exploitation de ces vastes étendues d'eau et finalement leur rendre la place qui leur revient en référence aux trois cinquièmes (3/5) de la surface de la terre qu'elles occupent.

En cette année 2013, l'Organisation maritime internationale, qui est l'organe spécialisé du système des Nations Unies, en charge de la régulation des transports par mer a fixé le thème de cette journée ainsi qu'il suit : "Développement durable : la contribution de l'OMI au-delà de Rio + 20".

Mes chers compatriotes,

A l'issue de la Conférence des Nations-Unies, tenue en juin 2013 à Rio au Brésil, les Etats ont abouti à un accord en vue de lancer un mécanisme permettant d'élaborer une série d'objectifs de développement durable c'est-à-dire qu'ils ont convenu qu'à l'avenir, l'humanité devait concevoir le développement comme un moyen de satisfaire non seulement ses besoins actuels, mais aussi ceux des générations futures.

C'est dans ce contexte que la communauté maritime mondiale, voulant inscrire son action dans l'air du temps, a choisi ce thème pour sensibiliser et informer sur sa contribution à cet objectif partagé.

Nous devons désormais noter que la chaîne logistique mondiale, mécanisme complexe qui permet le fonctionnement de l'économie planétaire actuelle, caractérisée par son interdépendance, est au cœur de tout projet de développement durable et le secteur maritime constitue un maillon essentiel de cette chaîne.

Seul moyen d'acheminer en masse des sources d'énergie, des matériaux, des aliments et des produits industriels, tout en étant réellement fiables, internationaux, rentables et d'un bon rendement énergétique, les transports maritimes sont un pilier du développement durable.

Il faut donc s'assurer que le système des transports maritimes lui-même est développé de manière durable.

A bien y regarder, le système de transports maritimes contribue déjà notablement aux trois piliers du développement durable, à savoir le développement économique, le développement social et la protection de l'environnement.

Mes chers compatriotes,

Ces dernières années au Congo, il nous a été donné de constater comment les lourds investissements consentis par le Gouvernement dans la maîtrise de la chaîne de transports ont pu contribuer au développement continu et à la croissance de l'économie nationale en même temps que cela a ostensiblement amélioré la dimension sociale par la création d'emplois et un accès aux emplois de valeur supérieure à travers des phénomènes de spécialisation des travailleurs.

Tout cela a été rendu possible grâce à l'implication personnelle de Son Excellence Denis Sassou-N'Guesso, président de la République, dont la contribution perpétuelle à l'approche prônant le développement durable ne peut plus être contestée et plus au regard du rôle majeur qu'il ne cesse de jouer sur l'échiquier international.

A la veille de la 28ème assemblée générale de l'Organisation maritime internationale qui se tiendra à Londres du 25 novembre 2013 au 04 décembre 2013, la contribution dans la clé du développement durable du secteur maritime congolais passe par :

- la mise en œuvre du Code communautaire révisé de la marine marchande de la CEMAC adopté le 22 juillet 2012 ;

- la transformation de l'administration maritime qu'est la Direction générale de la marine marchande, en véritable structure tournée vers le respect des règlements de sécurité, de sûreté et de navigation maritimes, de la protection des intérêts des gens de mer tout en contribuant à l'essor de l'économie nationale par la promotion d'un secteur maritime privé congolais ;

- la formation maritime des Congolaises et des Congolais dans les académies et universités maritimes où pour l'année académique 2012-2013 le taux de réussite a été de 90% en espérant que les concours de cette année emboîteront le pas ;

- la poursuite des travaux d'extension du Port autonome de Pointe-Noire et la ferme volonté de création d'autres abris en mer pour l'exportation de nos produits miniers ;
- le suivi de l'assouplissement des formalités administratives maritimes ; l'assistance aux chargeurs, la réduction des coûts portuaires avec la création par la loi n° 16-2013 du 19 juillet 2013 du guichet unique des opérations transfrontalières ;

- le suivi et la mise en œuvre du plaidoyer pour l'adoption en janvier 2014 par l'Union africaine de la Stratégie africaine des mers et des océans d'ici à 2050 dite Stratégie AIM 2050 ;

- le suivi et la mise en application des dispositions de la déclaration du 25 juin 2013 à Yaoundé par les chefs d'Etats et de Gouvernement de la CEEAC, la CGG et de la CEDEAO pour lutter contre la piraterie maritime dans le golfe de Guinée.

C'est fort de cette dynamique que nous devrions œuvrer encore plus et davantage pour le développement durable afin de satisfaire nos besoins dans le secteur maritime tout en garantissant pour les générations à venir un environnement maritime plus sain et viable.

Vive la communauté maritime internationale ;

Vive la communauté maritime nationale ;

Vive le Congo ;

Je vous remercie.

Message du Gouvernement à l'occasion de la Journée mondiale de la mer
Brazzaville, le 30 septembre 2014

Mes chers compatriotes,
L'Organisation maritime internationale qui est l'agence spécialisée du système des Nations Unies chargée de réglementer les transports maritimes au niveau mondial afin de les rendre plus sûrs, plus efficaces et plus respectueux de l'environnement, a fixé que chaque année la communauté internationale célèbre, au cours de la dernière semaine du mois de septembre, la Journée mondiale de la mer afin de sensibiliser les populations

sur le rôle majeur que jouent ces ensembles d'eau salée, mais aussi et surtout pour méditer sur les enjeux liés à leur protection au niveau planétaire.
Pour l'année 2014, cette célébration se fait sous le thème "Conventions de l'organisation maritime internationale : application efficace".
Mes chers compatriotes,

A la lumière de notre propre économie, on perçoit aisément que la mer est une richesse qui mérite une protection systématique. Au fil des ans, l'Organisation maritime internationale a obtenu des résultats enviables en matière d'élaboration et d'adoption des conventions internationales visant principalement à prévenir les accidents et les dommages causés à l'environnement par les navires, à atténuer les effets préjudiciables des accidents lorsqu'ils surviennent ou à établir un mécanisme qui garantisse le versement d'une indemnisation appropriée à ceux qui subissent les conséquences d'un accident.

Cependant, la communauté maritime internationale estime, à juste titre d'ailleurs, que s'il est vrai que la plupart de ces conventions sont en vigueur et ont contribué dans une large mesure à faire accepter des normes les plus élevées que possible en matière de sécurité et de sûreté maritimes et de préservation de la qualité des eaux maritimes, des eaux de ballast, du recyclage écologique des navires, de la gestion des épaves maritimes, mais certaines d'entre elles font l'objet d'une ratification trop lente ou sont peu appliquées, ce qui donne matière à préoccupation.

Pour ainsi mettre en lumière les instruments conventionnels qui ne sont pas encore entrés en vigueur et ceux dont la ratification par un plus grand nombre d'Etats permettrait une application plus efficace, le thème ci-dessus a été retenu pour la journée mondiale de la mer de 2014.

Mes chers compatriotes,

Depuis un certain temps et de manière constante, la République du Congo a inscrit en lettres d'or son nom sur la liste des pays qui œuvrent de manière générale dans la direction du développement durable et des changements climatiques.

Il suffit de se référer à l'implication personnelle de Son Excellence Denis Sassou-N'Guesso, président de la République, aux grandes réunions internationales sur ces matières pour s'en convaincre.

Au niveau spécifique maritime, la République du Congo, membre de l'Organisation maritime internationale depuis le 05 septembre 1975, exprime de la façon la plus appropriée son ambition d'être au service de toute la sous-région.

Les développements en cours dans son secteur maritime et portuaire notamment exigent que soient maîtrisées les questions relatives à la sauvegarde de la vie humaine en mer, à la sécurité de la navigation, à la sécurité et à la sûreté maritimes, au transport maritime ainsi qu'à la protection du milieu marin.

Pour ces raisons, notre pays a adhéré à la plupart des conventions maritimes internationales adoptées sous les auspices de cette organisation.
A ce jour, il en est dénombré près de 53 dont 34 ratifiées par le Congo et parmi lesquelles 15 l'ont été en 2014.

Actuellement, 10 sont en voie de ratification et couvrent les domaines des aides à la navigation, des services de signalisation maritime, des systèmes de trafic maritime, des cartes électroniques de navigation et des renseignements sur la sécurité et la sûreté maritimes, la gestion des déchets ainsi que la lutte contre la piraterie maritime.

Notre pays sera avant la fin de l'année 2014 dans le peloton des 30 Etats sur 173 Etats membres de l'Organisation maritime internationale et parmi les 10 Etats africains à avoir ratifié plus de 85% des conventions maritimes de l'Organisation maritime internationale : il est de bon aloi que l'on s'en félicite.

S'ouvrant au monde maritime pour accompagner le développement du Port autonome de Pointe-Noire et afin de rendre la Direction générale de la marine marchande plus performante dans la mise en œuvre des Conventions maritimes internationales, nous avons accepté de nous faire appliquer volontairement le programme d'audit de l'organisation jusqu'ici accepté par peu de pays notamment en Afrique.

Désormais nos attitudes et les comportements à mettre en avant vis-à-vis des navires, des ports et des gens de mer sont à changer dans un mécanisme d'application efficace à l'échelle nationale, des instruments pertinents des conventions et du code de la Marine marchande de la CEMAC : le cas du suivi du code ISPS en est un exemple avec nos amis des gardes-côtes américains comme sécuriser les espaces portuaires avec la convention sur la sécurité des conteneurs ainsi que veiller à l'enlèvement des épaves maritimes par la convention de Nairobi.

Mes chers compatriotes,

La République du Congo tire une part substantielle de son économie maritime dite économie bleue et cette journée qui lui est consacrée devrait nous amener à adopter une attitude plus responsable vis-à-vis d'elle afin de léguer aux générations à venir cette richesse dans les meilleures conditions de jouissance.
Les opérateurs maritimes, les douanes, l'administration portuaire, celle des pêches maritimes, des affaires étrangères, des hydrocarbures, du tourisme, de la défense nationale, de la police nationale, du corps judiciaire, du conseil congolais des chargeurs, du guichet unique des opérations transfrontalières, des syndicats, des gens de mer, des sociétés pétrolières et des autres utilisateurs de la mer sont tenus d'accompagner la Direction générale de la marine marchande en sa qualité d'autorité maritime pour la mise en œuvre et l'application efficace et effective des conventions maritimes ratifiées par la République du Congo.

C'est cette voie que le président Denis Sassou-N'Guesso nous a prescrite en sus de nos responsabilités de vice-président de l'Organisation maritime de l'Afrique de l'Ouest et du Centre, de président du Mémorandum d'entente sur le contrôle des navires par l'Etat du port dans la région de l'Afrique de l'Ouest et du Centre, de président du Conseil d'administration de l'académie régionale des sciences et techniques de la mer d'Abidjan et de ténor dans le suivi de la stratégie africaine maritime intégrée pour les mers et les océans d'ici à 2050 de l'Union africaine .

Vive la Journée mondiale de la mer.

Vive la communauté maritime congolaise.

Nous avons voulu dire cela.

ORGANISATION MARITIME
DE L'AFRIQUE DE L'OUEST ET DU CENTRE (OMAOC)

Allocution prononcée à la réunion des experts pour la mise en application du nouveau système de financement des projets et programmes maritimes sous-régionaux
Abidjan, le 20 décembre 1999

Messieurs le représentant du Gouvernement de la République de Côte d'Ivoire ;
Monsieur le secrétaire général de l'OMAOC ;
Mesdames et messieurs les experts ;
Honorables invités ;
Mesdames et messieurs,

Au nom du président en exercice de la 10ème Organisation maritime de l'Afrique de l'Ouest et du Centre, monsieur Isidore Mvouba, ministre des Transports, de l'Aviation civile, chargé de la Marine marchande de la République du Congo, je vous souhaite la bienvenue à cette réunion des experts pour la mise en application du nouveau système de financement des projets et programmes maritimes sous-régionaux, qui se tient ici à Abidjan du 20 au 21 décembre 1999.

Votre dévouement aux idéaux de l'organisation justifie votre présence ici.

A cet effet, je voudrais, en votre nom, exprimer notre profonde gratitude au Gouvernement de la République de Côte d'Ivoire et particulièrement au chef de l'Etat, Son Excellence Henri Konan Bedié, pour avoir accepté d'abriter les présentes assisses dans cette légendaire ville d'Abidjan.

Mesdames et messieurs les experts,

Epiloguer sur le système financier de la CMEAOC et aujourd'hui de l'OMAOC peut nous amener à produire beaucoup de tonnes de thèses utiles pour les universités du monde car les débats existent depuis 1975 et dans cette salle, on peut noter la présence de grands orateurs ayant contribué à la rédaction des documents et résolutions demandant aux Etats membres de payer leur contribution.

Faire un discours sur ces points devient aujourd'hui inutile, mais la coutume commande qu'en pareille circonstance, un mot est toujours utile, c'est pourquoi je sollicite votre attention.

Mesdames et messieurs les experts,

Vous vous souviendrez que c'est ici en août 1999 que nous avons pris l'engagement de sauver notre organisation maritime.

Face aux enjeux qui conditionnement l'avenir du secteur des transports maritimes, des ports, des marins, du transport en transit en direction des pays sans littoral, de la protection du milieu marin, du contrôle des navires, notre sous-région se trouve à un tournant décisif et la 6ème session extraordinaire nous a permis de choisir entre le progrès et la démission.

Nous avons donc le devoir d'assumer nos responsabilités face à l'histoire et face aux générations futures, parce que nous pouvons, dans un élan de solidarité et d'intégration faire face aux évolutions et aux exigences de notre temps.

Nous ne pouvons assumer une démission collective, nous devons par conséquent nous adapter et avancer.

A cet égard, le système OMAOC, c'est-à-dire le secrétariat général de l'OMAOC et ses organes spécialisés : l'Union des conseils des chargeurs africains, l'Association de gestion des ports de l'Afrique de l'Ouest et du Centre, les Académies maritimes régionales d'Abidjan et d'Accra et la future Association des administrations maritimes, doit avoir les moyens de sa politique.

Préférant la vie et la liberté, nous avons changé les objectifs de notre organisation en lui intégrant le concept de management stratégique de la mer lancé dans « L'appel maritime de Brazzaville » par Son Excellence Denis Sassou-N'Guesso, chef de l'Etat, président de la République du Congo.

Au vu des enjeux de ce jour, nous lui sommes gré de notre parfaite reconnaissance.

La 6ème session extraordinaire avait dans sa résolution n° 175/6SE/99 mis en exergue le nouveau système de financement de l'organisation car sans argent, on ne peut rien faire et on n'est rien.

Toute une armature juridique a été conçue depuis Abidjan en septembre 1999 et à Abuja en octobre 1999 : sans remuer les sentiers battus de la polémique sur la mise en œuvre du nouveau système de financement, je voudrais ici féliciter les Etats membres qui ont facilité l'adoption du nouveau système, gage de notre réussite et ceux qui ont courageusement signé le mémorandum d'entente d'Abidjan sur le contrôle des navires.

Mesdames et messieurs les experts,

Empruntons cette réflexion de Ghezo, Roi d'Abomey : « Si tous les fils du pays venaient, par leurs mains assemblées, boucher les trous de la jarre percée, le pays serait sauvé ».

Mesdames et messieurs les experts,

Il faut parfois savoir saisir le poids de l'histoire et nous ne sommes pas là par hasard.

La République du Congo, président en exercice de l'OMAOC, tient à ce que le nouveau système de financement, matérialisé par les lettres-instructions du président aux Etats membres et les circulaires du secrétaire général, soit immédiatement mis en œuvre dans l'intérêt de nos populations.

Tenez, l'échec cuisant que les Etats membres de l'OMAOC ont connu pendant le vote au Conseil de l'organisation maritime internationale, à la faveur de la 21ème assemblée de l'OMI : désormais nous sommes absents de ce forum qui décide de notre sort. Et si nous ne prenons garde, il en sera de même partout. Mais, l'espoir est encore permis.

Il m'est agréable au stade actuel de ma contribution de féliciter le secrétaire général de l'OMAOC qui, malgré les temps durs d'une situation financière exaspérée et aucunement exaltante face à des Etats membres qui ont pris l'engagement de contribuer au fonctionnement du secrétariat général, mais qui face au sort de l'histoire ne contribuent plus ; disais-je, le secrétaire général se bat pour étudier et penser aux solutions devant élever notre organisation dans l'intérêt de la communauté maritime de la sous-région.

Qu'il en soit remercié et que les mannes du savoir le guident !

Mesdames et messieurs les experts,

Notre réunion a un objectif simple, moins de philosophie, comprenons tous et proposons la méthode simple, Etat après Etat selon sa particularité, comment sera mis en œuvre le nouveau système de financement de l'OMAOC à compter du 1er janvier de l'an 2000.

Voilà ce que sera notre cadeau pour le prochain millénaire.

Nous croyons qu'avec les intelligences ici présentes, connaissant le dossier du bout des doigts, notre réunion permettra à notre organisation une entrée réussie au nouveau millénaire.

Un appel est lancé aux directeurs généraux des ports, aux directeurs généraux des administrations maritimes, aux directeurs généraux des conseils des chargeurs pour leur appui sans failles et sans ambages pour la réussite de cette grande œuvre.

Que l'UCCA et l'AGPAOC trouvent ici notre sollicitation dans la réussite de cette gigantesque opération !

Mesdames et messieurs les experts,

Ayons à l'esprit les défis que nous nous sommes fixés, la célébration des 25 ans de l'organisation, la création de l'Association des administrations maritimes, la mise en ordre des académies maritimes qui subissent une stagnation substantielle due au vouloir des hommes et le renforcement des capacités de l'AGPAOC et l'UCCA.

Avec cet espoir, je souhaite plein succès aux travaux.

Bonne fête de noël et de nouvel an avant le prochain millénaire.

Vive la coopération sous-régionale

Je vous remercie.

Message à l'occasion de la 13ème session de l'Assemblée générale de l'Organisation maritime de l'Afrique de l'Ouest et du Centre – OMAOC
Dakar, le 30 juillet 2008

Monsieur le ministre d'Etat, de l'Economie maritime, des Transports maritimes, de la Pêche et de la Pisciculture de la République du Sénégal ;

Monsieur le Président en exercice de l'Organisation maritime de l'Afrique de l'Ouest et du Centre ;

Madame et messieurs les ministres en charge des Transports maritimes et de la Marine marchande des Etats membres de l'Organisation maritime de l'Afrique de l'Ouest et du Centre ;
Monsieur le secrétaire général de l'Organisation maritime de l'Afrique de l'Ouest et du Centre ;
Messieurs les secrétaires généraux de l'AGPAOC, de l'UCCA, des 3 A;

Messieurs les directeurs des académies et universités maritimes de l'Afrique de l'Ouest et du Centre ;
Monsieur le secrétaire général du MoU d'Abuja ;
Mesdames et messieurs les représentants de l'Organisation maritime internationale ;
Mesdames et messieurs les représentants des partenaires au développement de la sous-région de l'Afrique de l'Ouest et du Centre ;
Mesdames et messieurs les experts ;
Distingués invités ;
Mesdames et messieurs.

Au moment où s'ouvrent les travaux de la 13ème session de l'assemblée générale ordinaire de notre organisation sous-régionale, il me paraît utile d'exprimer au nom de Son Excellence Denis Sassou-N'Guesso, président de la République du Congo, chef de l'Etat, ainsi qu'en mon nom propre et de la délégation qui m'accompagne, notre très sincère et très déférente reconnaissance à la République du Sénégal, membre fondateur de la Conférence ministérielle des Etats de l'Afrique de l'Ouest et du Centre sur les transports maritimes devenue Organisation maritime de l'Afrique de l'Ouest et du Centre et à Son Excellence monsieur Abdoulaye Wade, président de la République du Sénégal, qui a généreusement offert à Dakar d'abriter les présentes assises, démontrant ainsi sa foi dans le renforcement de la coopération et l'intégration sous-régionales dans ce domaine fondamental de l'industrie maritime.

Mes vifs remerciements vont également à l'endroit du Gouvernement et du peuple sénégalais qui, toujours animés d'un esprit d'hospitalité légendaire, ont réservé à notre délégation ici présente un accueil fraternel tout à fait particulier.

Par la même occasion, je voudrais saluer la présence des représentants des organisations internationales, notamment les bailleurs de fonds et les agences spécialisées des Nations Unies parmi lesquelles l'OMI dont la contribution aux efforts de développement de nos Etats constitue un atout important.

J'ai une grande pensée pour le comité des experts de notre organisation qui ne cesse de nous proposer des recommandations et résolutions au plan technique dont la mise en œuvre connaît parfois une lenteur et une timidité sans équivoque.

Mesdames et messieurs,

Il me sied d'indiquer que cette session de l'assemblée générale de l'Organisation maritime de l'Afrique de l'Ouest et du Centre se tient à un moment où notre continent, l'Afrique, doit faire face à un fléau, celui lié à la flambée des prix des produits de première nécessité, occasionnée entre autres dans le sous-secteur maritime par des augmentations unilatérales des taux de fret pratiqués par certaines entités maritimes dont l'illustration parfaite est affirmée par la Conférence EWATA, engendrant des pertes de vies inutiles parmi nos différentes populations.

La faible participation de l'Afrique au trafic maritime généré par son commerce extérieur constitue à n'en point douter un facteur aux enjeux de la mondialisation sur son développement économique et socioculturel.

Nous maîtrisons la réduction des prix dans nos Etats, mais pas ceux du fret : que faisons-nous subir ou nous battre ?

A ce stade, réfléchissons pour donner assez de moyens à l'Union des conseils de chargeurs africains car je rappelle avec beaucoup d'amertume que cette situation dure depuis plusieurs années.

Mesdames et messieurs,

Je note que le thème de nos assises s'intitule et vous le savez bien : « Pour des services maritimes rentables, avec plus de sécurité, plus de sûreté et moins de pollution ».

Pour le Gouvernement de la République du Congo, ce thème implique toutes les questions du sous-secteur maritime, à savoir :

- L'amélioration des prestations portuaires ;
- La redynamisation de l'organisation ;
- Le renforcement de la sécurité et de la sûreté maritimes ;
- Le développement des transports maritimes ;
- La protection des intérêts des chargeurs, la facilitation des formalités et la simplification des procédures administratives, commerciales et fiscalo-douanières ;
- La formation d'un personnel approprié aux métiers de la mer et des ports :
- Le travail maritime ;
- La protection de l'environnement marin et fluvio-lagunaire ;

- La coopération progressive avec les organisations internationales du secteur maritime.

Mesdames et messieurs,

Aujourd'hui 30 octobre 2008 à Dakar où nous prenons la parole à la 13ème session de l'assemblée, nous rappelons que le 30 octobre 1998 à Brazzaville se clôturait la 10ème session de l'assemblée générale de notre organisation commune.

A la vérité après 10 ans, qu'avons-nous fait ?

Pour le bien de l'organisation, faisons le point et projetons avec espoir l'avenir mais en acceptant les critiques des autres.

Mesdames et messieurs,

Il vous souviendra que du 26 au 30 octobre 1998 s'est tenue avec succès à Brazzaville (République du Congo), la 10ème session ordinaire de la Conférence ministérielle des Etats de l'Afrique de l'Ouest et du Centre sur les transports maritimes qui, sous l'impulsion du président Denis Sassou-N'Guesso, avait jeté les bases d'un tournant radical de notre organisation non seulement en y intégrant les aspects de sécurité et de sûreté maritimes, de protection de l'environnement maritime et fluvio-lagunaire, mais en adoptant près d'une dizaine de résolutions constituant l'ossature d'une nouvelle politique maritime sous-régionale.

Les objectifs de l'organisation ont été réaffirmés dans la Charte des transports maritimes du 7 mai 1975 telle que révisée à Abidjan le 6 août 1999 lors de la 6ème session extraordinaire qui a consacré la création de l'Organisation maritime de l'Afrique de l'Ouest et du Centre.

A cet effet, les Etats membres ont manifesté leur volonté de tout mettre en œuvre pour promouvoir leur industrie maritime et portuaire, assurer la compétitivité de leur commerce extérieur, et rehausser la sécurité de la navigation et la protection de l'environnement marin et fluvio-lagunaire.

La 11ème session ordinaire, tenue du 11 au 15 juin 2001 à Abuja (République fédérale du Nigéria), devrait constituer le point culminant d'un « Take off » de notre organisation.

Je vous rappelle quelques repères :

- La résolution 174/10/98 portant désignation du secrétaire général de la CMEAOCTM et amendements des statuts :

Elle avait été soucieuse de la recherche de la solidarité et de l'équilibre entre les deux sous-régions.

Elle avait décidé que le poste de secrétaire général soit dorénavant réservé à un ressortissant de l'Afrique centrale ; le principe de l'alternance ayant été consacré à l'article 70 du règlement intérieur adopté à Abidjan le 06 août 1999.

- La coopération entre les administrations maritimes est devenue un leurre, alors que son renforcement est de mise aujourd'hui où nous devrions nous approprier le programme intégré de coopération technique de l'Organisation maritime internationale.

Par expérience, j'en aurais cité beaucoup, mais vous savez très bien de quoi je parle.

Mesdames et messieurs,

Notre organisation, une fois de plus, doit parfaire ses ambitions pour savoir se battre à armes égales.

Tenez, mon pays, soucieux de se mettre à jour des conventions maritimes internationales et de ses contributions, veut participer depuis le 01 janvier 2008, à différentes réunions de l'OMI, mais malgré les ordres de mission établis, les titres de transport et de séjours décaissés, il ne peut faire participer ses experts aux réunions des comités.

Maintenant il faut programmer leur participation 3 à 4 mois à l'avance pour enfin bénéficier des visas d'entrée à Londres, siège de l'Organisation maritime internationale.

Qui pourra répondre à la République du Congo ?

J'espère être le seul pays de l'OMAOC dans ce cas ?

La République du Congo au vu de l'évolution des problèmes au niveau de la sous-région pense nécessaire de bénéficier de l'apport des coordinations régionales africaines de l'Organisation maritime internationale.

Mesdames et messieurs,

Tout en louant les efforts fournis par monsieur le secrétaire général dans l'exécution de son programme d'activités, je voudrais noter qu'aucune évaluation du niveau du management des projets et programmes n'est présentée de manière explicite.

Pour illustrer cette assertion, je porte à votre connaissance que pendant près de dix (10) ans, les experts ont examiné presque les mêmes projets et programmes, non finalisés à ce jour.

S'agissant des questions institutionnelles, notamment celles relatives au statut du MoU d'Abuja, il me sied de rappeler que lors de sa 4ème session tenue à Luanda (République d'Angola) en juillet 2005, le bureau des ministres avait mis en place une commission ad hoc chargée d'étudier cette question et de déterminer les rapports OMAOC/MoU d'Abuja.

Associant les secrétaires généraux de l'OMAOC et du MoU d'Abuja et assistée du représentant de l'OMI à ses travaux tenus à Abidjan, la commission ad hoc avait conclu sur l'indépendance du MoU d'Abuja par rapport à l'OMAOC en tant qu'organisme spécifique chargé des questions de sécurité maritime dans la sous-région.

Mesdames et messieurs,

Afin de faciliter la mise en œuvre du réseau sous-régional intégré de gardes-côtes, la République du Congo en sa qualité de coordonnateur de la Zone IV, invite les Etats membres à signer et ratifier le Mémorandum d'entente sur le réseau sous- régional intégré de gardes-côtes des Etats d'Afrique de l'Ouest et du Centre.

Mesdames et messieurs,

Le processus de ratification des conventions maritimes internationales dans tous les secteurs de l'industrie maritimes demande une cohésion des Etats membres de l'OMAOC :

L'application p.e du Code ISPS nécessite un investissement coûteux : la déclaration de conformité est encore délivrée "gratuitement".

Je m'interroge sur le fait que cette déclaration ne soit pas un titre de sécurité comme tant d'autres ?

Pourquoi maintenant tant de mystères sur l'évolution de la sécurité de la navigation maritime ?

A mon avis, au-delà des thèmes stéréotypés, les observations sont à axer sur les thèmes sur :

- Les questions lancinantes de pollution marine ;
- Les questions de taille des engins flottants entre nos Etats ;
- Les points de vue des ONG maritimes ;
- EWA T A ou des taux de fret toujours élevés pour tuer notre commerce maritime ;
- L'harmonisation de nos législations : à ce point j'ai le plaisir de vous informer que la zone CEMAC a son code communautaire de 2001 qui va être révisé cette année à Brazzaville par les ministres en charge de la Marine marchande ;
- Le respect des engagements pris dans toutes les réunions où nous participons ;
- La formation spécialisée en administration et sécurité maritimes : pourquoi ne pas favoriser l'ouverture des cycles dans les deux zones ?
- Les questions de compétitivité des ports à l'instar de ceux de Dakar, d'Abidjan et bientôt celui de Pointe-Noire dans les nouvelles méthodes de gestion et d'incitation d'accès des pays de l'hinterland.

Mesdames et messieurs,

Il est apparu, il y a quelques années des réflexions sur le financement de nos activités, je puis dire aujourd'hui que cela nous rattrape car nos caisses sont vides.

Qu'allons-nous faire ?
Réfléchir encore ? Nous l'avions déjà fait.
Quoi faire encore ?
Il ne nous reste que notre courage pour relever les défis

Mesdames et messieurs,

Je ne voudrais pas passer sous silence la situation du mandat du secrétaire général de notre organisation, élu à Brazzaville le 30 octobre 1998, et qui totalise le 30 octobre 2008 à Dakar, 10 ans à son poste et avec un mandat déjà arrivé à expiration.

Le moment est venu de faire application de l'article 71 du règlement intérieur.
Au demeurant, la République du Congo félicité le secrétaire général de l'OMAOC, ADDICO MAGNUS TEYE pour l'ensemble de son œuvre.

Mesdames et messieurs,

Qu'à cet instant tous les partenaires au développement qui nous accompagnent trouvent l'expression de notre profonde gratitude.

Mes félicitations à tous les nominés qui vont recevoir ce soir leurs AWARDS.

Telles sont, mesdames et messieurs, les quelques réflexions que je voulais soumettre à l'auguste assemblée à cette 13ème session de notre organisation.

Je vous remercie.

Message à l'occasion de la Conférence ministérielle des Etats riverains de l'atlantique
Libreville, le 11 mai 2011

Monsieur le Premier ministre de la République gabonaise,
Monsieur le ministre marocain des Transports,
Monsieur le ministre délégué des Affaires étrangères, de la Coopération internationale et de la Francophonie du Gabon,
Monsieur le ministre gabonais des Transports,

Mesdames et messieurs les ministres et chers collègues,

Excellences mesdames, messieurs les ambassadeurs et représentants des corps diplomatiques accrédités au Gabon,

Mesdames et messieurs les représentants des institutions internationales, régionales et sous-régionales,

Monsieur le président de la Conférence ministérielle des Etats riverains de l'Atlantique,

Madame la secrétaire permanente de la Conférence ministérielle des Etats riverains de l'Atlantique,

Mesdames et messieurs les directeurs généraux des administrations maritimes, des ports, des Conseils des chargeurs africains, des armements et des académies régionales maritimes de l'Afrique atlantique,

Distingués invités,

Honorables délégués et participants,
Mesdames et messieurs,

Il me paraît plus qu'opportun, au nom du Gouvernement de la République du Congo, de son chef, Son Excellence monsieur Denis Sassou-N'guesso, président de la République, chef de l'Etat, et en mon nom propre, de dire ma grande reconnaissance envers toute la communauté maritime de l'Afrique atlantique, ainsi qu'à tous nos partenaires au développement.

Mesdames et messieurs,

Les présentes assises ont lieu à Libreville, berceau de la fraternité, de l'amitié et de l'hospitalité toujours légendaires.

Je voudrais spécialement formuler ma très vive appréciation et ma très sincère gratitude à Son Excellence monsieur Ali Bongo Ondimba, président de la République gabonaise, au peuple frère du Gabon pour l'accueil chaleureux et les conditions permissives mises à profit pour la tenue idoine de notre conférence ministérielle.

Mesdames et messieurs les participants,

Le thème de nos assises s'intitule : "Le développement des activités portuaires et maritimes dans l'Afrique atlantique".

Du point de vue de la sémantique, ce thème s'inscrit dans le droit fil du programme de politique des transports en Afrique atlantique ayant pour objectif principal l'accroissement de l'efficacité du secteur des transports en général, des transports maritimes et des ports en particulier, au travers des réformes politiques, économiques et des réorientations institutionnelles dans le but de créer et de maintenir un environnement favorable à un développement durable dudit secteur.

Le transport et le commerce internationaux s'inscrivent dans les mêmes objectifs en matière de transport maritime et visent à assurer une compétitivité réelle aux économies des pays de l'Afrique atlantique par l'effort de réduction des coûts de transports des produits d'exportation ainsi que des facteurs de production de même que par une amélioration de l'organisation de ce secteur grâce à une meilleure élaboration des stratégies et à une meilleure évaluation des politiques appliquées.

Honorables délégués,

Les changements intervenus dans l'ordre économique mondial au cours des dix (10) dernières années à travers les grandes tendances de libéralisation des échanges et de la mondialisation de l'économie, de la production et de la consommation, ainsi que la montée de l'internationalisation du commerce ont eu un impact significatif sur le transport maritime international et les ports, confirmant par là même l'importance des ports comme nœuds du système mondial de logistique et de transport.

Cet environnement perpétuellement changeant oblige les ports à faire face à des innovations dans le domaine des relations interportuaires, dans le but d'attirer des investissements et d'améliorer les performances des ports et la qualité des services portuaires.

Mesdames et messieurs,

Cette problématique nous oblige à nous interroger sur le concept de port ;

La fonction première d'un port est d'offrir un plan d'eau, calme et de profondeur suffisante, ainsi que des infrastructures et équipements pour l'embarquement et le débarquement de marchandises et de passagers. Cette fonction est un enjeu tant pour les ports de commerce, de plaisance et de pêche que pour les bases navales.

Les fonctions dérivées sont d'apporter divers services aux navires, d'organiser la rupture de charge entre transports maritimes et terrestres, et de mettre à disposition des terrains viabilisés pour des commerces et industries ayant besoin du transport maritime pour leurs approvisionnements ou l'exportation.

On peut ainsi regrouper les fonctions portuaires en trois (03) catégories :

- abri ;
- transfert et stockage des charges ;
- services divers.

Les ports de commerce sont à la fois :
- le point d'entrée des produits énergétiques et matières premières importés : pétrole, gaz, charbon, minerais, etc. ;

- le lieu d'embarquement et de débarquement de marchandises diverses de toutes natures, notamment industrielles, qui sont de plus en plus conteneurisées ou transportées en unités de charge « roulante-RORO » ;
- le siège de trafics très spécialisés : liaisons transcontinentales, grains et sucre à l'exportation, aliments de bétail à l'importation, produits chimiques liquides ou solides en vrac ;
- le siège de « stations-services de la mer » avec l'avitaillement des navires et la réparation navale ;
- les sites privilégiés pour l'implantation de grandes industries lourdes « au bord de l'eau » ou de transformation et de conditionnement de produits en transit.

Dans la chaîne de transport, le port n'est qu'un maillon qui comprend au moins le transport maritime, par définition, et aussi, très généralement le transport terrestre.

Mesdames et messieurs,

On ne peut parler d'un port sans évoquer les services à rendre dans un port, ainsi que du gestionnaire portuaire et de ses partenaires.

En effet, les services qui peuvent être rendus sur une place portuaire, par le gestionnaire du port ou par d'autres organismes :

- mise à disposition de plan d'eau abrité des houles, pour le mouillage ;
- mise à disposition d'installation pour l'amarrage des navires et le transbordement ;
- guidage des navires : aides visuelles, aides radioélectriques et télécommunications, pilotage lamanage, remorquage ;
- placement des navires ;
- avitaillement des navires (eau, combustibles, nourriture, etc.) ;
- réparation navale ;
- représentation des armateurs (consignataires) ;
- assistance juridique aux navires (courtiers) ;
- manutention (acconage), à savoir, d'une part manutention mer : chargement et déchargement des navires, d'autre part la manutention bord terre : chargement et déchargement des marchandises sur les véhicules de transport terrestre ;
- stockage : terre-pleins, magasins, réservoirs ;
- représentation des chargeurs (les importateurs et exportateurs) : commission de transport, transit en douane ;
- contrôle aux frontières : émigration / immigration, santé, douane, service phytosanitaire, vétérinaire, autres contrôles économiques ;

- sécurité terrestre : contrôle des mouvements de personnes dans l'enceinte portuaire, protection des personnes et des biens, lutte contre l'incendie ;
- protection de l'environnement ;
- gestion de zones commerciales et industrielles.

Plusieurs entités publiques et privées œuvrent nécessairement dans un port pour rendre les services précités. Ces entités sont coordonnées par un gestionnaire du port, dénommé l'autorité portuaire.

Au niveau le plus immédiat, les partenaires du gestionnaire sont de cinq (05) ordres :
- les transporteurs maritimes (armateurs) ;
- les auxiliaires du transport maritime : acconiers, transitaires, consignataires, etc. ;
- des services publics régaliens, qui assurent des missions de contrôle : police et / ou gendarmerie, douanes, etc. ;
- les entreprises industrielles et commerciales qui occupent des parcelles du domaine portuaire ;
- les collectivités territoriales sur le territoire desquelles le port est installé.

Cette approche masque l'essentiel : au-delà des partenaires ou usagers immédiats du port précités, celui-ci est fondamentalement un outil pour le mouvement de marchandises qui sont la propriété des chargeurs.

Le transport n'est pas une fin en soi, les chargeurs sont ou doivent être les véritables bénéficiaires du port, même si le gestionnaire du port traite plus couramment avec les armateurs et les auxiliaires du transport qu'avec les chargeurs. En prônant le dialogue entre le gestionnaire du port et les usagers, on veillera à ce qu'il ne soit pas confisqué par les armateurs et les acconiers, au détriment des chargeurs.

La représentation des usagers devrait donc être tripartite : chargeurs, armateurs, auxiliaires de transport.

Les chargeurs seront, logiquement, défendus par les Conseils des chargeurs et les chambres de commerce et si nécessaire, en complément, par des syndicats professionnels des commerçants, d'industriels, de forestiers ou d'agriculteurs.
En général, un syndicat des armateurs et consignataires de navires représentera les intérêts des transporteurs maritimes.

Les auxiliaires du transport maritime seront représentés par un ou des syndicats d'acconiers et de transitaires.

Monsieur le président de la conférence ministérielle,

Madame la secrétaire permanente de la Conférence ministérielle,

A présent je voudrais m'intéresser à la Conférence ministérielle des Etats africains riverains de l'Atlantique qui s'est tenue à Rabat, le 15 novembre 2010.

Au cours de ces assises, les ministres ont réitéré la nécessité d'élaborer un plan d'action concret dans les domaines stratégiques générateurs de développement suivants :

- économie de la mer et connectivité ;
- gestion et protection des ressources halieutiques ;
- dialogue politique, sécurité et sûreté maritimes ;
- énergie et environnement ;
- partenariat institutionnel local ;
- harmonisation des textes juridiques dans des domaines clés du secteur maritime et portuaire.

Trois (03) objectifs majeurs ont été visés, à savoir :

- encourager les échanges économiques et commerciaux intra-Afrique atlantique, ce qui suppose l'amélioration de la connectivité et des infrastructures portuaires ;
- encourager le développement des industries liées à la mer (chantiers navals, industries de transformation des produits de la pêche) engendrant la restructuration et la réorganisation du secteur des ports, la protection de l'environnement marin, la formation aux métiers portuaires ;
- protéger et organiser les activités économiques maritimes de la sous-région en développant une économie de la pêche responsable.

Honorables délégués,

Le moment est plus indiqué de vous inviter à prendre à bras le corps tous les aspects abordés ci-dessus concernant la performance, l'investissement, la coopération internationale entre les ports de l'Afrique atlantique à travers :

- la mise en place des centres d'information/télématiques maritimes au sein des ports africains qui pourraient afficher les résultats liés à la pratique au niveau du commerce et des investissements étrangers ;

- l'amélioration de l'information portuaire en matière de services, prix, qualité du service, commerce et conditions de financement ;
- l'organisation d'ateliers pour l'information des investisseurs, ateliers ciblés sur des opportunités spécifiques en vue de générer l'intérêt pour des domaines portuaires particuliers qui pourraient également susciter la création d'entreprises en coparticipation ;
- l'organisation conjointe par les ports d'exposition qui permettraient d'échanger les points de vue sur les services et les modèles de l'industrie portuaire ;
- l'offre d'une base pour la coopération portuaire au niveau de plate-forme telle que l'Union africaine ;
- la mise en œuvre effective du Code international sur la sûreté des navires et des installations portuaires dit Code ISPS ;
- la mise en œuvre des structures permanentes de concertation telles que les communautés portuaires.

Mesdames et messieurs,

Le rôle et l'implication de la République du Congo dans l'arène maritime africaine constituent un exemple parmi tant d'autres.

En effet, la République du Congo assure la présidence du Mémorandum d'entente sur le contrôle des navires par l'Etat du port dans la région de l'Afrique de l'Ouest du centre (MoU d'Abuja).

De même, le Congo préside le conseil d'administration de l'Académie régionale des sciences et techniques de la mer d'Abidjan (ARSTM).

Au niveau sous-régional, le Congo a abrité les travaux de la réunion de révision du Code communautaire de la marine marchande de la Communauté économique et monétaire de l'Afrique centrale (CEMAC).

Il vous souviendra que lors de la 2ème Conférence des ministres en charge des Transports maritimes tenue à Durban (Afrique du Sud), il a été adopté la Charte africaine des transports maritimes révisée et entérinée par le sommet des chefs d'Etat tenu à Kampala (Ouganda).

Ladite charte est soumise à signature et ratification par les Etats.

D'ores et déjà, je voudrais vous annoncer que la République du Congo a ratifié la Charte africaine des transports maritimes de 1993 et s'emploie ardemment à ratifier la nouvelle version de la charte.

Ainsi, les actions de l'Etat se concentreront sur les axes principaux suivants :

- la mise en œuvre du Code ISPS ;
- la République du Congo mène une coopération étroite avec les gardes-côtes américains en vue de mettre en conformité les 11 installations portuaires du Port autonome de Pointe-Noire ;
- au niveau réglementaire, le Gouvernement vient de publier l'arrêté n° 2718/MTACMM-CAB du 02 mars 2011 fixant les procédures à suivre pour la mise en œuvre des mesures de sûreté maritime applicables aux installations portuaires.

La République du Congo organisera avec l'assistance technique de l'Administration maritime française, du 16 au 20 mai 2011, le cours de formation des inspecteurs chargés du Contrôle des navires par l'Etat du port en vue de permettre aux inspecteurs congolais de maîtriser les procédures et formalités liées au contrôle des navires étrangers desservant les ports et terminaux congolais : cours élargi au Cameroun et au Gabon.

L'arrêté n° 2662/MTACMM-CAB du 1er mars 2011 portant dispositif de bonne pratique pour les inspecteurs chargés du contrôle des navires par l'Etat du port et par l'Etat du Pavillon, renforce ces procédures.

En matière de prévention et lutte contre la pollution marine, la République du Congo a adopté un Plan national d'intervention d'urgence en cas de pollution par les hydrocarbures (PNIU).

Dans le cadre de l'initiative mondiale pour la prévention et lutte contre la pollution (GI-WACAF), une simulation de déversement d'hydrocarbures dans les eaux territoriales congolaises a réuni tous les acteurs du plan.

S'agissant de l'organisation du trafic maritime en provenance ou à destination du Congo, l'arrêté n° 6097/MTACMM-CAB du 03 mai 2011 fixe les couloirs de navigation pour prévenir contre les abordages.

Au mois d'avril 2011, a eu lieu le séminaire sur les coûts de passage portuaire à travers la restitution de l'étude comparative des coûts pratiqués aux ports de Pointe-Noire, Cotonou, Abidjan, Dakar et Luanda.
Ce séminaire a été l'occasion de démontrer que le port de Pointe-Noire n'était pas le plus cher de la côte occidentale d'Afrique.
Afin d'endiguer les tracasseries de toutes sortes que rencontrent les chargeurs sur la place portuaire de Pointe-Noire, le Gouvernement de la République met en place un guichet unique maritime virtuel, outil de facilitation du trafic maritime par excellence.

Dans le programme du département en charge des transports maritimes et de la marine marchande, les questions de formation et de renforcement des capacités occupent une place de choix. Ainsi, l'arrêté n° 4976/MTACMM du 25 mars 2011 fixant les conditions d'implantation des centres pour la formation des gens de mer du personnel offshore et la certification des documents maritimes a été pris et publié pour renforcer les compétences du personnel offshore.

Mesdames et messieurs,

Permettez-moi avant de clore mon propos, d'esquisser en quelques lignes la politique maritime et portuaire de la République du Congo.

Comme vous le savez, la République du Congo dispose d'un port maritime en eau profonde qui présente des caractéristiques physiques naturelles et des facilités à la navigation attractive.
Port extérieur gagné sur la mer, le Port autonome de Pointe-Noire est, sur la côte ouest de l'Atlantique au-dessous de Dakar, le seul port en eau profonde allant jusqu'à +13,20 m, et qui à l'horizon 2013-2015 aura une profondeur de +15 m pouvant recevoir des navires de grande taille.

L'évolution de son trafic (2000-2010) fait ressortir un total (Evaluation 2010) de 6.159.884 tonnes.
Le trafic des conteneurs pour la période de 2002 à 2009 est passé de 49.577 EVP à 322.000 EVP.

En perspective de son développement et pour s'adapter et anticiper, aussi bien sur les évolutions du transport maritime et du commerce international, que sur le processus d'intégration économique sous-régional, le Port autonome de Pointe-Noire s'est engagé en harmonie avec le Plan national des transports (PNT) dans la mise en œuvre d'un vaste Programme d'investissements prioritaires (PIP), à court, moyen et long termes.

Ce programme d'investissement touche plusieurs sphères de son activité, notamment les infrastructures et les équipements. Il vise à doter le port de nouveaux ouvrages et équipements, dont le terminal à conteneurs concédé au Groupe BOLLORE, et un parc à bois moderne.
Ces investissements et bien d'autres mesures préconisées par l'autorité portuaire ont pour but essentiel de développer et de moderniser de façon significative l'outil portuaire en vue de mieux répondre à la triple exigence du navire et de la marchandise, concernant le coût, le délai et la sécurité de passage portuaire.

Avec la mise en œuvre des différents programmes visant à moderniser et à augmenter les capacités de transport de la chaîne multimodale trans-congolaise des communications comme le Programme d'investissement prioritaire au Port autonome de Pointe-Noire, la prochaine remise en état du Chemin de fer Congo Océan, la construction de l'autoroute Pointe-Noire/Brazzaville, la viabilisation du Port autonome de Brazzaville et des ports secondaires, le port de Pointe-Noire affiche l'ambition de devenir la plaque tournante de la sous-région en matière de transport maritime permettant ainsi au Congo de reconquérir sa vocation de pays de transit.

En République du Congo, l'autorité portuaire relève de l'Etat, soit dans le cadre des établissements publics nationaux que sont les ports (Port autonome de Pointe-Noire) soit dans le cadre de concessions passées avec des gestionnaires (Groupe BOLLORE).

Le secteur privé intervient très largement dans les nombreuses professions associées au transit portuaire : consignataires, armateurs, manutentionnaires ou acconiers et services portuaires de toute nature.

En matière de financement, l'article 45 § 2 des statuts du Port autonome de Pointe-Noire fait obligation à l'Etat de supporter ou de participer au financement des dépenses afférentes aux travaux de modernisation, de création, d'extension ou de renouvellement des infrastructures portuaires.

En matière de politique portuaire, deux (02) idées forces constituent actuellement la toile de fond de l'action de l'Etat congolais :

- renforcer la coopération interportuaire ;
- les ports étant au service de l'économie nationale, les équiper de façon satisfaisante consiste à remplir « une mission économique » allant bien au-delà d'une responsabilité d'équipement public et d'aménagement local du territoire.

Ainsi, les actions de l'Etat se concentrent sur quatre (04) axes principaux :

- l'environnement portuaire ;
- les équipements portuaires ;
- l'exploitation portuaire ;
- la formation maritime et portuaire.

L'objectif majeur reste, bien sûr, de moderniser les techniques des opérations portuaires, d'améliorer la productivité et le rendement, tout en veillant à maintenir un climat social satisfaisant entre partenaires concernés.

Mesdames et messieurs les participants,

Honorables délégués,

La filière portuaire d'un Etat requiert, aujourd'hui, plusieurs exigences.

Aussi, pour accroître la compétitivité de la chaîne de transport, n'est-il pas d'autre moyen que de simplifier les structures, de casser les barrières et les protections de tous ordres, d'ouvrir le système portuaire à une grande concurrence, de le « muscler » grâce à des opérateurs qui investissent. Il apparaît donc nécessaire de faire confiance à un système qui fait appel aux capacités de responsabilité des hommes et qui est basé sur des mécanismes économiques sains et sur des nécessités claires de service public.

Ainsi et ainsi seulement, nous ferons des ports d'Afrique atlantique de véritables maillons compétitifs de la chaîne de transport et capables de soutenir la concurrence avec ceux du Nord Continent.

Je vous remercie.

Message à l'occasion de la 14ème session ordinaire de l'Assemblée générale de l'Organisation maritime de l'Afrique de l'Ouest et du Centre (OMAOC)
Kinshasa, le 09 août 2011

Monsieur le Premier ministre, représentant Son Excellence monsieur le Président de la République démocratique du Congo, chef de l'Etat ;

Monsieur le ministre de l'Economie maritime, de la Pêche et des Transports maritimes de la République du Sénégal, Président en exercice de l'Organisation maritime de l'Afrique de l'Ouest et du Centre (OMAOC) ;

Monsieur le ministre des Transports et des Voies de communication de la République démocratique du Congo ;
Messieurs les ministres et chers collègues ;
Monsieur le représentant de l'Organisation maritime internationale (OMI) ;
Monsieur le représentant de l'Union africaine (UA) ;
Monsieur le secrétaire général de l'Organisation maritime de l'Afrique de l'Ouest et du Centre ;
Madame la secrétaire générale du Mémorandum d'entente d'Abuja ;
Messieurs les secrétaires généraux des organes spécialisés de l'OMAOC/AGPAOC-UCCA-UA ;

Messieurs les directeurs généraux et recteur des académies régionales maritimes et université maritime ;
Monsieur le président du comité d'organisation des travaux de l'assemblée générale ordinaire de l'Organisation maritime de l'Afrique de l'Ouest et du Centre ;
Monsieur le Président du comité des experts de l'Organisation maritime de l'Afrique de l'Ouest et du Centre ;
Distingués invités ;
Honorables experts ;
Mesdames et messieurs,

Il m'est un agréable devoir au moment où prend pied la présente session ordinaire de l'assemblée générale de notre organisation commune, de vous exprimer au nom du Gouvernement de la République du Congo et de son chef, Son Excellence monsieur Denis Sassou-N'Guesso, président de la République, chef de l'Etat, et en mon nom propre, toute notre gratitude pour les efforts louables consentis quant à l'organisation idoine de cette rencontre sous-régionale.

Qu'il me soit permis ici et maintenant de lancer en toute solennité un très vibrant hommage à Son Excellence monsieur Joseph Kabila Kabangé, président de la République démocratique du Congo, qui a toujours prêté une attention toute particulière au développement harmonieux de l'industrie maritime sous-régionale.

Mes remerciements vont à l'endroit du vaillant peuple frère congolais pour l'accueil combien chaleureux dont tous les délégués sont l'objet depuis notre arrivée à Kinshasa, ville cosmopolite dont l'hospitalité légendaire n'est plus à démontrer.
Puissent les représentants de l'Organisation maritime internationale, de l'Union africaine et des autres organisations et institutions internationales, régionales ici présents trouver l'expression de notre reconnaissance pour leur soutien multiforme.
Enfin, nos remerciements vont à l'endroit des organisateurs des présentes assisses, sans lesquels le succès de cette session aurait été vain.

Mesdames et messieurs,

Nous sommes aujourd'hui à la croisée des chemins.
En effet, dans un monde globalisé où l'industrie maritime est caractérisée par la libéralisation des services de transports maritimes, véritables vecteurs du commerce et des échanges internationaux de marchandises, l'Afrique est appelée à un éveil : Un éveil, parce que l'Organisation maritime de l'Afrique

de l'Ouest et du Centre vient de connaître une grave et grande période d'hibernation.

Notre organisation commune est confrontée à diverses difficultés d'ordres institutionnel, structurel, financier, technique et technologique.

J'en voudrais pour preuve ce cri de cœur lancé par le secrétaire général de l'OMAOC lors des 5èmes journées du chargeur africain tenues du 29 au 30 novembre 2010 à Luanda (République d'Angola) : « pour terminer, je voudrais souligner l'importance que revêtent la question financière, la mise en place du nouveau système de financement ainsi que l'impérieuse nécessité de créer la Banque maritime régionale de développement pour laquelle, sans une réponse adéquate, la réalisation des projets dans la sous-région demeure impossible ».

Autant d'enjeux et de défis à relever !

Monsieur le président de l'OMAOC,
Monsieur le secrétaire général de l'OMAOC,

Loin de revenir sur l'historique de notre organisation sous-régionale, je voudrais m'appesantir sur les moments clés qui lui ont donné une véritable impulsion.

Il vous souviendra que jusqu'aux années 60, l'industrie maritime est dominée par les grandes puissances maritimes des pays industrialisés du Nord continent.

Les pays en développement ne bénéficient pas des retombées engendrées par le commerce extérieur.

Il a fallu donc attendre l'adoption, le 06 avril 1974 à New Delhi en Inde, d'un instrument juridique établissant un « Nouvel ordre maritime international » dit « Code de conduite des conférences maritimes » et, ce, sous l'égide de la Conférence des Nations Unies pour le commerce et le développement (CNUCED).

Le Code de conduite des conférences maritimes a permis aux Etats en développement de participer au commerce international, protégeant ainsi leurs intérêts maritimes, notamment avec le principe de répartition des cargaisons suivant la clé 40/40/20 et surtout la négociation des taux de fret et des surcharges portuaires avec les armements desservant la côte ouest-africaine.

L'adoption par vingt-cinq (25) Etats africains de l'Afrique de l'Ouest et du Centre, d'une Charte des transports maritimes, le 07 mai 1975 à Abidjan (Côte d'Ivoire) ainsi que la création en 1977 de la Conférence ministérielle des Etats de l'Afrique de l'Ouest et du Centre sur les transports maritimes (CMEAOC/TM), devenue en juin 1999 sous la présidence de la 10ème CMEAOC par le Congo, l'Organisation maritime de l'Afrique de l'Ouest et du Centre (OMAOC), constituent à n'en point douter des repères fondamentaux de la politique maritime sous-régionale ayant permis aux Etats membres de réaliser des économies d'échelle.

Le nouvel ordre maritime international établi a été ébranlé à compter de l'année 1990 par les pressions exercées par les institutions de Bretton Woods, l'Union européenne.

En effet, après la promulgation de quatre (04) règlements par l'Union européenne visant la suppression des conférences maritimes et l'établissement d'un libéralisme sauvage des services de transports maritimes, la Banque Mondiale ayant entériné la politique européenne.

A ce jour, ces débats se focalisent au niveau de l'Organisation mondiale du commerce (OMC) sur les négociations sur la facilitation des échanges.

Dans ce cadre, l'OMC a proposé un projet de texte qui préconise la suppression du Bordereau de suivi des cargaisons et d'autres taxes et redevances ne faisant pas l'objet d'une contrepartie d'un service rendu.

Mesdames et messieurs,

Permettez que je le dise sans ambages ! Notre organisation commune a connu un tournant décisif lors de la tenue du 26 au 30 octobre 1998 à Brazzaville (République du Congo) sous la très haute autorité de Son Excellence monsieur Denis Sassou-N'Guesso, président de la République, chef de l'Etat, de la 10ème session ordinaire de la Conférence ministérielle des Etats de l'Afrique de l'Ouest et du Centre sur les transports maritimes, avec la prise en compte des questions liées à la sécurité et à la sûreté maritimes, à la protection de l'environnement marin, côtier et fluvio-lagunaire, à travers le concept devenu historique du « *Management stratégique de la mer* » .

Par ailleurs, l'élection, au cours des assises de Brazzaville, d'un nouveau secrétaire général de la CMEAOC/TM en la personne de monsieur Magnus Teye Addico dont le mandat arrive malheureusement à expiration ce jour, a donné un « task force » à l'organisation et nous lui en sommes reconnaissants.

En effet, à l'issue de ces assisses un programme de travail axé sur les projets et programmes avait été initié, mais a connu beaucoup de difficultés dans sa mise en œuvre.

Au nombre de ces projets on peut citer :

- Le réseau sous-régional intégré de gardes-côtes ;
- Le Centre d'information et de communication ;
- La politique et les services de cabotage/développement des services de transport ;
- La facilitation du transport en transit/programme d'action d'Alsmaty) ;
- Le système de grille plombée ;
- Le transport multimodal ;
- Les questions relatives aux académies maritimes et autres organes spécialisés ;
- Le Fonds maritime régional et la mise en application du nouveau système de financement ;
- La création de la Banque maritime régionale ;
- La coopération avec les Organisations internationales et les partenaires au développement.

La mise en œuvre de ces projets a constitué la toile de fond de la 13ème session de l'assemblée générale de l'OMAOC tenue à Dakar (République du Sénégal) du 29 au 30 juillet 2008 sur le thème : « Pour des services maritimes rentables, avec plus de sécurité, plus de sûreté et moins de pollution », et de la 7ème session du bureau des ministres de l'OMAOC tenue du 11 au 13 avril 2011 à Dakar (République du Sénégal) dont les décisions vont étayer nos présentes assises.

Messieurs les ministres et chers collègues,

Notre organisation a connu une période de léthargie suite à la situation politique qu'à traversée le pays de siège et beaucoup de défis restent à relever.

Beaucoup de recommandations issues de différents foras sont à mettre en œuvre telles que celles adoptées pendant :

- La première conférence de l'Union africaine des ministres en charge du Transport maritime tenue les 22 et 23 février 2007 à Abuja

(République fédérale du Nigéria) sur le thème : "Rôle du transport maritime dans la réalisation du développement de l'Afrique".

- Le symposium international sur les transports maritimes et l'économie maritime dans les pays de l'Afrique de l'Ouest et du Centre qui a eu lieu du 28 septembre au 05 octobre 2009 à Cotonou (République du Bénin) ;
- La deuxième conférence de l'Union africaine des ministres en charge du Transport maritime, tenue du 12 au 16 octobre 2009 à Durban (Afrique du Sud) sur le thème : "Créer une industrie du transport maritime sûre, sécuritaire et propre en Afrique" ;
- Les 4ème et 5ème journées du chargeur africain, tenues respectivement du 16 au 18 décembre 2008 à Kinshasa (RDC) sur le thème "Les Conseils des chargeurs africains et les enjeux de la mondialisation" et du 29 au 30 novembre 2010 à Luanda (République d'Angola) sur le thème central : "Taux de fret et surcharges portuaires : quelles incidences sur le développement du commerce international des pays subsahariens : cas particuliers de l'Afrique de l'Ouest et du Centre" ;
- Les 6ème et 7ème sessions ordinaires de l'assemblée générale de l'Union des conseils des chargeurs africains (UCCA) à Libreville (Gabon) et à Niamey (Niger) ainsi que le 31e conseil de l'AGPAOC tenu du 21 au 25 avril 2011 à Abidjan (Côte d'Ivoire) constituent à n'en point douter des axes de réflexion non moins importants de la politique maritime de notre sous-région.

Enfin, il me plaît d'appeler votre attention sur la signature et la ratification de la Charte africaine des transports maritimes révisée, la mise en œuvre du Plan d'action maritime 2009-2012 et de la résolution de Durban sur la sûreté et la sécurité maritimes, la protection de l'environnement marin et côtier, notamment par l'acceptation formelle du MoU d'Abuja par les Etats qui ne l'ont pas encore fait. La formation maritime et portuaire du personnel navigant et sédentaire selon les normes des Conventions STCW, Codes ISPS et ISM, apparaît comme une nécessité vitale pour nos économies maritimes respectives.

Messieurs les ministres et chers collègues,

Cet aperçu, sur les repères de la politique maritime sous-régionale, doit nous servir de base pour définir les critères du choix du nouveau secrétaire général de l'OMAOC dont l'élection va avoir lieu sous peu.

Pour la République du Congo, le critère fondamental réside en la connaissance sinon parfaite des dossiers de l'organisation couplée aux valeurs d'honneur, de dignité, de solidarité, de fraternité et une ouverture d'esprit qui constituent les composantes, d'un code éthique.

L'avenir de l'OMAOC en dépend.

Vive la coopération sous-régionale !

Vive l'intégration sous-régionale !

Je vous remercie.

REGLEMENTATION MARITIME INTERNATIONALE

Allocution prononcée à la réunion de restitution relative au projet de convention des Nations Unies relatif au transport international de marchandises « effectué entièrement ou partiellement » par mer Pointe-Noire, le 16 avril 2008

Monsieur le préfet du département de Pointe-Noire ;
Monsieur le président du Conseil départemental du Kouilou ;
Monsieur le président du Conseil municipal, député maire de la ville de Pointe-Noire ;
Monsieur le bâtonnier, président de l'Ordre national des avocats au barreau de Pointe-Noire ;
Monsieur le président de la Chambre de commerce, d'industrie, d'agriculture et des métiers de Pointe-Noire ;
Messieurs les directeurs généraux des structures sous-tutelle du ministère des Transports maritimes et de la Marine marchande ;
Monsieur le consultant, porte-parole du groupe africain aux travaux de la commission des Nations Unies pour le droit commercial international (CNUDCI) ;
Messieurs les magistrats, avocats et juristes, opérateurs économiques maritimes en vos rangs et prérogatives ;
Mesdames et messieurs.
Distingués invités ;

Je dois tout d'abord transmettre aux éminents organisateurs de ce séminaire les vifs remerciements du Gouvernement et souhaiter la bienvenue à Pointe-Noire, capitale économique du Congo, au Professeur Ibrahima Khalil Diallo, professeur de droit maritime à la Faculté de droit de l'Université de Dakar, membre titulaire du Comité maritime international, consultant, porte-parole du groupe africain au groupe de travail n°3 de la Commission des Nations Unies pour le droit commercial international (CNUDCI), principal animateur du présent séminaire.

Je voudrais ensuite remercier les autorités départementales et municipales pour leur implication effective dans la mise en œuvre des plans d'action et programmes du département en charge des Transports maritimes et de la Marine marchande car elles sont des acteurs et partenaires privilégiés dans le développement de l'économie maritime de notre pays.

Mesdames et messieurs,
Il vous souviendra et on ne le dira jamais assez dans son projet de société, « la Nouvelle Espérance », Son Excellence Denis Sassou-N'Guesso, Président de la République, chef de l'Etat, initiateur du concept « Management stratégique de la mer » prescrivait à l'autorité maritime congolaise, entre autres missions de :

- Proposer et prendre toutes les mesures législatives et règlementaires susceptibles de favoriser le développement des activités maritimes et portuaires ainsi que le développement du commerce par voie maritime ;

- Renforcer la coopération maritime bilatérale et multilatérale.

C'est donc dans le contexte approprié de ces orientations salutaires du Président de la République que se situe le présent séminaire inhérent à « la restitution des travaux relatifs au projet de convention des Nations Unies relatif au transport de marchandises effectué entièrement ou partiellement par mer ».

Mesdames et messieurs les séminaristes,

Le mémorandum introductif à la présente réunion, qui vous a été transmis par la direction générale du Conseil congolais des chargeurs est parlant et explicite sur le travail que vous aurez à réaliser.
Toutefois, il me sied de vous dire que vous serez en face de trois (3) conventions maritimes internationales aux intérêts divergents selon qu'il s'agit des intérêts des chargeurs à protéger ou ceux des transporteurs (armateurs) à sauvegarder ; il s'agit des conventions ci-après :

- La convention de Bruxelles du 25 août 1924 modifiée par deux protocoles signés le 23 février 1968 et le 21 décembre 1979 (encore appelée « Règles de la Haye-Visby » et élaborée par le Comité maritime international (CMI), favorable aux transporteurs ;
- La convention des Nations Unies du 30 mars 1978 dite « règles de Hambourg » élaborée dans le cadre d'une initiative concentrée de la CNUCED, de la CNUDCI et du CMI, ratifiée par le Congo par la loi n°11-2001 du 26 novembre 2001, favorable aux chargeurs, mais plus nuancée ;
- Et le projet de convention des Nations Unies relatif au transport de marchandises « effectué entièrement ou partiellement » par mer, soumis à votre analyse pour lequel les intérêts des chargeurs et transporteurs sont à déterminer.

Mesdames et messieurs les séminaristes,

La participation de la République du Congo aux étapes d'analyse, de discussion à tous les niveaux de ce projet de Convention au Congo, à l'UCCA, à la CNUCDI montre à suffisance notre intérêt à une bonne action maritime avec les autres Etats africains.

Mesdames et messieurs les séminaristes

Je sais compter sur le sérieux et la technicité avec lesquels vous mènerez vos débats en cette session de restitution telle que souhaitée par le groupe africain.

A mon cher frère, le professeur Ibrahima Khalil Diallo, avec lequel nous avions en 2000 à Nantes manifesté notre volonté d'apporter notre contribution à la science juridique maritime africaine, sans oublier Martin Ndendé, cher frère, désormais c'est chose faite « l'outil est mis à l'étrier » et votre longue expérience est un atout de sûreté et de sécurité en cette matière.

A notre compatriote, Maître Aimé Lavie Mienandy, docteur d'Etat en droit maritime, modérateur des travaux. Bons débats !
Votre professionnalisme, vous deux, nous permettra de mieux comprendre les arcanes de cet instrument.

Je souhaite pleins succès à vos travaux.

Sur ces mots, je déclare ouverts les travaux du séminaire de restitution sur le projet de convention relatif au contrat de transport international de marchandises « effectué entièrement ou partiellement » par mer.

Je vous remercie.

Allocution prononcée à l'ouverture de l'atelier préparatoire de la commission de révision du Code communautaire de la marine marchande de la CEMAC
Brazzaville, le 03 juin 2008

Monsieur le représentant de la Communauté économique et monétaire de l'Afrique centrale ;

Monsieur le représentant du secrétaire général de l'Organisation maritime internationale ;

Messieurs les représentants des membres du Gouvernement ;
Messieurs les ambassadeurs et chefs de mission diplomatique ;
Messieurs les experts des pays membres de la CEMAC ;
Messieurs les directeurs généraux du ministère des Transports maritimes et de la Marine marchande ;
Honorables délégués ;
Mesdames et messieurs ;
Distingués invités,

Au nom du Gouvernement de la République du Congo, de son chef, le président Denis Sassou-N'Guesso et en mon nom propre, je vous remercie d'avoir répondu à notre invitation et d'honorer de votre présence la cérémonie d'ouverture de l'atelier de révision du Code communautaire de la marine marchande de la Communauté économique et monétaire de l'Afrique centrale (CEMAC).

J'aimerais également souhaiter la cordiale bienvenue à Brazzaville à tous les honorables délégués des pays membres de la Communauté économique et monétaire des Etats de l'Afrique centrale CEMAC).

Je voudrais particulièrement adresser mes sincères compliments au secrétaire général de l'Organisation maritime internationale (OMI) pour son assistance.

J'aimerais enfin rendre hommage à tous ceux qui de près ou de loin ont œuvré à l'élaboration du Code communautaire de la marine marchande nécessaire à la réglementation du secteur maritime de la Communauté économique et monétaire des Etats de l'Afrique centrale (CEMAC).

Mesdames et messieurs,

En votre nom, un hommage mérité est rendu à son Excellence Denis Sassou-N'Guesso, chef de l'Etat, président de la République, pour son appui depuis 1998 à l'amélioration de cet outil juridique et législatif d'intégration et d'harmonisation de la marine marchande dans les Etats de la Communauté économique et monétaire de l'Afrique centrale (CEMAC).
Il nous aura permis d'assumer nos responsabilités face à l'histoire et aux générations futures parce que nous pouvons dans un élan de solidarité et d'intégration faire face aux évolutions et aux exigences de notre temps.

Au vu des enjeux de ce jour, nous lui sommes gré de notre parfaite reconnaissance.

Mesdames et messieurs,

Je voudrais ici rappeler que le Code communautaire de la marine marchande de la Communauté économique et monétaire de l'Afrique centrale adopté le 03 août 2001 est notre cadre juridique commun régissant l'ensemble des activités maritimes dans notre sous-région.

Le présent atelier répond à la nécessité de sa mise à jour qui résulte des amendements apportés aux Conventions internationales sur les transports maritimes, la sécurité et la sûreté maritimes, la prévention et la lutte contre la pollution par les navires ainsi que les conditions de vie et de travail des gens de mer.

Les travaux auxquels vous êtes conviés durant ces trois jours mettront côte à côte l'intérêt général de la communauté et les aspects spécifiques relevant de chacun de nos élus.

Le projet du code révisé est le fruit des consultations effectuées dans les principaux Etats membres de la CEMAC conformément aux termes de référence du programme intégré de coopération technique de l'Organisation maritime internationale.

Mesdames et messieurs,

La réglementation maritime internationale édictée par l'Organisation maritime internationale a connu des amendements en 2001, année d'entrée en vigueur de notre instrument communautaire.

Ainsi, les thèmes suivants ont fait l'objet de proposition de révision en tenant compte de nouvelles normes internationales des instruments pertinents de l'OMI :

- le signalement du navire et les formalités dans les ports ;
- la limitation de responsabilité pour les créances maritimes ;
- la sécurité de la navigation et la sûreté maritimes ;
- les avaries communes et la pollution de l'air par les navires ;
- les dispositions particulières aux pétroliers monocoques et la lutte contre la pollution accidentelle ;
- l'indemnisation des dommages de pollution, les enquêtes après accidents de mer et la prévention des actes terroristes en mer.

Le document qui est soumis à votre examen détermine encore le particularisme du droit maritime et du droit international de la mer et a également pris en compte l'évaluation de l'application des dispositions du

Code par nos Etats pour insérer les nouvelles propositions qui devront enrichir cet instrument communautaire de grande valeur juridique auquel notre pays le Congo se réfère pleinement.

Monsieur le coordonnateur et monsieur de consultant de l'OMI ;

Votre présence à Brazzaville nous rassure, une fois de plus, sur l'accompagnement de l'OMI à l'action des Etats membres de la Communauté économique et monétaire de l'Afrique centrale (CEMAC) au nom desquels je me permets de dire que la volonté de voir aboutir ce projet demeure malgré le retard enregistré dans l'exécution de ce projet, suite aux reports qu'à connus l'organisation de cet atelier préparatoire précédemment prévu à Bangui (République centrafricaine), puis à Douala (République du Cameroun).

Mesdames et messieurs, chers experts,

Il est essentiel que ce Code soit révisé et nous voulons affirmer que la République du Congo, en acceptant d'abriter ce dernier atelier maintenant à Brazzaville, est encore disposée et prête à abriter, au moment qu'il sera loisible pour la commission, la réunion des ministres chargés de la Marine marchande pour son adoption avant celle des chefs d'Etat.

Chers experts,

L'occasion qui m'est offerte de m'adresser à vous me permet de féliciter et de remercier monsieur Ndalla Benjamin, ancien directeur des transports et communications de la CEMAC et actuel secrétaire général de la Commission internationale du Bassin Congo-Oubangui-Sangha (CICOS) pour les efforts consentis en vue de l'élaboration du Code communautaire de la marine marchande depuis 1994 et m'oblige de vous dire que cet atelier représente une véritable opportunité de faire avancer de façon significative l'application du droit maritime dans nos Etats.

La révision du Code et l'adoption de sa version amendée ne constituent nullement une fin en soi. Il m'a été possible de dénombrer plus d'une quarantaine d'articles qui renvoient à des textes nationaux. Cependant, l'on est en droit de s'interroger sur les dispositions à prendre par nos Etats pour satisfaire cette exigence.

Chers experts,

Brazzaville, capitale de la République du Congo, est désormais le lieu où s'analysent définitivement les textes et autres accords maritimes pour leur adoption : l'accord multilatéral sur la recherche et le sauvetage maritimes signé le 27 mai 2008 à Lagos en est une illustration.

J'espère et souhaite que la règle ne soit pas dérogée.

Je vous sais compétents pour examiner aussi bien dans la forme que dans le fond le projet révisé du Code communautaire de la marine marchande avec la volonté de le voir adopté par les ministres en charge de la Marine marchande réunis à cet effet en Comité ministériel très prochainement.

Je déclare ouvert l'atelier de révision du Code communautaire de la marine marchande de la Communauté économique et monétaire de l'Afrique centrale (CEMAC).

Vive la coopération maritime,

Vive la CEMAC,

Je vous remercie.

Allocution prononcée à la clôture de l'atelier préparatoire de la commission de révision du Code communautaire de la marine marchande de la CEMAC
Brazzaville, le 05 juin 2008

Monsieur le représentant de la Communauté économique et monétaire de l'Afrique centrale ;
Monsieur le représentant du secrétaire général de l'Organisation maritime internationale ;
Messieurs les représentants des membres du Gouvernement ;
Messieurs les ambassadeurs et chefs de mission diplomatique ;
Messieurs les experts des pays membres de la CEMAC ;
Messieurs les directeurs généraux du ministère des Transports maritimes et de la Marine marchande ;
Honorables délégués ;
Mesdames et messieurs ;
Distingués invités,

Je me réjouis du fait qu'après des discussions animées et fructueuses tout au long de ces trois jours de travail, les points de vue et les amendements que vous avez examinés au cours de cet atelier ont été synthétisés pour être intégrés dans les différents livres où les compléments et les actualisations ont paru nécessaires pour la révision du Code communautaire de la marine marchande de la CEMAC.

Notre Code communautaire doit devenir un instrument dynamique évoluant simultanément avec les développements dans le secteur maritime mondial.

Aujourd'hui, au-delà des amendements apportés au Code communautaire de la marine marchande de la CEMAC, nous devons aussi prendre la juste mesure de ce qui nous reste à faire pour en assurer une meilleure utilisation.

Je pense par exemple aux performances de nos administrations maritimes dans le cadre des inspections des navires qui sont le corollaire indispensable et incontournable pour l'éradication des navires sous-normes dans notre sous-région.

A cet effet, en ma double qualité de président du Mémorandum d'entente sur le contrôle des navires par l'Etat du port (MoU d'Abuja) et de la commission n°1 sur la sécurité de la navigation et la protection de l'environnement marin et fluvio-lagunaire de l'Organisation maritime de l'Afrique de l'Ouest et du Centre (OMAOC), j'invite les Etats qui n'ont pas encore formellement accepté cet instrument de coopération pour l'éradication des navires sous-normes de se joindre aux Etats qui l'ont déjà fait pour le rendre plus opérationnel et efficace.

A cet effet, des délégations de la République du Congo vont visiter les Etats de la CEMAC avant la fin du mois de juin 2008 pour le suivi de cette invite.

Chers experts,

Nous devons être fiers d'avoir d'abord gagné cette première bataille de l'élaboration irréversible d'un Code communautaire dans notre sous-région, modèle unique de notre volonté de coopération maritime.

Mesdames et messieurs ;

Avant de poursuivre mon propos, qu'il me soit permis de savoir infiniment gré, une fois de plus, à son Excellence Denis Sassou-N'Guesso, chef de l'Etat, président de la République du Congo, pour son soutien inestimable au développement du secteur maritime.

Mes félicitations s'adressent aussi à la CEMAC en tant que Communauté économique sous-régionale pour sa volonté de mener nos Etats à l'harmonisation et à la mise à jour des textes régissant l'ensemble des activités maritimes dans notre sous-région.

J'aimerais également adresser au nom des Etats membres, les vifs remerciements à l'Organisation maritime internationale pour l'appui nécessaire apporté à notre sous-région en facilitant la mobilisation des ressources techniques et financières en vue de la tenue ici à Brazzaville de l'atelier préparatoire de la commission de révision du Code communautaire.
Monsieur le représentant de la CEMAC,

Chers experts,

La République du Congo confirme sa volonté d'abriter la réunion des ministres chargés de la Marine marchande pour l'adoption du Code communautaire de la marine marchande.

Chers experts,

Maintenant que nous avons mis la touche finale à cet outil juridique et législatif d'intégration et d'harmonisation de la Marine marchande dans les Etats de la Communauté économique et monétaire de la l'Afrique centrale.

Je vous exhorte en retournant dans vos pays respectifs d'être, d'une part, les fidèles messagers auprès des décideurs car ce n'est qu'une question de volonté et de détermination communes pour continuer à vulgariser ce Code communautaire pour en faire une bonne application et, d'autre part, insister auprès des décideurs que la participation de vos Etats à la 14ème session de l'assemblée générale de la commission des Nations Unies pour le commerce international qui se tiendra à New York du 16 juin au 03 juillet 2008 où nous devons défendre nos intérêts face au projet de convention sur le transport des marchandises effectué entièrement ou partiellement par mer.

Aux praticiens du droit qui ont apporté leurs contributions lors de cet atelier, je vous dis sincèrement merci et vous encourage de vous familiariser d'avantage au droit maritime qui est le fondement de ce Code.

Mesdames et messieurs,

Je déclare clos l'atelier de révision du Code communautaire de la marine marchande de la Communauté économique et monétaire de l'Afrique centrale.

Vive la coopération maritime

Vive la CEMAC,

Je vous remercie.

Discours à l'occasion de la cérémonie de clôture du séminaire international sur les réglementations et contentieux des transports maritimes internationaux au centre de droit maritime et océanique de l'Université de Nantes (France)
Nantes, le 31 juillet 2008

Monsieur le président de l'Université de Nantes,
Messieurs les représentants des collectivités locales ;
Messieurs les doyens ;
Mesdames et messieurs les professeurs des universités de Nantes et de Paris ;
Messieurs les directeurs généraux ;
Monsieur le conseiller juridique, administratif et de la réforme de l'Etat de monsieur le président de la République du Congo ;
Mesdames et messieurs les responsables des institutions universitaires, économiques et consulaires ;
Chers séminaristes ;
Mesdames et messieurs.

Au moment où le séminaire international sur les réglementations et contentieux des transports maritimes internationaux arrive à son terme, c'est un sentiment de grande joie et de bonheur qui m'anime.

Joie et bonheur parce que d'éminents experts et praticiens du droit maritime et des transports se sont mis à la disposition des cadres et chercheurs africains pour un partage d'expériences et de savoir, contribuant ainsi au renforcement des capacités et de l'expertise maritime africaines.

Pour certains, il paraît bizarre qu'un ministre africain vienne clôturer un séminaire.

Hélas pour ceux-là.

Mais je suis ici pour délivrer un devoir de mémoire, de reconnaissance et pour un message d'espoir.

Pourquoi de mémoire et de reconnaissance ?

- De mémoire parce qu'en octobre 1982, un jeune étudiant congolais, sorti de l'Université Montesquieu de Bordeaux I, après avoir commencé les cours de droit maritime sous la direction du Professeur Antoine Vialard, arrivait à l'Université de Nantes particulièrement au Centre de droit maritime et aérospatial sous la direction du Professeur Mircea Mattesco Matte pour approfondir ses connaissances maritimes et vivant au Campus Casterneau avant de rentrer en 1983 à l'Ecole d'administration des affaires maritimes de Bordeaux.

En cet instant mes pensées vont vers le Professeur Antoine Vialard et le Professeur Mircea Mattesco Matte.

- De reconnaissance, pour l'Université de Nantes qui m'a accueilli et m'a aidé à renforcer mes connaissances sur le secteur maritime.

Mesdames et messieurs,

L'Institut Eurafrique export dirigé par le Professeur Martin Ndende reçoit de notre part l'infime gratitude de nous avoir associés à cette émouvante cérémonie, mais aussi de nous avoir rappelé de ne jamais être en marge du processus de formation dispensé car, déjà, une fois de plus en 2008, vous noterez que je viens ici tous les 8 ans, dans cette ville de Nantes, carrefour indispensable et incontournable de la formation maritime, à la tête d'une forte délégation congolaise au séminaire sur « les transports maritimes à l'aube du 21e siècle ».

Mon cher Martin, comme on dit « Cher homonyme » car quand les « Martin » se mêlent d'une chose, on ne peut s'attendre qu'à de très bonnes choses.

Je disais « Cher homonyme », merci et félicitations.

Vous avez souhaité la présence de la République du Congo et elle a envoyé son ministre des Transports maritimes et de la Marine marchande avec une forte délégation composée de directeurs généraux, conseillers et même son propre conseiller qui si heureusement est enseignant de droit de la mer à l'Université Marien Ngouabi.

Mesdames et messieurs,

De nos jours, les sujets de discussion qui préoccupent les cadres, praticiens, universitaires et décideurs maritimes africains au sud du Sahara sont très nombreux et de plusieurs ordres, devant ce parterre d'éminents universitaires et particulièrement spécialisés en droit maritime, droit de la mer, droit des transports maritimes, je n'ai pas la prétention d'ouvrir un quelconque débat.

Vous permettrez de vous transmettre la volonté de vivre dans l'espoir, message d'espoir des pays africains dans cette turbulence « financière » que nous ne voulons pas « maritime ».

Nous tentons d'apporter des réponses appropriées à la concurrence internationale et à la flambée des prix des produits de consommation, toutefois :

- Qui fixe les taux de fret ?
- Que devient la Conférence EWATA ?

Nous savons que l'Europe vient de prendre l'initiative salutaire de suppression de ces Conférences.
C'est une excellente chose, mais l'Afrique va suivre avec attention et intérêt cette évolution. C'est dans cette perspective au l'Union africaine élabore pour son adoption une Charte sur les transports maritimes.

Les programmes d'assistance de l'Organisation maritime internationale nous permettent de mettre en œuvre les Conventions maritimes internationales, mais avec beaucoup de contraintes comme le Code ISM et le Code international pour la sûreté des navires et des installations portuaires dit Code ISPS.

La mise en œuvre effective des procédures du contrôle des navires par l'Etat du port dans la région de l'Afrique de l'Ouest et du Centre dit MoU d'Abuja en vigueur depuis le 22 octobre 1999 et la République du Congo a été élue à Cotonou (République du Bénin) pour 3 ans à compter du 30 octobre 2008.

Les inquiétudes et réticences des chargeurs africains vis-à-vis de la convention de la CNUDCI sur le contrat de transport international des marchandises entièrement ou partiellement par mer. Lentement, mais sûrement, nous serons au rendez-vous de sa signature.

De la crise financière, la crise climatique nous guette.

Le 6ème forum sur le développement durable organisé au Congo du 27 au 30 octobre 2008 est une des réponses à cette situation.

L'actualité maritime parle encore, cette fois-ci, en Afrique centrale d'actes de piraterie.
Les événements de ce matin dans les eaux camerounaises en sont la preuve indéniable, d'où la collaboration et la coopération Afrique / Europe sur la question est à rechercher.

Mesdames et messieurs,

Je souhaiterais que l'expérience de l'Institut Eurafrique export s'exporte de manière pratique et la République du Congo porterait déjà la première expérience si vous le voulez bien.

Nous avons par exemple déjà organisé un séminaire sur les aspects du droit maritime et notamment sur le Code communautaire de la Marine marchande en Afrique centrale à l'attention des avocats, magistrats et autres de la ville portuaire de Pointe-Noire au Congo.

Mesdames et messieurs,

Chers participants,

Au vu du programme décliné par les responsables scientifiques du séminaire, rien n'a été laissé de côté, ce qui laisse penser que, nantis de véritables connaissances rafraîchies, vous allez quitter ces locaux de l'Université de Nantes pour aller plonger au cœur des problèmes tant pratiques que de doctrine dans l'exercice de vos responsabilités respectives en Afrique.
Rehausser la qualité du débat juridique devient dès lors pour vous un défi personnel et je ne peux que vous y encourager.

Et pour contribuer à la promotion de votre expression même aussi au partage d'expériences et de savoir, j'ai le plaisir d'annoncer solennellement le lancement très prochain de la *Revue africaine des transports et des affaires maritimes* remplaçant la *Revue congolaise des transports et des affaires maritimes* et pour porter plus haut la réflexion juridique, économique, sociale et technique sur l'environnement des activités liées à la mer et à la réalisation duquel j'ai l'honneur de vous convier tous ici présents.

A la vérité, je dois affirmer que cet outil indispensable pour tous existe déjà. Il est le réseau de la collaboration que nous avions amorcée dès août 2004, avec l'Institut Eurafrique export en publiant jusqu'à la 6ème *Revue congolaise des transports et des affaires maritimes* dont plusieurs universitaires présents ce jour ont déjà apporté leurs contributions scientifiques.
Je vous prie de trouver ici l'expression de notre parfaite reconnaissance.

Nous avons tenté cette expérience confinée au seul espace de la République du Congo, qui a pu nous faire tenir les clés d'une réalité : celle de la vocation internationale de la revue et du besoin de s'unir pour que chacun de nous apporte sa pierre à l'édifice.
Le moment est donc venu de mieux bâtir et de laisser aux générations à venir des écrits sur les affaires maritimes et le transport en Afrique.
Je vous remercie.

Discours à l'ouverture du séminaire-atelier national sur les procédures de réclamation et sur l'indemnisation des dommages causés par les déversements de pétrole à partir des pétroliers
Brazzaville, le 14 décembre 2009

Monsieur le représentant du préfet du département de Pointe-Noire ;
Monsieur le représentant du Président du Conseil municipal, député maire de la ville de Pointe-Noire ;
Monsieur le représentant du secrétaire général de l'Organisation maritime internationale (OMI) ;
Monsieur le représentant du secrétaire général de l'Association de l'industrie pétrolière pour la sauvegarde de l'environnement (IPIECA) ;
Honorables délégués ;
Distingués invités ;
Mesdames et messieurs ;

Je voudrais avant tout propos vous remercier tous au nom du Gouvernement de la République et de son chef, le président Denis Sassou-N'Guesso d'avoir répondu à cette invitation et de l'avoir honorée de votre présence.

J'aimerais également souhaiter la cordiale bienvenue à Pointe-Noire à l'expert de l'IPIECA venu pour animer cet atelier sur les procédures de réclamation et sur l'indemnisation des dommages causés par les déversements de pétrole à partir des pétroliers.

Mesdames et messieurs,

Pour rappel, le présent atelier se tient après tant d'autres dans le cadre de l'initiative mondiale qui est un programme englobant diverses activités sous la supervision de l'Organisation maritime internationale (OMI) et de l'Association internationale de l'industrie pétrolière pour la sauvegarde de l'environnement (IPIECA).

Elle a permis la mise en œuvre d'un certain nombre d'activités nationales et régionales ces dernières années dans le but d'aider les pays de l'Afrique de l'Ouest et du Centre à renforcer leurs capacités nationales et régionales en matière de préparation et de lutte contre les pollutions par les hydrocarbures.

Les activités menées dans ce cadre ont permis la réalisation d'un certain nombre d'objectifs, y compris la préparation de propositions d'amendements au protocole sur les situations d'urgence à la convention d'Abidjan et l'adoption d'un plan d'action pour le développement des plans d'urgences nationaux ainsi que de la coopération régionale et sous-régionale.

La République du Congo tire le plus grand bénéfice de l'initiative et nous sommes dans un cheminement systématique. En effet, après avoir mis en place le Plan national d'intervention d'urgence (PNIU) qui offre le cadre du combat contre une pollution dans les eaux sous juridiction nationale et après avoir procédé à des tests grandeur nature récemment du 1er au 5 juin 2009 ici à Pointe-Noire, nous nous attaquons aujourd'hui aux aspects qui surviennent après que tout a été entrepris : les procédures de réclamation et de demandes d'indemnisations qui accompagnent immanquablement une marée noire.
J'ai déjà eu l'occasion d'évoquer les bienfaits de cette implication conjointe de l'Organisation maritime internationale et de l'Association internationale de l'industrie pétrolière pour la sauvegarde de l'environnement pour la sous-région lors de la 26ème session de l'assemblée générale de l'organisation tenue du 23 novembre au 4 décembre 2009 à Londres.

Toutefois, qu'il me soit permis de saisir cette occasion pour renouveler à l'OMI et à l'IPIECA, toute notre reconnaissance pour leur action commune.

Mesdames et messieurs,

De manière générale, les questions de protection de l'environnement retiennent l'attention des plus hautes personnalités.

Je vous invite à prêter l'oreille à l'actualité pour vous en convaincre. D'ailleurs, c'est dans ce contexte du combat constant que Son Excellence Denis Sassou-N'Guesso, président de la République, a été désigné par ses pairs pour parler à la Conférence mondiale de Copenhague, au nom des pays en développement.

La République du Congo à l'image des pays du golfe de Guinée est un important exportateur de pétrole par mer et se trouve confrontée, du fait de l'activité offshore et de la circulation aussi bien dans les eaux territoriales qu'en haute mer, à de graves dangers qui exigent des réponses urgentes et adéquates.

La survenance d'un accident impliquant un pétrolier est souvent génératrice de lourds préjudices qui sont susceptibles de frapper indistinctement les populations côtières, les opérateurs économiques et les collectivités locales qu'il faut dès lors indemniser.
Nous savons, car les exemples sont légion sous d'autres cieux, qu'en ce domaine de tels sinistres peuvent par leur gravité compromettre, voire anéantir le développement de tout le tissu économique d'une région littorale (activités économiques diverses des populations riveraines, et surtout des pêcheurs, des hôteliers, des restaurateurs, des ports, etc.).

C'est donc dire tout l'intérêt, pour les Etats exposés à de tels risques, d'être en parfaite conformité avec les systèmes juridiques de responsabilité et d'indemnisation mis en place par les conventions maritimes internationales, et de se doter de législations nationales appropriées en la matière.

La tenue du présent atelier national sur les procédures de réclamation et sur l'indemnisation des dommages causés par le déversement de pétrole à partir des pétroliers vient donc à point nommé.

Chers participants,

L'occasion qui vous est offerte devrait vous permettre en vos rangs et qualités de maîtriser le dispositif juridique applicable ainsi que la procédure d'indemnisation en cas de dommages.
Nous avons tenu à ce que toutes les composantes socioprofessionnelles y compris les collectivités locales et la société civile de notre pays soient représentées pour tirer le plus grand bénéfice de l'atelier.

Je salue la présence remarquable des praticiens du droit qui trouveront ici, pendant ces trois jours, la matière rare, mais combien nécessaire pour leurs activités.

En souhaitant pleins succès à l'atelier, je déclare ouverts les travaux du séminaire atelier national sur les procédures de réclamation et sur l'indemnisation des dommages causés par le déversement de pétrole à partir des pétroliers.

Je vous remercie.

Allocution prononcée à la cérémonie d'ouverture de la réunion des experts relative à la révision du Code communautaire de la marine marchande
Brazzaville, le 09 mars 2011

Monsieur le ministre délégué auprès du ministre d'Etat, ministre de l'Economie, du Plan, de l'Aménagement du territoire et de l'Intégration, chargé de l'Aménagement du territoire et de l'Intégration et cher collègue ;
Monsieur le directeur de l'aménagement du territoire des infrastructures et des transports, représentant le président de la commission de la Communauté économique monétaire de l'Afrique centrale ;
Monsieur le représentant de l'Union africaine ;

Monsieur le représentant du secrétaire général de l'Organisation maritime internationale ;
Mesdames et messieurs les ambassadeurs des pays membres de la CEMAC ;
Mesdames et messieurs les représentants des ministères de la République du Congo ;
Monsieur le directeur général de la marine marchande de la République du Congo ;
Madame et messieurs les experts maritimes des pays membres de la CEMAC ;
Madame et messieurs les directeurs généraux des structures maritimes publiques, parapubliques et privées de la République du Congo ;
Mesdames et messieurs ;

Au nom de Son Excellence Denis Sassou-N'Guesso, président de la République, chef de l'Etat, du Gouvernement et du peuple congolais, nous vous souhaitons la bienvenue dans cette terre congolaise, ici à Brazzaville – Brazza la Verte –, chez vous, devenue lieu privilégié de prise des grandes décisions maritimes pour notre sous-région.

Mesdames et messieurs,

Loin de faire la genèse du Code communautaire de la marine marchande, j'aimerais rappeler que cet important instrument au service de l'harmonisation de la législation maritime dans l'espace économique et monétaire que nous partageons tous est le fruit d'une volonté forte des Etats membres vers une intégration sous-régionale réelle.

Par l'acte n° 06/94-UDEAC-594-CE-30 du 22 décembre 1992 la volonté des chefs d'Etat d'assurer l'harmonisation de la législation maritime s'est matérialisée par l'adoption du Code de la marine marchande.

L'environnement maritime, évoluant et intégrant les dispositions pertinentes de l'Organisation maritime internationale et de l'Organisation internationale du travail, a amené les chefs d'Etat à permettre la 1ère révision du Code de la marine marchande et identifiée par le règlement n° 03/01/UDEAC-088CM-06 du 03 août 2001.

Depuis 2006, face à des nouvelles mutations dans les domaines du droit maritime, de la gestion des gens de mer, des exigences des pays sans littoral et bien d'autres dont la sécurisation des eaux maritimes et le renforcement des mesures de sûreté par le Code international pour la sûreté des navires et des installations portuaires dit Code ISPS, la commission de la Communauté économique et monétaire de l'Afrique centrale ne devait que permettre la procédure de révision du Code comme prévue par l'article 610 du règlement de 2001.

Mesdames et messieurs,

La République du Congo a abrité, du 03 au 05 juin 2008, ici à Brazzaville, sous l'égide du secrétariat exécutif de la Communauté économique et monétaire de l'Afrique centrale avec l'appui technique de l'Organisation maritime internationale l'atelier préparatoire de la Commission de révision du Code communautaire de la marine marchande de la CEMAC.

Au cours et à la fin de cet atelier, nous avons tous reconnu et accepté la révision du Code pour l'adapter aux normes communautaires et internationales, privilégiant le particularisme du droit maritime.

Le 05 juin 2008, le Code communautaire de la marine marchande de la CEMAC avait préparé les ¾ des normes juridiques, c'est pourquoi, je rappelle certaines dispositions du communiqué final :
« Les experts ont adopté la méthodologie qui consiste de passer en revue tous les articles contenus dans les livres, titres, chapitres et sections, principalement ceux qui ont subi des amendements.

Ils se sont accordés sur la majorité des articles et ont procédé à des amendements sur certaines dispositions après des échanges fructueux, ces amendements proposés feront l'objet d'une remise en forme définitive qui aboutira à la production d'une version consolidée du projet de Code révisé prête à être soumise à la commission révision.

Les participants ont recommandé à la commission permanente des experts en transports maritimes de la CEMAC d'insérer dans le Code des dispositions pertinentes de la convention des Nations Unies sur le contrat de transport international des marchandises effectué entièrement ou partiellement par mer dites "Règles de Rotterdam" ».

Mesdames et messieurs, les experts,

Cette référence, citée supra, montre que notre tâche n'est pas de "rejouer le match'', mais de préparer la prochaine compétition : en termes simples, depuis juin 2008, nous attendions que nous soient produites et transmises les dispositions pertinentes et souhaitées du Code dans un sens bien déterminé.

C'est ce qui est produit par la CEMAC après le travail titanesque du consultant, Maître Gaston Ngamkam, présent dans la salle, et avec les observations du Cameroun et du Congo à travers l'équipe d'experts maritimes congolais conduite par le docteur Eric Franck Dibas.

Mesdames et messieurs,

Saluons l'esprit de dévouement du consultant et du chef des experts congolais, dignes fils de notre sous-région, et qu'ils trouvent ici ensemble l'expression de nos très vifs encouragements et de nos très sincères vives félicitations.

Je puis vous affirmer que j'ai suivi personnellement depuis le 05 juin 2008 jusqu'à ce jour, ce travail de révision.

Je rappelle, si heureusement pour nous, que la CEMAC est la seule zone géographique au monde qui a actuellement un instrument maritime harmonisé dit Code de la marine marchande.

Mesdames et messieurs les experts,

Souvenons-nous des :

- Recommandations de l'Organisation maritime internationale ;
- Recommandations du 8ème Conseil d'administration de l'Académie régionale des sciences et techniques de la mer de Brazzaville car le 9ème Conseil se tiendra à Libreville ;
- Recommandations des 5èmes journées du chargeur à Luanda ;
- Recommandations issues des 7ème et 8ème comités du MoU d'Abuja ;
- Recommandations de la 13ème assemblée générale de l'Organisation maritime de l'Afrique de l'Ouest et du Centre à Dakar ;
- Programmes d'action d'Almaty de 2003, ainsi que de la Charte africaine des transports maritimes récemment adoptée à Kampala par l'Union africaine où il est réaffirmé l'existence des Conseils des chargeurs, l'importance des ports maritimes, la nécessité du regroupement des administrations maritimes, le renforcement de la sûreté et de la sécurité maritimes.

Que ceux-ci soient un des gages de notre sursaut.

Mesdames et messieurs,

Le Code communautaire de la marine marchande révisé compte 800 articles digestes et ce pour la Primauté du droit afin de faciliter les rapports sur nos places et dans nos eaux maritimes.

Je vous sais compétents pour que le Code communautaire de la marine marchande de la CEMAC soit révisé et accepté par vous avec le vif et ferme espoir de le voir, enfin, adopté par les ministres en charge de la Marine marchande de la CEMAC.

Madame, messieurs les experts et monsieur le consultant,

Votre dévouement et votre attachement aux idéaux de la commission de la CEMAC sont ici requis.

Au vu de cela, nous pouvons assumer une démission collective, mais savoir adapter : Je rappelle que la façade maritime de la CEMAC compte près de 1800 km^2 et ici sont représentés près de 1560 km^2.

Le dépassement de soi et la vision dans l'intérêt commun de notre sous-région sont les outils de notre victoire, car faisons comme nos chefs d'Etat où règnent la confiance et le consensus.

Monsieur le ministre,

Les érudits du secteur maritime depuis des siècles ont dit que celui qui possède la mer possède la puissance.

En votre qualité de ministre chargé de l'Intégration, veuillez noter que les pays membres de la CEMAC dont les quatre (04) qui ont un littoral maritime, vont une fois de plus montrer leur capacité d'intégration, de solidarité pour la CEMAC leur patrimoine commun.

Comment rester en dehors du MoU d'Abuja, alors que le Code communautaire de la marine marchande de la CEMAC lui-même lui consacre des articles entiers ?

Mesdames et messieurs les experts,

Nous vous interpellons car il nous semble que l'heure est arrivée pour nous de sortir des sentiers battus dans l'intérêt de la zone CEMAC.

En ce qui concerne la République du Congo, son gouvernement et son chef, le président Denis Sassou-N'Guesso, président en exercice de la CEMAC, nous sommes convaincus que de la révision du Code communautaire du Code de la marine marchande maintenant naîtra une nouvelle dynamique de réflexion englobant tous les aspects maritimes de la sous-région.

Je déclare ouverts les travaux de la réunion relative à la révision du Code communautaire de la marine marchande de la CEMAC.

Vive l'intégration sous-régionale.

Je vous remercie.

Allocution prononcée à la cérémonie de clôture de la réunion des experts relative à la révision du Code communautaire de la marine marchande Brazzaville, le 11 mars 2011

Mesdames et messieurs les ambassadeurs des pays membres de la CEMAC ;
Monsieur le représentant de l'Union africaine ;
Monsieur le directeur de l'aménagement du territoire des infrastructures et des transports, représentant le président de la commission de la Communauté économique et monétaire de l'Afrique centrale ;
Mesdames et messieurs les représentants des ministères de la République du Congo ;
Monsieur le directeur général de la marine marchande de la République du Congo ;
Madame et messieurs les experts maritimes des pays membres de la CEMAC ;
Madame et messieurs les directeurs généraux des structures maritimes publiques, parapubliques et privées de la République du Congo ;
Mesdames et messieurs ;

Nous voici au terme de nos travaux relatifs à la révision du Code communautaire de la marine marchande de l'espace géographique de la CEMAC.

Comme on peut le constater aisément, la marche aura été longue, trébuchante et quelquefois pénible, mais nous devons nous sentir heureux comme Ulysse, ce héros de la mythologie grecque qui, lors de son retour vers son royaume émaillé de mille péripéties et raconté dans le livre intitulé *L'Odyssée*, s'est senti vainqueur, oui nous avons atteint l'objectif majeur escompté.

En effet, depuis le 05 juin 2008, les experts maritimes et les praticiens du droit de la Communauté économique et monétaire de l'Afrique centrale (CEMAC) que vous êtes, avez amorcé le processus de révision vers l'adoption d'une version nouvelle d'un Code communautaire de la marine marchande harmonisé.

Aujourd'hui, après trois (03) jours de débats acharnés, parfois contradictoires, mais fructueux, vous venez d'accomplir à bon escient une œuvre noble pour notre sous-région.

Mesdames et messieurs,

Dans mon allocution d'ouverture, j'avais rappelé certaines dispositions du communiqué final de l'atelier préparatoire de la commission de révision du Code communautaire de la CEMAC, à savoir l'adoption de la méthodologie consistant à passer en revue tous les articles contenus dans les livres, titres, chapitres et sections.

Sur les dix livres contenant les 800 articles, vos amendements ont si justement porté sur près de 200 articles répartis comme suit :

- Livre I : champ d'application et définitions ;
- Livre II : limitation de responsabilité et saisie des navires ;
- Livre III : sûreté des navires et installations portuaires et événements de mer ;
- Livre IV : pollution marine ;
- Livre V : gens de mer ;
- Livre VI : exploitation commerciale du navire, contrat de transport de marchandise par mer, transport de passagers et de bagages et professions auxiliaires du transport maritime ;
- Livre VIII : contentieux en matière d'infractions maritimes.

Je voudrais dire ici toute ma satisfaction pour le sérieux. Le pragmatisme et la technicité avec lesquels vous êtes parvenus témoignent à suffisance de cette assertion.

Je me réjouis également de la prise en compte dans vos débats des dispositions pertinentes des conventions maritimes internationales, notamment la Convention des Nations Unies sur le contrat de transport de marchandises effectué entièrement ou partiellement par mer dite « Règles de Rotterdam », le Code ISPS, le MoU d'Abuja, la Déclaration d'Almaty, la Convention consolidée de 2006 sur le travail maritime et la Charte africaine des transports maritimes révisée, pour ne citer que celles-là

A la vérité, je peux vous affirmer, sans ambages, que vous venez par votre dévouement et attachement aux idéaux de la CEMAC de doter notre organisation commune d'un outil indispensable d'harmonisation des normes juridiques, montrant ainsi votre capacité d'intégration et de solidarité pour la CEMAC.

C'est donc, ici, l'occasion d'adresser toutes mes félicitations à tous les experts maritimes, les praticiens du droit ou panel de juristes des Etats membres de la CEMAC ici présents.

Mes remerciements vont aussi à l'endroit de l'Organisation maritime internationale et de l'Union africaine pour leur assistance technique et leur soutien moral sans faille.

Je ne saurais remercier la commission de la CEMAC pour sa contribution permanente et toujours effective.

Enfin, mes félicitations et mes encouragements sont destinés particulièrement à Maître Gaston Ngamkam pour la qualité du document de présentation de réformes du Code soumis à l'examen des experts.

Mesdames et messieurs les experts,

L'adoption du Code communautaire constitue la première étape de notre long processus de mise en œuvre.

La mise en place d'un comité de suivi pour la mise en œuvre du Code communautaire me paraît une évidence sans précédent comme :

- la nécessité de réactiver le protocole d'accord de coopération maritime entre les Etats membres de la CEMAC ;
- et la révision systématique des actes communautaires relevant du secteur maritime contraires aux pratiques.

La création des tribunaux maritimes commerciaux ou des chambres maritimes au sein des tribunaux de grande instance ou des Cours d'appel dans nos différents Etats s'avère nécessaire pour connaître les litiges, les contentieux maritimes ou les décisions rendues par ces juridictions.

La fixation des délais de recours par le droit commun de chaque Etat membre ou par la Cour de justice communautaire est un enjeu de taille.

Je n'oublie pas que le renforcement des capacités des experts de notre sous-région est une préoccupation majeure de nos Etats qui doit être abordée avec beaucoup d'intelligence et de sérénité.
Pour ma part, je m'engage à traduire fidèlement vos recommandations et résolutions auprès des ministres de la CEMAC en charge de la Marine

marchande en vue de l'accélération de la procédure de signature et de ratification dudit Code ainsi que de celle de la Charte africaine des transports maritimes révisée.

Mesdames et messieurs,

Il m'a été donné de constater que les experts maritimes de la CEMAC ne se retrouvent qu'une seule fois tous les cinq ans au moins, peut-être seulement à la faveur des rencontres de ce genre !

Dans quel forum parle-t-on des questions résultant de l'application du Code ?

Sauf erreur de ma part, rien de tel n'a été prévu.

Or, cet instrument doit vivre en même temps qu'il doit faire vivre les affaires maritimes de la sous-région. Alors, il faut réfléchir, au-delà de sa révision pure, aux dispositifs qu'il faut mettre en place afin de lui donner plein effet dans tous les Etats membres

De même, la participation de tous les Etats aux activités internationales dans le cadre de l'Organisation maritime de l'Afrique de l'Ouest et du Centre (OMAOC), du Mémorandum d'entente sur le contrôle des navires par l'Etat du port dans la sous-région de l'Afrique de l'Ouest et du Centre (MoU d'Abuja) et de l'Union africaine doit être recherchée car c'est à ces niveaux, en ce qui concerne l'Afrique, que les débats majeurs ont lieu et des débats qui nécessitent souvent quelques regroupements géographiques.

Mesdames et messieurs,

L'ordre juridique communautaire en construction doit être un moteur puissant de l'évolution des règles applicables au secteur maritime car le droit maritime qui s'est construit au long des siècles sous la lumière des périls de la mer s'est aussi construit dans la sphère des intérêts attachés à l'expédition maritime.

C'est pourquoi, a chacun de tenir la place imminente qui lui revient pour que la règle prise dans la conscience du particularisme du droit maritime qui la sous-tend, soit juste et justement appliquée.
J'estime que les autorités administratives maritimes des Etats membres de la CEMAC sont tenues d'organiser un accès simple aux règles de droit édictées par le Code communautaire de la marine marchande de la CEMAC par une large vulgarisation et la prise des textes d'application.

Je note qu'il est dit que la simplification du droit doit être un objectif partagé par tous et que la jurisprudence joue pleinement son rôle de régulateur.

L'appel de la mer tiré du recueil des poèmes *Les Racines congolaises* de Jean Baptiste Tati-Loutard nous guidera : « Cette odeur d'infini qui toujours vous chavire, c'est l'éternel vertige au regard de la mer.

Devant vous et toutes parts écartelées, respire tout bas la mer par toutes ses fosses.
Et c'est la naissance d'un immense désir d'un monde qui sans cesse nous interpelle ».

Monsieur le représentant du président de la CEMAC et monsieur le représentant de l'Union africaine,

Je sollicite votre implication pour porter le Code communautaire de la marine marchande de la CEMAC à nos frères de la République de Guinée Equatoriale qui, je constate, n'ont jamais participé aux travaux.

Mesdames et messieurs,

Aujourd'hui, la République du Congo, sous les clairvoyantes directives de Son Excellence monsieur Denis Sassou-N'Guesso, président de la République, chef de l'Etat, chef du Gouvernement, président en exercice de la CEMAC, vient encore une fois d'abriter les présentes assises qui consacrent l'adoption du Code communautaire de la marine marchande.

N'est-ce pas là, le moment le plus approprié pour lui rendre un vibrant hommage pour les efforts inlassables qu'il ne cesse de fournir au service de l'intégration et de l'industrie maritime des Etats membres de notre sous-région ?

Au plan interne, je ne vous le fais pas dire, comme vous l'avez certainement constaté, la paix règne dans le pays et que le secteur maritime portuaire est en mutation.

Mesdames et messieurs,

La République du Congo informe la commission de la CEMAC qu'elle est prête à abriter les travaux de la cérémonie de signature des actes d'adoption du Code communautaire de la marine marchande des Etats membres ».
Je souhaite un bon retour aux délégations sœurs des Etats membres de la CEMAC.

Vive l'intégration sous-régionale.

Vive le particularisme du secteur maritime.

Vive la Communauté économique et monétaire de l'Afrique centrale.

Je vous remercie.

Discours à la cérémonie d'ouverture de l'atelier de sensibilisation sur l'adoption du nouveau Code communautaire de la marine marchande Pointe-Noire, le 6 novembre 2012

Messieurs les préfets des départements de Pointe-Noire et du Kouilou ;
Monsieur le député maire, président du Conseil communal et départemental de la ville de Pointe-Noire ;
Monsieur le directeur général de la marine marchande ;
Madame et messieurs les directeurs généraux des structures maritimes, parapubliques et privées;
Mesdames et messieurs ;
Distingués invités,

Au moment où s'ouvre l'atelier de sensibilisation sur l'adoption du nouveau Code communautaire de la marine marchande, je voudrais tout d'abord au nom du Gouvernement de la République, de son chef, Son Excellence Denis Sassou-N'Guesso, de monsieur Rodolphe Adada, ministre d'Etat, ministre des Transports, de l'Aviation civile et de la Marine marchande, ainsi qu'au mien propre, adresser à toutes les personnalités ici présentes nos sincères salutations et souhaiter une cordiale bienvenue à cette cérémonie d'ouverture.

Permettez-moi aussi de renouveler nos vifs remerciements à l'Organisation maritime internationale (OMI), et à la présidence de la commission de la Communauté économique et monétaire de l'Afrique centrale (CEMAC) pour leur appui dans le processus de révision du Code communautaire de la marine marchande des Etats membres de la Communauté économique et monétaire de l'Afrique centrale.

Mesdames et messieurs,

Je voudrais une fois de plus saisir cette opportunité pour saluer la volonté des chefs des Etats de la CEMAC d'avoir fait de l'harmonisation des législations maritimes un enjeu d'intégration sous-régionale avec la capacité de s'arrimer aux instruments juridiques internationaux prenant eux-mêmes en compte les mutations intervenues dans le transport maritime, la protection de la gestion et du bien-être des gens de mer dans la sécurisation des espaces maritimes et le renforcement des mesures de sûreté des navires et des installations portuaires.

Que les experts maritimes qui ont contribué à la révision de ce Code en ayant montré leur ardeur juridique soient ici remerciés.

Mesdames et messieurs,

les dernières réunions respectivement organisées à Brazzaville, du 9 au 11 mars 2011, du 18 au 20 avril 2011 et du 14 au 16 février 2012 pour la révision du Code communautaire de la marine marchande des Etats membres de la CEMAC, adopté en 2011, prouvent combien notre pays s'est investi pour mener à son terme le processus de révision de ce précieux instrument communautaire qui a été adopté le 22 juillet 2012 sous le règlement n° 08/12-UEAC-088-CM-23 par le Conseil des ministres de l'Union économique et monétaire de l'Afrique centrale (UEAC)

Le Code communautaire de la marine marchande qui comprend 800 articles est subdivisé en 10 livres :

- Livre 1 : Des dispositions générales comprenant le champ d'application, la navigation maritime et les espaces maritimes sous juridiction nationale ;
- Livre 2 : Du navire comprenant le statut administratif et juridique du navire, les titres de navigation, les privilèges et hypothèques maritimes, la limitation de responsabilité en matière de créances maritimes et la saisie des navires ;
- Livre 3 : De la navigation maritime comprenant la sécurité de navigation, la sûreté des navires et des installations portuaires, des sociétés de classification, les événements de mer et des épaves maritimes ;
- Livre 4 : De la pollution marine comprenant la prévention de la pollution par les hydrocarbures, par les eaux usées, ordures et déchets des navires, les opérations de lutte contre la pollution marine, la responsabilité civile et la mise en demeure du pollueur ;
- Livre 5 : Des gens de mer comprenant le statut du capitaine du navire, le statut du marin, l'effectif à bord, l'état civil en mer et les successions maritimes ;
- Livre 6 : Des transports maritimes et professions auxiliaires comprenant l'organisation des transports maritimes, l'exploitation

commerciale du navire, les professions auxiliaires du transport maritime, les assurances maritimes, le suivi et encadrement du trafic maritime ;
- Livre 7 : Des régimes disciplinaire et pénal de la marine marchande comprenant les procédures de poursuite des fautes disciplinaires, de la suspension ou du retrait des brevets et certificats, les enquêtes nautiques ;
- Livre 8 : Des contentieux en matière d'infractions maritimes comprenant la recherche et la constatation des infractions maritimes, le droit de rétention au port des navires étrangers, la lutte contre tous les actes illicites en mer et la détermination des juridictions compétentes ;
- Livre 9 : Des juridictions maritimes et de l'arbitrage comprenant l'institution d'un tribunal commercial maritime ou une chambre maritime au sein des tribunaux de commerce ou des tribunaux d'instance pour connaître du contentieux maritime, de l'institution d'un tribunal arbitral à caractère national, régional ou international ;
- Livre 10 : Des dispositions finales comprenant l'entrée en vigueur, l'interprétation et la révision du Code.

Il s'agit donc maintenant de s'approprier et de se familiariser avec les nouvelles dispositions de cet outil d'une très haute portée juridique dont le seul but est de garantir un développement sûr de la sécurité et de la navigation maritimes, de la protection du milieu marin, des conditions de travail et de vie des gens de mer, des transports maritimes, des intérêts des chargeurs, du développement portuaire, de la sûreté maritime et portuaire.

Ainsi, l'article 1er dudit Code dispose qu'il est applicable :

- à tous les navires immatriculés dans un Etat membre ;
- aux équipages et passagers qui y sont embarqués, ainsi qu'à toutes les personnes, quelle que soit leur nationalité, qui, bien que non présentes à bord, auraient commis une infraction aux dispositions du présent Code ou de ses textes d'application ;
- aux navires étrangers se trouvant dans les eaux sous juridiction d'un Etat membre, lorsque cela est prévu par les accords de réciprocité passés entre un Etat membre et un Etat tiers ou en application des conventions internationales en vigueur ;
- aux équipages et passagers de ces navires étrangers, sous les mêmes conditions qu'à l'alinéa précédent ;

- aux gens de mer de nationalité d'un Etat membre ou résidant dans un Etat membre, sans considération du lieu d'immatriculation ou d'affrètement du navire à bord duquel ils sont employés ;
- aux plateformes flottantes se trouvant dans les eaux sous juridiction nationale d'un Etat membre ; en outre, lorsque cela est expressément prévu, certaines dispositions du Livre IV sur la pollution marine, du Livre V sur les gens de mer et du Livre VII sur les régimes disciplinaire et pénal de la marine marchande s'appliquent également aux plateformes fixes se trouvant dans lesdites eaux.

Mesdames et messieurs les usagers de la mer,

Au cours du présent atelier, vous prendrez connaissance des amendements adoptés dans les différents livres qui amènent l'augmentation du nombre d'articles passés de 607 à 800 et qui doivent faire l'objet d'une appropriation par les usagers de la mer dans notre pays et dans la sous-région.

Votre présence à cette cérémonie, je n'en doute point, est le signe manifeste de l'intérêt marqué pour le fondement juridique qui doit toujours être d'une importance primordiale dans la gestion de l'exploitation et le développement des transports maritimes de notre sous-région.

Mesdames et messieurs du secteur maritime,

Le Code communautaire de la marine marchande constitue la fraîche et bonne source du droit positif de notre secteur maritime et portuaire et ce pour la Primauté du droit.

Il me paraît ainsi utile de noter que notre sous-région est toujours depuis 2001 la seule zone géographique au monde à avoir harmonisé sa législation maritime.

Notre contribution à la volonté des chefs d'Etat de matérialiser définitivement l'intégration sous-régionale passe par l'adhésion, l'appropriation, la vulgarisation et la mise en œuvre des outils communautaires à l'image du Code communautaire de la marine marchande.

Sur ce, je déclare ouverts les travaux de l'atelier de sensibilisation sur l'adoption du nouveau Code communautaire de la marine marchande.
Vive le Code communautaire de la marine marchande.

Vive la CEMAC.
Je vous remercie.

Allocution prononcée à la cérémonie d'ouverture de l'atelier national sur les mesures de contrôle et de suivi de la conformité de la convention internationale de 2004 pour le contrôle et la gestion des eaux de ballast Pointe-Noire, le 26 novembre 2012

Monsieur le ministre du Tourisme et de l'Environnement ;
Monsieur le préfet du département du Kouilou ;
Monsieur le Président du Conseil départemental du Kouilou ;
Monsieur le représentant du préfet de Pointe-Noire ;
Monsieur le représentant du président du Conseil municipal et départemental de la ville de Pointe-Noire ;
Monsieur le directeur général de la marine marchande ;
Monsieur le directeur général du Port autonome de Pointe-Noire ;
Madame et messieurs les directeurs généraux des structures maritimes, parapubliques et privées;
Autorités militaires, administratives, locales en vos rangs et prérogatives ;
Mesdames et messieurs ;
Distingués invités,

Au moment où s'ouvre l'atelier national sur les mesures de contrôle et de suivi de la conformité de la convention internationale de 2004 pour le contrôle et la gestion des eaux de Ballast de sensibilisation sur l'adoption du nouveau Code communautaire de la marine marchande, je voudrais tout d'abord au nom du Gouvernement de la République, de son chef, Son Excellence Denis Sassou-N'Guesso, de monsieur Rodolphe Adada, ministre d'Etat, ministre des Transports, de l'Aviation civile et de la Marine marchande, de monsieur Josué Rodrigues Nguonimba, ministre du Tourisme et de l'Environnement ainsi qu'au mien propre, adresser à toutes les personnalités ici présentes nos sincères salutations et souhaiter une cordiale bienvenue à cette cérémonie d'ouverture.

Mes remerciements s'adressent également à monsieur Koji Sekimizu, secrétaire général de l'OMI d'avoir mis à la disposition du Congo deux (02) experts à savoir monsieur Jacques Abé et monsieur Boubakar Diop. Je les encourage de rendre utiles les moyens mis à leur disposition pour conduire des mains de maître les travaux pratiques de cet important atelier.

Mesdames, messieurs,

L'Afrique de l'Ouest et du Centre est une région très active en termes de transports et de commerce maritimes internationaux, de modernisation et d'industrialisation portuaires.

La République du Congo avec une façade maritime de plus de 170 kilomètres, dont 90% du commerce se fait par voie maritime et disposant du Port autonome de Pointe-Noire qui est l'un des plus importants de l'Afrique centrale peut être aussi exposée aux dangers d'une mauvaise gestion des eaux de ballast et de sédiments des navires.

La Convention internationale pour le contrôle et la gestion des eaux de ballast et sédiments des navires adoptée le 13 février 2004 par l'Organisation maritime internationale (OMI) a fait reconnaître que le transfert et l'introduction d'organismes aquatiques nuisibles et d'agents pathogènes par les eaux de ballast des navires menacent la conservation et l'utilisation durable de la diversité biologique et que le rejet incontrôlé des eaux de ballast et de sédiments par les navires porte atteinte et nuit à l'environnement, à la santé humaine, aux biens et aux ressources.

Toutefois, les eaux de ballast sont celles destinées à contribuer à maintenir la stabilité du navire et peuvent être partiellement ou complètement rejetées pendant les opérations commerciales dans les ports et terminaux au large en conformité avec les exigences des Conventions SOLAS et MARPOL 73/78.

Les problématiques ayant trait au milieu marin nous permettent de constater que la quasi-totalité des échanges commerciaux s'effectue par voie maritime, que plusieurs activités humaines sont réalisées dans cet espace et nécessitent la mise en place d'une politique maritime intégrée, aujourd'hui indispensable en vue d'acquérir une approche globale de l'ensemble des questions touchant à l'espace maritime.

Mesdames et messieurs,

La protection du milieu marin demeure un défi majeur pour l'ensemble de la communauté maritime internationale.

Plusieurs conventions maritimes de ce secteur ont été ratifiées par notre pays et avec la ratification de la Convention BMW et la Convention sur le contrôle du système antifouling des navires (AFS 2001) et la Convention de Hong Kong pour le recyclage sûr et écologiquement rationnel des navires, l'arsenal juridique sera presque complet.

Mesdames et messieurs,

L'atelier national sur les mesures de contrôle et le suivi de la conformité de la Convention internationale de 2004 pour le contrôle et la gestion des eaux de ballast et sédiments des navires s'inscrit dans le cadre de l'assistance et coopération techniques et de la coopération régionale.
L'article 13 de la convention stipule :

« Les parties s'engagent, directement ou par l'intermédiaire de l'Organisation et d'autres organismes internationaux, le cas échant, à fournir, au titre du contrôle et de la gestion des eaux de ballast et sédiments des navires, un appui aux parties qui demandent une assistance technique ».

C'est dans ce cadre que l'OMI à travers le programme Globallast mis en place s'est chargé de fournir une assistance technique et une expertise aux pays en développement.

La formation du personnel de l'administration maritime et d'autres structures maritimes et portuaires s'avère de grande importance pour mieux se familiariser avec les techniques et méthodes de contrôle et de gestion des eaux de ballast.

Sur cette question, beaucoup d'initiatives doivent être prises pour promouvoir la mise en œuvre effective des dispositions de la convention afin de prévenir, réduire et éliminer le transfert d'organismes aquatiques nuisibles et d'agents pathogènes grâce au contrôle et à la gestion des eaux de ballast et sédiments des navires.

C'est dans cet élan que la République du Congo se prépare à la ratification et à la mise en œuvre de la Convention BMW.
Le Code communautaire de la marine marchande adopté par le règlement du 22 juillet 2012 consacre dans son livre 4 sur la pollution marine en ses articles 316 à 371 une attention particulière au sujet en débat.

Monsieur le ministre du Tourisme et de l'Environnement,

Votre présence ici montre combien la gestion de l'environnement marin et côtier doit être d'une importance capitale.

La communauté maritime va s'y impliquer sans ambages.
Messieurs les experts,

Votre savoir-faire permettra aux participants de l'atelier d'acquérir des connaissances en matière de contrôle et de suivi de la conformité de la convention nécessaire pour garantir la mise en œuvre effective des dispositions de la convention.

A tous les participants, je vous souhaite d'excellents travaux.

Sur ce, je déclare ouverts les travaux de l'atelier national sur les mesures de contrôle et de suivi de la conformité de la Convention de 2004 pour le contrôle et la gestion des eaux de ballast et sédiments des navires.

Vive la coopération avec l'OMI.

Je vous remercie.

Discours à l'occasion de la cérémonie d'ouverture du séminaire de vulgarisation de la convention des Nations Unies sur le contrat de transport international de marchandises effectué entièrement ou partiellement par mer dite "Règles de Rotterdam"
Pointe-Noire, le 20 mars 2013

Monsieur le préfet du département de Pointe-Noire ;
Monsieur le préfet du département du Kouilou ;
Monsieur le président du bureau exécutif du Conseil départemental et municipal de Pointe-Noire, député-maire de la ville ;
Monsieur le président du Conseil départemental du Kouilou ;
Vénérables et honorables parlementaires ;
Excellences mesdames et messieurs les représentants des corps diplomatiques, institutions internationales, régionales et sous-régionales ;
Monsieur le secrétaire général de l'Union des conseils des chargeurs africains ;
Monsieur le directeur général du Conseil congolais des chargeurs ;
Mon général, commandant de la Zone de défense n°1 ;
Messieurs les directeurs généraux des administrations et organismes sous-tutelle ;
Autorités militaires et civiles en vos rangs, grades et qualités ;
Mesdames et messieurs les membres de la communauté portuaire de Pointe-Noire ;
Mesdames et messieurs les membres de l'Assemblée générale des chargeurs ;
Monsieur le Professeur Elhadji Ibrahima Khalil Diallo, consultant, porte-parole du groupe africain aux travaux de la Commission des Nations Unies pour le droit commercial international (CNUDCI) ;
Messieurs et mesdames les magistrats, avocats, juristes et opérateurs économiques maritimes ;
Messieurs les intervenants ;
Distingués invités ;
Mesdames et messieurs,

Après le Niger, le Burkina-Faso, le Sénégal, le Cameroun, la Côte d'Ivoire, tous, Etats francophones membres de l'Organisation maritime de l'Afrique de l'Ouest et du Centre (OMAOC), nous voici à Pointe-Noire, ville portuaire et capitale économique de la République du Congo, en vue de mettre en application l'une des recommandations cardinales de notre organisation sous-régionale et de l'Union des conseils des chargeurs africains (UCCA), à savoir : la vulgarisation de la convention des Nations Unies sur le contrat de transport international de marchandises effectué entièrement ou partiellement par mer dite « Règles de Rotterdam », sous le thème central : "Les Règles de Rotterdam en droit communautaire et en droit conventionnel".

Mesdames et messieurs,

Je voudrais, au nom du Gouvernement congolais, de son chef, son Excellence monsieur Denis Sassou-N'Guesso, président de la République, chef de l'Etat, au nom du ministre d'Etat, ministre des Transports, de l'Aviation civile et de la Marine marchande, monsieur Rodolphe Adada et au mien propre, souhaiter la cordiale bienvenue à tous les participants à ce grand forum et particulièrement aux délégués venus des pays amis, l'Angola, la République démocratique du Congo et le Gabon.

La présence parmi nous de monsieur Serigne Thiam Diop, secrétaire général de l'Union des conseils des chargeurs africains (UCCA) nous réjouit.

Aussi, je note avec satisfaction la participation de l'éminent Professeur Elhadji Ibrahima Khalil Diallo, professeur à la Faculté de droit à Dakar, membre titulaire du Comité maritime international (CMI), consultant et porte-parole du groupe africain à la Commission des Nations Unies pour le droit commercial international (CNUDCI) en droit des transports et formateur de magistrats à l'Ecole régionale supérieure de la magistrature de l'OHADA à Porto Novo (Bénin),
Consultant de l'Union économique et monétaire ouest-africaine (UEMOA) en matière maritime.
Que tous nos hôtes trouvent ici l'expression de notre franche et parfaite reconnaissance.

Mesdames et messieurs,

Il vous souviendra que l'industrie des transports maritimes internationaux était régie jusqu'en décembre 2008 par deux (02) conventions internationales assez antagonistes à savoir :

La Convention de Bruxelles du 25 août 1924 modifiée par deux protocoles de février 1968 et décembre 1979 appelée « Règles de la Haye-Visby » présentant une multitude de cas d'exonération au profit du transporteur et pénalisant ainsi le chargeur et la Convention des Nations Unies du 30 mars

1978 sur le transport des marchandises par mer dite « Règles de Hambourg » légèrement bénéfique aux chargeurs.

Il faut noter que ses conventions ont été ratifiées par la République du Congo.

De nos jours, avec les mutations institutionnelles, structurelles et technologiques intervenues dans l'industrie maritime, notamment dans les transports, tous modes confondus, l'avènement d'un nouveau cadre normatif de droit des transports maritimes internationaux s'est avéré impérieux et devant régir l'équilibre entre les armateurs ou transporteurs maritimes et les chargeurs (importateurs et exportateurs).

Mesdames et messieurs,

L'adoption, le 11 décembre 2008 à New York (USA), par la Communauté maritime internationale d'une nouvelle convention à savoir la convention des Nations Unies sur le contrat de transport international de marchandises effectué entièrement ou partiellement par mer ou Règles de Rotterdam, ainsi que son ouverture officielle à la signature des Etats membres, le 23 septembre 2009 à Rotterdam aux Pays-Bas, marquent un tournant décisif dans les relations commerciales entre les armateurs transporteurs maritimes et les chargeurs.

Sa ratification par la majorité des Etats membres de l'Organisation des Nations Unies et/ou de l'Organisation maritime internationale (OMI) et sa mise en œuvre constituent à n'en point douter une véritable révolution au plan juridique.

En effet, les Règles de Rotterdam établissent en dépit de quelques imperfections mineures, un équilibre entre les intérêts jadis divergents des armateurs et des chargeurs.
Les conférenciers, le Professeur Elhadji Ibrahima Khalil Diallo, monsieur Eric Olivier Sébastien Dibas-Franck, docteur en droit, enseignant de droit maritime à l'Université Marien Ngouabi, Maître Aimé Lavie Mienandy, docteur d'Etat en droit maritime, avocat au barreau de Pointe-Noire, vous en diront plus.

Elles apportent aux transports maritimes internationaux modernes et au transport multimodal une uniformisation ou unité du droit des transports maritimes, un élargissement ou transport multimodal ayant une phase maritime, une liberté contractuelle permettant au transporteur et chargeur de recourir à des clauses contractuelles privées et enfin un modernisme intégrant des avancées technologiques comme le recours aux documents électroniques.

Il me paraît utile de dire très simplement que les Règles de Rotterdam s'appliquent aux transports internationaux et plus précisément aux transports qui comportent nécessairement une partie maritime internationale et qui peuvent également comprendre un segment terrestre, fluvial ou aérien.

Mesdames et messieurs,

La République du Congo, en sa quadruple qualité de 2ème vice-président de l'OMAOC, président du conseil d'administration de l'Académie régionale des sciences et techniques de la mer (ARSTM) d'Abidjan, de commissaire aux comptes de l'UCCA, de président du MoU d'Abuja et sous la très haute autorité de son Excellence monsieur Denis Sassou-N'guesso, président de la République, chef de l'Etat, chef du Gouvernement, a souscrit parfaitement aux dispositions des Règles de Rotterdam parce qu'elles représentent un instrument de compromis entre le système de la Haye-Visby et de celui de Hambourg.

C'est pour cette raison que la République du Congo a été le premier pays au monde à signer, le 23 septembre 2009 à Rotterdam, le texte officiel y relatif. Notre pays a aussi, par le biais de son Parlement, procédé à la dernière législative de 2012 à l'adoption de la ratification de ladite convention et va transmettre aux Nations Unies, le dépositaire, les instruments de ratification.

C'est pourquoi, le Gouvernement a déjà dans la loi des finances pour l'année 2013 mis en œuvre certains éléments dont le point A du chapitre 4 sur le transfert électronique des manifestes aux administrations et organismes concernés par le dédouanement des marchandises ayant pour avantage de réduire les coûts et le temps pour les chargeurs c'est-à-dire qu'avant que le navire n'accoste au Port autonome de Pointe-Noire, le chargeur peut commencer ses opérations de dédouanement.

La mise en action du Guichet unique des opérations transfrontalières et la suppression de certains coûts de passage portuaire assurent un bon équilibre de gestion pour les chargeurs.

Mesdames et messieurs,

Il me plaît à présent de vous signifier que sous la coordination de la République du Congo, les Règles de Rotterdam ont été intégrées dans le dispositif législatif de la Zone CEMAC adopté par le règlement N°08/12-UEAC-088-CM-23 du 22 juillet 2012 portant adoption du Code communautaire de la marine marchande et, ce, à travers les articles 513 à 571.

Je rappelle que c'est un règlement de droit communautaire qui se caractérise par sa primauté sur toutes autres dispositions antérieures ou postérieures contraires car désormais ce sont les Règles de Rotterdam qui s'appliqueront à tout transport de marchandises au départ ou à destination d'un pays sous juridiction CEMAC.

Mesdames et messieurs,

C'est ici l'occasion de rendre une fois de plus un vibrant hommage au président de la République, son Excellence Denis Sassou-N'Guesso, pour sa détermination et sa politique volontariste en vue de reconquérir le rôle de pays de transit du Congo, d'assurer la préservation et la sécurisation des transports maritimes, la défense des intérêts des chargeurs, la mise en œuvre des politiques concertées tendant à accroître la productivité et visant la réduction des coûts de transport, l'amélioration de la qualité des prestations de services maritimes, la coopération entre les administrations maritimes, les compagnies de navigation maritime, les Conseils des chargeurs et les ports maritimes.

La compétitivité du Port autonome de Pointe-Noire, l'information et la formation maritimes sont nos défis à relever pour la mise en œuvre de la politique maritime nationale, sous-régionale et régionale.

Mesdames et messieurs,

Ce séminaire est le début d'un processus de renforcement des capacités du secteur maritime tant pour l'administration maritime, le port maritime, le Conseil congolais des chargeurs, l'armement national, les entreprises maritimes, les opérateurs maritimes et les praticiens du droit.

C'est pourquoi, pour la Primauté du droit, je vous exhorte à mener des débats constructifs et fructueux aux fins d'aboutir à des résultats idoines et ce, pour l'avenir radieux du secteur maritime de la République du Congo et partant du transport multimodal africain.

Sur ces mots empreints d'espoir et d'optimisme,

Je déclare ouverts les travaux du séminaire sur "Les Règles de Rotterdam en droit communautaire et en droit conventionnel".

Je vous remercie.

FORMATION MARITIME

Discours de circonstance à l'occasion de la fête de la fin de l'année académique 2009 de l'ARSTM
Abidjan, le 30 juillet 2009

Monsieur le représentant du ministre des Transports, président du Conseil d'administration de l'académie ;
Monsieur le représentant du ministre de la Fonction publique et de l'Emploi ;
Monsieur le représentant du secrétaire général de l'Organisation maritime de l'Afrique de l'Ouest et du Centre ;
Monsieur le représentant du secrétaire général de l'Organisation maritime internationale, coordonnateur de la région francophone de l'Afrique de l'Ouest et du Centre ;
Monsieur le secrétaire général du Mémorandum d'entente sur le contrôle des navires dans la région de l'Afrique de l'Ouest et du Centre dit MoU d'Abuja ;
Monsieur le représentant du maire de Yopougon ;
Autorités militaires ;
Monsieur le directeur général de l'Académie ;
Messieurs les directeurs généraux des Affaires maritimes de Côte d'Ivoire et du Congo ;
Elèves et officiers de la marine marchande ;
Agents de l'académie ;
Distinguée délégation congolaise ;
Mesdames et messieurs ;
Vous tous ici présents, en vos rangs, grades et prérogatives.

J'aimerais de prime abord remercier les organisateurs et tout le personnel de l'académie pour les bons mots à mon égard et tous les arrangements visant à rendre notre séjour agréable à Abidjan.

J'aimerais ensuite dire que c'est une joie immense que j'éprouve ce jour d'être présent, au titre de parrain de la cérémonie, parmi vous, parmi ce fort peuple de Côte d'Ivoire et parmi toute cette jeunesse africaine venue de différents horizons apprendre et appréhender les ficelles d'un secteur pour lequel notre sous-région ressent le plus de besoins, je voulais dire le secteur maritime.
Ma présence ici et celle de la délégation congolaise qui m'accompagne prouvent à suffisance que les problèmes du secteur maritime sont du même

ordre dans nos pays respectifs membres de l'OMAOC et que nous partageons aussi la même vision en ce qui concerne les solutions à apporter.

C'est pourquoi, Son Excellence Denis Sassou-N'Guesso, président de la République du Congo, a bien voulu m'autoriser de faire le déplacement d'Abidjan et m'a demandé d'œuvrer avec mon homologue, monsieur le ministre Albert Toikeusse Mabri dans le sens de la consolidation du rôle que doit jouer l'académie.

Ceci signifie que pour le Gouvernement du Congo, l'Académie régionale des sciences et techniques de la mer est une institution qu'il faut à tout prix garder sur orbite tant son importance n'est plus à montrer car, disposer de nos jours d'un outil de formation de cette envergure est une porte d'entrée solide dans les transports maritimes internationaux.

Toutefois, je me dois de remercier à cet instant, tout spécialement le gouvernement de la République de Côte d'Ivoire ainsi que le président de la République Son Excellence Laurent Gbagbo qui ont fait des sacrifices énormes, pour maintenir à niveau, c'est-à-dire à la hauteur des normes internationales, les enseignements de l'Académie régionale des sciences et techniques de la mer qui, je rappelle, est restée sur la liste blanche des institutions de formation dressée au fil des ans par l'Organisation maritime internationale, mais aussi pour avoir assuré, malgré les duretés des temps, l'essentiel au profit du collectif des travailleurs de l'académie. On ne le dira donc jamais assez, votre Gouvernement fait un travail remarquable pour l'intégration sous-régionale et la communauté maritime de l'Afrique de l'Ouest et du Centre vous en sait gré.

Distingués invités,
Mesdames et messieurs

Permettez-moi d'observer un devoir de mémoire et de reconnaissance.

Je reste reconnaissant à ceux qui ont choisi ma modeste personne pour être le parrain de cette promotion à la fin de l'année académique 2009.
Reconnaissant aussi à la République de Côte d'Ivoire qui a accepté de m'accueillir depuis 1984, de m'adopter jusqu'à ce jour et j'espère pour très longtemps.
En effet, jeune élève-administrateur des Affaires maritimes à l'Ecole d'administration des affaires maritimes de Bordeaux avec des collègues français et africains dont 05 Ivoiriens :

- Paul Nogbou ;
- Diomandé Mamadou ;

- Daniel Moussako ;
- Jean Baptiste Adjée ;
- Jean Christophe Tibe - Bibalou, à la recherche des stages obligatoires d'embarquement, je suis arrivé en 1984 dans le Port d'Abidjan à bord du navire Bouaké, sistre des navires dits espagnols Bondoukou et Bonoua à côté des navires dits japonais Yakasse, Yopougon et Yamoussoukro de la SITRAM.

L'attachement avec la Côte d'Ivoire a continué car j'ai embarqué sur le navire CAYENNE affrété par la SITRAM pour la Méditerranée et après, finir par l'embarquement à la pêche au large des côtes ivoiriennes à bord du navire SAINT-JEAN.

Vous conviendrez avec moi que je dois une partie pratique de mon cursus maritime aux responsables politiques et maritimes de la Côte d'Ivoire, qu'ils trouvent ici l'expression de ma profonde reconnaissance.

Monsieur le directeur général de l'académie,

Votre élection et titularisation à la tête de l'académie nous paraît une très bonne chose.
En effet, j'ai pu constater que c'est avec beaucoup d'abnégation et de bravoure que vous écumez la sous-région en quête de nouveaux produits à développer, faisant ainsi de l'académie une institution de proximité, à l'écoute et au service des entrepreneurs du secteur maritime, ce qui était recherché depuis fort longtemps.

Il me paraît aussi juste de louer le courage de tout l'ensemble des travailleurs de cette académie, vous les femmes et les hommes ici présents car vous avez traversé des périodes très difficiles, notamment au plan social.

Toutes ces difficultés, vous vous en doutez, sont le cauchemar des politiques que nous sommes mais les dernières décisions du Conseil d'administration de juillet 2008 à Dakar sauront apporter des réponses idoines à tout cela.

Mesdames, messieurs,

L'académie a vécu des jours sombres du fait principalement de la non-réalisation par les Etats signataires de leurs engagements statutaires.
Certes, aujourd'hui, l'endettement est colossal, mais de l'autre côté aussi, la volonté des Gouvernements a été perçue comme inébranlable.

C'est dire que la dernière session du Conseil d'administration tenue en marge de l'Assemblée de l'OMAOC à Dakar en juillet 2008, sous la très haute direction de son président, le ministre des Transports de la République de Côte d'Ivoire, peut être considérée comme une nouvelle base zéro à partir de laquelle l'envol de notre institution sera opéré de façon effective.

Nous poursuivrons bien sûr cet engouement au prochain Conseil d'administration en cette fin d'année. Et la disponibilité de la République du Congo vous est largement acquise et elle est toujours prête comme elle l'avait souhaité depuis 2000 à accueillir l'une des sessions du Conseil d'administration de l'académie.

Je voudrais à cette étape rendre un vibrant hommage à tous les directeurs généraux qui ont été à la tête de l'académie depuis sa création jusqu'à ce jour.

Chers filleuls,

Vous qui quittez l'académie aujourd'hui même, je sais que c'est nantis des meilleures armes que vous le faites. Une sollicitude de ma part comme cela est noté dans les Saintes Ecritures :
Ayez la grâce de Paul, la sagesse de Salomon, la patience de Moïse et la force de Samson ! Alors, faites-en un très bon usage car vous vous apercevrez très vite que vous comptez pour cette région, car disait Paul Valery : « Un regard sur la mer est un regard sur le possible ».

Mesdames messieurs,
Distingués invités,

Je suis ravi d'avoir entendu que des sociétés maritimes nationales d'envergure internationale s'intéressent aux activités de l'académie.

Je ne puis que vous exhorter à être à la hauteur de leurs attentes pour créer, encore plus, de la place pour les plus jeunes. Une autre bonne façon d'exhorter à être à la hauteur de leurs attentes pour créer, encore plus, de la place pour les plus jeunes. Une autre bonne façon de le faire, si ce n'est déjà fait, c'est par exemple de créer un réseau des anciens élèves de l'académie comme il est procédé actuellement dans toutes les institutions du même genre.

Soyez rassurés que les représentants des Gouvernements et de l'administration, que nous sommes, ne ménagerons aucun effort afin de mettre en place les conditions de votre insertion dans la vie active dans les prochains jours.

Une autre variante à conquérir est la transformation de l'Académie maritime d'Abidjan en Université maritime d'Abidjan qui devrait être un des objectifs des ministres de l'OMAOC, membres du Conseil d'administration de l'académie.

Mesdames et messieurs,

Il me paraît utile de lancer un appel aux partenaires au développement et autres institutions de soutien d'accompagner, comme par le passé, notre académie dans le renouvellement de son matériel didactique.

Monsieur le ministre,
Distingués invités,
Mesdames et messieurs,

C'est avec l'espérance avérée que je vais clore mon propos en empruntant les termes d'un éminent poète congolais, Jean Baptiste Tati-Loutard, qui disait dans son recueil *Poèmes de la mer* : « Le bonheur de demain, celui de notre avenir est de dompter la mer, cette mer nourricière et, ce, dans toutes ses composantes pour le bien de nos communautés ».

Tous mes vœux de réussite totale aux promotions sortantes et toutes mes sincères félicitations aux heureux récipiendaires.

Vive l'académie,

Vive l'Afrique maritime de l'Afrique de l'Ouest et du Centre.

Je vous remercie.

Discours aux travaux de la réunion des experts de la 8ème session du Conseil d'administration de l'Académie régionale des sciences et techniques de la mer d'Abidjan
Brazzaville, le 11 novembre 2009

Monsieur le président des experts, représentant le président du Conseil d'administration de l'académie ;
Monsieur le directeur général de l'académie ;
Messieurs les représentants des ambassades de la RDC et du Cameroun ;
Messieurs les chefs des délégations ;
Honorables chefs des délégations ;
Honorables experts ;

Messieurs les directeurs généraux, cadres et agents des administrations et entreprises sous-tutelles du ministère d'Etat, coordonnateur du pôle des Infrastructures de base, ministère des Transports et de l'Aviation civile, chargé de la Marine marchande et du ministère délégué, chargé de la Marine marchande ;
Messieurs les opérateurs économiques maritimes ;
Distingués invités ;
Mesdames et messieurs,

Du 02 au 03 juin 2008 à Ouagadougou au Burkina Faso, s'est tenue la réunion du comité des experts de la 7ème session du Conseil d'administration de l'académie régionale des sciences et techniques de la mer d'Abidjan, du 11 au 12 novembre 2009 va se tenir à Brazzaville, en République du Congo, la réunion du comité des experts pour la 8ème session du Conseil d'administration de notre académie.

La République du Congo et son peuple sont contents de vous recevoir, de vous souhaiter la bienvenue et un agréable séjour chez vous ici à Brazzaville, capitale mythique des grandes décisions maritimes pour notre continent.

Mesdames et messieurs,

Pour l'histoire, on retiendra que la République du Congo devrait accueillir, en 2000, la session ministérielle du Conseil d'administration de l'académie, mais comme la patience est la mère des choses, aujourd'hui c'est désormais chose faite pour combler un incident de parcours.

Mesdames et messieurs,

L'Académie régionale des sciences et techniques de la mer d'Abidjan, née de la volonté de quinze (15) pays francophones de se doter d'une véritable politique maritime régionale et en particulier d'une politique de formation, se compose d'un Conseil d'administration où siègent sept (07) pays ayant signé le protocole de fonctionnement.

Il s'agit entre autres de :

- la République du Bénin ;
- la République du Burkina-Faso ;
- la République du Congo ;
- la République de Côte d'Ivoire ;
- la République du Gabon ;
- la République de Guinée ;
- la République du Togo.

Il me sied à ce stade d'inviter les autres Etats qui ont le statut d'observateurs de nous rejoindre.

Il s'agit de :

- la République d'Angola ;
- la République du Cap-Vert ;
- la République du Cameroun ;
- la République de Guinée-Equatoriale ;
- la République du Mali ;
- la République du Niger ;
- la République démocratique du Congo ;
- la République du Sénégal ;
- la République du Tchad ;
- la République de Centrafrique.

Mesdames et messieurs,

La formation professionnelle maritime dispensée à l'académie a pour objet de fournir aux navires de commerce et de pêche le personnel navigant dont ils ont besoin et le personnel technique sédentaire lié au milieu auquel elle est destinée.

Elle présente les caractères :

- d'unité car elle relève d'une seule administration spécialisée, la Marine marchande ;
- de diversification car la Marine marchande délivre des brevets, diplômes ou certificats du secteur maritime et du personnel technique sédentaire ;
- d'étroitesse car ses dimensions sont limitées aux conventions internationales des métiers de la mer comme la Convention internationale sur les normes de formation des gens de mer, la délivrance des brevets et de veille dite STCW 78/95 ;
- et d'expansion car elle atteint une fraction croissante de la population maritime.

Mesdames et messieurs,

Notre abnégation de volonté de pérennisation de notre académie passe par le paiement de nos contributions statutaires pour éviter un dysfonctionnement au triple plan administratif, financier et pédagogique.

Vous vous souvenez que le 25 novembre 1999 à Brazzaville était lancé le nouveau système de financement de l'Organisation maritime de l'Afrique de l'Ouest et du Centre par son 10ème président, monsieur Isidore Mvouba, et concernait toutes ses institutions dont l'académie.

Nous constatons que 10 ans après, c'est encore la stagnation !

Pourquoi devons-nous assumer une démission collective ?

Faisons tous un effort…

Mesdames et messieurs les experts,

Le souvenir d'un ancien président du comité de mise en place de la régionalisation de l'académie et d'un ancien président des experts de l'OMAOC d'où l'académie tire son essence et aujourd'hui de président en exercice du Mémorandum d'entente sur le contrôle des navires dans la région de l'Afrique de l'Ouest et du Centre dit MoU d'Abuja et de ministre en charge de la Marine marchande, j'ai le sentiment de ces observations à vous faire partager :

- la formation à l'académie est aussi une organisation qui s'adapte en permanence pour accompagner la modernisation du secteur maritime et c'est aussi une force humaine hautement qualifiée ;
- les recommandations prises lors des sessions du Conseil d'administration ne doivent pas être faites que pour meubler nos réunions et pourquoi ne sont-elles parfois jamais appliquées ;
- que devient la recherche de la solidarité et de l'équilibre entre les deux sous-régions, Afrique centrale et Afrique occidentale, pour la redynamisation des objectifs de l'académie comme la vacance et l'occupation des postes de direction.

Nous notons de manière étonnante que ceci n'a pas été respecté après le 30 octobre 1998 à la faveur de la 10ème session ordinaire de la CMEAOC/TM tenue à Brazzaville.
Nous espérons qu'à Brazzaville, le 13 novembre 2009, soit 11 ans après, une correction sera faite et l'histoire aura permis un bond salvateur vers la cohésion.

Mesdames et messieurs,

L'appel maritime de Brazzaville de 1998 de Son Excellence Denis Sassou-N'Guesso, président de la République du Congo et la volonté maritime d'Abidjan de 1975 du président Félix Houphouët Boigny de la République de Côte d'Ivoire résonnent encore en nous et nous interpellent.

Nous devons donc nous adapter et avancer dans un élan de solidarité et d'intégration face aux exigences de notre temps.

Pour notre part, la session de Brazzaville doit être celle de la maturité, de la stabilité et du nouveau décollage.

C'est pourquoi je vous rappelle que la mer est le lieu du questionnement sur le sens de la vie. La mer nous apprend à respecter les règles de vie, elle nous apprend aussi l'honneur, le sens de la communauté, l'humilité, la bravoure, la patience, le sens de l'engagement, le sens de l'adaptation au milieu en mouvement, de la mission confiée et du travail bien fait.

Mesdames et messieurs,

L'académie ne pouvant vivre en autarcie, c'est l'occasion ici de renouveler nos remerciements aux partenaires donateurs comme le PNUD, la Corée du Sud, la Chine, le Japon.

L'appel est lancé à tous les autres partenaires pour accompagner l'académie.

La République de Côte d'Ivoire ne cessera jamais d'être félicitée pour les efforts qu'elle fournit pour accompagner l'académie : qu'elle en soit ici remerciée.

La direction générale de l'académie et son personnel sont associés à cette marque de reconnaissance dans leur vertu du sacrifice et du dur labeur.

Mesdames et messieurs les experts,

Ensemble, guidés par le goût pour la réflexion et la volonté ferme de bien agir, rejoignons la leçon du sage qui porte sur la passion de vaincre, car disait Paul Valery :

« Un regard sur la mer est un regard sur le possible ».

Je souhaite pleins succès aux travaux de la réunion des experts de la 8ème session du Conseil d'administration de l'académie régionale des sciences et techniques de la mer d'Abidjan.

Vive l'OMAOC

Vive l'ARSTM

Je vous remercie.

Discours à l'occasion de la signature du protocole d'accord entre la République du Congo et la République de Côte d'Ivoire
Abidjan, le 30 septembre 2010

Monsieur le ministre des Transports de la République de la Côte d'Ivoire et cher aîné ;
Monsieur le représentant du ministre ivoirien des Affaires étrangères ;
Monsieur le coordonnateur régional de l'Organisation maritime internationale ;
Monsieur l'inspecteur général des transports de la République de Côte d'Ivoire ;
Monsieur le directeur général des affaires maritimes et portuaires de la République de Côte d'Ivoire ;
Monsieur le directeur général de la Marine marchande de la République du Congo ;
Monsieur le directeur général de l'Académie régionale des sciences et techniques et de la mer d'Abidjan ;
Autorités civiles et militaires, toutes préséances respectées ;
Mesdames et messieurs ;

L'administration maritime a une mission de souveraineté nationale qui l'amène à promouvoir les normes techniques commerciales, sécuritaires et environnementales forgées dans le cadre des structures internationales d'uniformisation et de régulation des activités maritimes qui sont en perpétuelle mutation.

Le département de la Marine marchande dont j'ai la charge met un accent particulier sur la formation. Celle-ci a pour objectif de donner aux cadres congolais qui exercent les fonctions liées à la Marine marchande une base solide, leur permettant de maîtriser le domaine dont il s'agit.

Le constat est que la République de Côte d'Ivoire en a fait un véritable cheval de bataille : notre présence marque les félicitations que nous vous adressons.

Mais ceci n'a été possible que grâce à l'amitié séculaire qui existe entre nos deux peuples et des bonnes relations entre le président Denis Sassou-N'Guesso et le président Laurent Gagbo.

De nombreux Congolais ont été et sont formés à l'Ecole nationale d'administration d'Abidjan "Filière Affaires maritimes et portuaires" et à l'Académie régionale des sciences et techniques de la mer d'Abidjan.

En ma qualité de président du Conseil d'administration de l'Académie régionale des sciences et techniques de la mer d'Abidjan, il est ici l'occasion de féliciter la République de Côte d'Ivoire pour les sacrifices qu'elle fait pour maintenir cet instrument commun aux standards maritimes internationaux et aussi de féliciter le directeur général de l'académie pour les efforts entrepris malgré la dureté des temps.

Monsieur le ministre,

J'aime toujours rappeler que de janvier à avril 2004, j'ai embarqué comme élève-administrateur des Affaires maritimes à bord des navires ivoiriens (les navires de commerce "BOUAKE" et "CAYENNE", du navire de pêche "SAINT - JEAN"') et effectué un stage à la SITRAM à Abidjan.

Cette proximité avec les Affaires maritimes ivoiriennes depuis 1984 m'a interpellé et je suis très heureux ce jour 30 septembre 2010 pour le travail accompli.

Monsieur le ministre,

Je note que l'action que nous posons maintenant va marquer le pas des échanges entre les administrations maritimes membres de l'Organisation maritime de l'Afrique de l'Ouest et du Centre, prélude à la mise en place effective, que j'appelle depuis 2000 ici à Abidjan, disais-je l'Union des administrations maritimes désormais confortée dans la Charte africaine des transports maritimes.

Pour être à même d'accompagner nos Etats, il faut former, surtout en cette année 2010 déclarée "Année des gens de mer" par l'Organisation maritime internationale.

Et c'est dans cette optique que s'inscrit cette cérémonie de signature du protocole d'accord relatif à la formation des formateurs congolais.

Cette formation voulue par le Gouvernement du Congo vise à promouvoir le développement économique national et les échanges internationaux et surtout en vue d'améliorer les performances techniques de ses services.

C'est ici l'occasion de remercier sincèrement monsieur le ministre des Transports de la Côte d'Ivoire et cher aîné pour l'accueil chaleureux qu'il m'a réservé ainsi qu'à la délégation qui m'accompagne.

Tout en réitérant mes sincères remerciements pour l'attention que vous-mêmes et vos experts ont accordée à cet important protocole d'accord, veuillez trouver ici monsieur le ministre, et cher aîné, l'assurance de ma parfaite considération.

En ce qui me concerne, je mettrai toute ma volonté afin que la formation des formateurs démarre aussi tôt que possible.

Telle est, monsieur le ministre et cher aîné, ma joie d'échanger avec vous et de conclure le dossier.

Vive la République de Côte d'Ivoire,

Vive la République du Congo,

Je vous remercie.

Allocution du Président du Conseil d'administration de l'Académie régionale des sciences et techniques de la mer d'Abidjan à l'occasion de la fête de fin d'année 2012 et du 25ème anniversaire de l'Académie régionale des sciences et techniques de la mer d'Abidjan (ARSTM) Abidjan, le 24 août 2012

Monsieur le ministre d'Etat, ministre de l'Industrie, représentant Son Excellence monsieur le président de la République, chef de l'Etat ;
Monsieur le ministre chargé des Affaires présidentielles ;
Messieurs les ministres ;
Madame la secrétaire générale de l'Organisation maritime de l'Afrique de l'Ouest et du Centre ;
Monsieur le représentant du secrétaire général de l'Organisation maritime de l'Afrique de l'Ouest et du Centre ;
Monsieur le coordonnateur régional de l'Organisation maritime internationale, représentant le secrétaire général de l'Organisation maritime internationale ;

Monsieur le directeur général de l'Académie régionale des sciences et techniques de la mer d'Abidjan ;
Messieurs les représentants des organisations internationales, régionales et sous-régionales ;
Excellences messieurs les ambassadeurs et représentants des corps diplomatiques ;
Monsieur le conseiller spécial du président de la République ;
Monsieur le directeur de cabinet du ministre des Transports ;
Monsieur le représentant du maire ;
Monsieur le représentant du Gouverneur du district d'Abidjan ;
Monsieur le directeur général des affaires maritimes et portuaires de Côte d'Ivoire ;
Messieurs les directeurs généraux des administrations maritimes des pays membres de l'académie ;
Monsieur le directeur général du Port autonome d'Abidjan ;
Monsieur le représentant du Port autonome de San Pedro ;
Monsieur le président du Conseil d'administration de l'Office ivoirien des chargeurs ;
Monsieur les représentants des sociétés auxiliaires du transport maritime et entreprises partenaires ;
Messieurs les responsables des confessions religieuses et notables de Niangon-Lokoa ;
Elèves officiers de la Marine marchande ;
Personnels de l'académie ;
Distingués invités en vos rangs, grades et qualités ;
Mesdames et messieurs ;

C'est avec un réel plaisir que j'assiste pour la seconde fois à la cérémonie marquant la fête de fin d'année académique de l'Académie régionale des sciences et techniques de la mer d'Abidjan, notre institution régionale de référence pour une formation d'excellence aux métiers de la mer et de l'industrie maritime non plus en qualité de parrain comme en juillet 2009, mais en qualité de président du Conseil d'administration.

Je voudrais à cette occasion, au nom de Son Excellence Denis Sassou-N'Guesso, président de la République du Congo, rendre un vibrant hommage à Son Excellence Alassane Dramane Ouattara, président de la République de Côte d'Ivoire, pour l'intérêt tout à fait particulier qu'il ne cesse de manifester quant au développement de l'industrie maritime de la sous-région de l'Afrique de l'Ouest et du Centre.

Mes remerciements vont également à l'endroit de la direction générale de l'Académie régionale des sciences et techniques de la mer et aux illustres organisateurs des journées marquant la fête de fin d'année académique 2012 pour avoir pris des dispositions idoines pour la tenue heureuse de ces festivités commémorant aussi le 25e anniversaire de l'Académie régionale des sciences et techniques de la mer.

Je ne puis oublier le peuple ivoirien pour son accueil toujours chaleureux par son « AKWABA » légendaire, car il me plaît toujours de rappeler et c'est un devoir pour moi de reconnaissance que le Congolais que je suis est celui et le seul à avoir embarqué à bord des navires ivoiriens en 1984 à l'époque glorieuse de la flotte de la Société ivoirienne des transports maritimes (SITRAM) avec les "Y" dits les Japonais : YOPOUGOU, YAKASSE, YAMOUSSOUKRO et avec les "B" dits les Espagnols : BOUAKE, BONDOUKOU, BONOUA.
J'ai embarqué à la navigation au commerce à bord du BOUAKE sous la responsabilité du CDT Blanchard, à la pêche à bord du navire ST JEAN, à la navigation spécialisée à bord du navire CAYENNE pour les Indes.

Je suis heureux, ici, d'en parler, car le temps passe et nous passons, je retrouve avec joie mes anciens collègues de classe dont les capitaines de Vaisseau Moussako et Adje.

Heureux aussi que les Congolais bénéficient des commodités de l'ARSTM et de l'ENA "Filière Affaires maritimes et portuaires".

Par ma voix et au nom du président Denis Sassou-N'Guesso, l'amitié Congo - Côte d'Ivoire sera toujours réconfortée.

De nos jours, le développement des ressources humaines s'adapte aux nouveaux défis de la mondialisation, ce qui suscite de nouvelles questions en matière de gestion et de conduite des affaires dans tous les domaines d'activités, dont le secteur maritime.

Ainsi, un effort d'envergure doit être fait pour renforcer les institutions publiques et privées en charge du commerce international, dispenser une formation spécialisée et améliorer la coordination et la gestion de cette formation ainsi que le développement des ressources humaines à travers le renforcement de leurs capacités.

Aussi, à travers les recommandations pertinentes de la Charte des transports maritimes en Afrique de l'Ouest et du Centre dite Charte d'Abidjan approuvée le 7 mai 1975 par la Conférence ministérielle des Etats de cette sous-région sur les transports maritimes, les chefs d'Etat de nos pays respectifs avaient-ils compris cette assertion sous l'impulsion de Son Excellence Félix Houphouët Boigny, président de la République de Côte d'Ivoire.

C'est pourquoi en matière d'études et de formation la charte stipulait : « les Etats de l'Afrique de l'Ouest et du Centre décident de créer et de développer, avec l'assistance des organismes spécialisés des Nations Unies, des centres régionaux d'études et de documentation sur les transports maritimes, de créer et de développer les écoles régionales de formation de cadres maritimes, tant navigants que sédentaires dans les meilleurs délais ».

La convention portant sur la régionalisation de l'académie adoptée en février 1977 et la Charte d'Abidjan amendée en 1999 recommandaient d'adapter la formation des personnels navigants aux possibilités réelles et aux perspectives à court terme d'emploi de ces personnels à bord et surtout d'accélérer le processus d'intégration des femmes dans le secteur maritime, notamment la promotion d'une éducation, d'un encadrement et d'une formation spécifique des femmes à tous les niveaux.

Mesdames et messieurs,

En ma qualité de président du Conseil d'administration, je peux noter que cela a été respecté et un vaste programme de formation continue pour le renforcement des capacités des travailleurs du domaine maritime, portuaire et industriel notamment sur la Convention STCW 95, le système SMDSM, le Code ISPS, le Code ISM et le renforcement des capacités en matière de valorisation des produits de la pêche, des industries et des transports maritimes et du transport multimodal a été développé et suivi.

Monsieur Karim Coulibaly, directeur général de l'académie,

Il vous souviendra qu'un mémorandum sur la restructuration de l'académie avait été rédigé, faisant état d'observations pertinentes sur le fonctionnement de l'académie, mais surtout des recommandations salvatrices.

Aujourd'hui, force est de noter que grâce à votre dynamisme, votre pragmatisme et votre savoir-faire, l'académie a retrouvé ses lettres de noblesse comme en témoignent les résultats probants et satisfaisants de ces deux dernières années académiques.

C'est ici le lieu de vous adresser et à l'équipe managériale de l'académie toutes mes félicitations pour avoir su donner une nouvelle synergie et une lisibilité à notre institution commune de formation maritime.

Nous, vos anciens, administrateurs des Affaires maritimes, en sommes fiers et honorés.

Mesdames et messieurs,

L'académie régionale des sciences et techniques de la mer a aujourd'hui vingt-cinq (25) années d'existence. Au cours de ce parcours jonché d'obstacles, elle a connu des périodes difficiles, mais aussi des vicissitudes et des tribulations les plus latentes des moments de bonheur.

Comme je viens de l'indiquer plus haut, ces derniers temps, elle a retrouvé une stabilité sans précédent imprimée par la direction générale.

C'est l'occasion la plus propice d'exhorter avec ferveur les Gouvernements de nos Etats respectifs au paiement régulier des cotisations statutaires en vue d'accompagner l'académie dans le développement de ses activités.

Je voudrais ici et maintenant féliciter et remercier les autorités de la République de Côte d'Ivoire, pays de siège pour leur participation effective au fonctionnement de l'ARSTM.

La République du Congo, mon pays, en sa qualité de président du Conseil d'administration, sous la haute autorité de Son Excellence Denis Sassou-N'Guesso, président de la République, chef de l'Etat, chef du Gouvernement, considérant la formation comme priorité majeure, ne ménage aucun effort pour accompagner la direction générale de l'académie dans la mise en œuvre des actions programmées.

Je sais aussi compter sur l'appui des institutions internationales, comme l'OMI des partenaires techniques et financiers de l'académie comme le PNUD, la Chine, la Corée du Sud et le Japon.

Que tous ces partenaires soient ici remerciés pour leur assistance multiforme.

Mesdames et messieurs,

Vous constatez aisément que cette édition de la fête de fin d'année académique est spéciale par l'ampleur des festivités, car comme l'a précisé le directeur général cela coïncide avec les 25 ans de création de l'académie.

Certains d'entre nous ont assisté à la journée sportive et culturelle, à la journée promotionnelle.

Aujourd'hui, nous participons à la cérémonie d'inauguration du centre de santé, au baptême et au défilé des promotions sortantes.

Je saisis cette occasion propice pour rendre un vibrant hommage à tous les anciens présidents du Conseil d'administration et tous les anciens directeurs généraux de l'académie pour avoir servi l'institution chacun suivant sa disponibilité.

Monsieur le ministre chargé des Affaires présidentielles, parrain de la Promotion 2011 - 2012.

Votre choix n'est pas fortuit, lorsque nous connaissons les capacités d'encadreur dont vous avez toujours fait preuve dans votre vie quotidienne et aux côtés de Son Excellence monsieur le président de la République.
Aux promotions sortantes, tout en vous félicitant pour avoir accompli à bon escient votre cursus académique, je vous souhaite pleins succès dans vos futures carrières professionnelles et les Ecritures Saintes nous enseignent dans les livres poétiques et sapientiaux ce qui suit : « Allez de l'avant, cherchez toujours plus haut, vous trouverez la gloire et ne jamais abandonner avant d'atteindre l'objectif ».

C'est pourquoi je vous rappelle que la mer est le lieu du questionnement sur le sens de la vie.

La mer nous apprend à respecter les règles de vie, elle nous apprend aussi l'honneur, le sens de la communauté, l'humilité, la bravoure, la patience, le sens de l'engagement, le sens de l'adaptation au milieu en mouvement, de la mission confiée et du travail bien fait.

A la direction générale de l'académie, tous mes encouragements pour la poursuite de la mise en œuvre qualitative des programmes de formation pour une expertise maritime sous-régionale compétente et bien formée aux normes maritimes internationales.

Monsieur le ministre d'Etat,

Mesdames et messieurs,

L'Académie régionale des sciences et techniques de la mer a vécu, nous devons la maintenir à flot.

Je voudrais souhaiter un joyeux anniversaire à tous les étudiants et à tout le personnel de l'académie.

Je vous remercie.

SECURITE MARITIME

Discours de clôture à l'occasion de la 2ème réunion sur "L'installation du Centre régional du Nigeria (RMRCC) et des centres secondaires nationaux (MRSCS) de coordination de recherche et de sauvetage maritimes dans la sous-région de l'Afrique de l'Ouest et du Centre" Brazzaville, le 28 mars 2008

Monsieur le représentant du secrétaire général de l'Organisation maritime internationale (OMI) ;
Monsieur le secrétaire général de l'Organisation maritime de l'Afrique de l'Ouest et du Centre ;
Madame secrétaire générale de l'Association de gestion des ports de l'Afrique de l'Ouest et du Centre ;
Monsieur le représentant du PNUD ;
Messieurs les ambassadeurs et chefs de missions diplomatiques ;
Messieurs les coordonnateurs régionaux de l'Organisation maritime internationale ;
Messieurs les directeurs généraux du ministère des Transports maritimes et de la Marine marchande ;
Honorables délégués ;
Mesdames et messieurs ;
Distingués invités ;

Nous voici à la fin de cette 2ème réunion fort utile qui a connu un franc succès.

Ces assises historiques de Brazzaville sur l'installation du Centre régional de coordination de sauvetage maritime du Nigéria et des centres secondaires de recherche et de sauvetage maritimes en Afrique de l'Ouest et du Centre ont mobilisé des personnes-ressources de la République du Congo et celles venant d'autres Etats membres de la région SAR du Nigéria, à savoir : le Bénin, le Cameroun, la République démocratique du Congo, le Gabon, la Guinée Equatoriale, le Nigéria, Sao Tomé et Principe et le Togo.

Les discussions sur l'accord multilatéral, vous conviendrez avec moi, ont été excellentes et que les questions, les réponses ainsi que les contributions de tous les participants ont également été pertinentes et cela a eu le mérite de permettre aux participants de mieux appréhender cet accord multilatéral.

L'excellente qualité des débats qui ont suivi tient, à mon avis, aux vastes connaissances dont les experts des Etats ont fait preuve.

Mesdames et messieurs,

Au nom du Gouvernement congolais et de son chef, Son Excellence Denis Sassou-N'Guesso, je puis affirmer sans ambages que cette 2ème réunion sur la recherche et le sauvetage a pleinement atteint son objectif.

Je vous exhorte donc à sensibiliser les différents gouvernements sur les avantages devant naître de cet accord multilatéral dans le cadre de l'efficacité et de la réduction des coûts grâce à une coopération à l'échelle sous-régionale et, ce, en vue de sa signature le 26 mai 2008 à Lagos (République fédérale du Nigéria) par les ministres en charge de la Marine marchande.

Mesdames et messieurs,

Mes remerciements s'adressent à l'Organisation maritime internationale (OMI) notamment à son secrétaire général, monsieur Efthymios Mitropoulos pour les efforts qu'il ne cesse de déployer dans le cadre du programme intégré de coopération technique qui contribue à la réduction des carences dans le domaine SAR en Afrique de l'Ouest et du Centre.

Pour vous, éminents participants, je tiens à vous féliciter et vous dire un grand merci ainsi qu'à vos gouvernements respectifs.

Permettez-moi de remercier monsieur Magnus Teyé Addico, secrétaire général de l'Organisation maritime de l'Afrique de l'Ouest et du Centre (OMAOC), madame Mireille Mbako, secrétaire générale de l'Association de gestion des ports de l'Afrique de l'Ouest et du Centre qui ont bien voulu honorer par leur présence ces assises.

Je ne manquerai pas d'associer à mes remerciements le personnel de l'hôtel LAICO MAYA-MAYA qui nous a offert un bel environnement de travail, ainsi que les interprètes et les hôtesses de l'Agence Free Lance pour leur dévouement et leur professionnalisme.

Mesdames et messieurs,

Je vous souhaite un bon retour dans vos destinations respectives en caressant l'espoir de nous revoir bientôt dans les autres arènes maritimes.

Avec le sentiment du devoir accompli, je déclare clos les travaux de la 2ème réunion que j'espère être la dernière sur la Recherche et le sauvetage maritimes.

Je vous remercie.

Allocution prononcée à la cérémonie de signature de l'accord multilatéral sur la coordination des services de recherche et de sauvetage maritimes
Lagos, 27 mai 2008

Madame Diezani-Allison Madueke, ministre des Transports, représentant monsieur le président de la République ;

Monsieur Prince John Okechukwu Emeka, ministre d'Etat aux Transports des voies maritimes et fluviales ;
Monsieur le secrétaire général de l'Organisation maritime internationale ;
Mesdames et messieurs ;
Vous tous en vos rangs et prérogatives,

Nous voici déjà à la rencontre qui finalise les assises historiques de mars 2008 à Brazzaville qui ont permis l'adoption de l'accord multilatéral sur la coordination des services de recherche et de sauvetage maritimes.

L'installation du centre régional de coordination de recherche et de sauvetage du Nigeria et des centres secondaires de recherche et de sauvetage est la réponse à cette approche qui voudrait que dans le domaine du SAR maritime, les services soient fournis avec un meilleur rapport efficacité-coût grâce à une organisation à l'échelle sous-régionale.

L'accord multilatéral que mon pays s'engage à signer grâce à la volonté de Son Excellence Denis Sassou-N'Guesso, président de la République du Congo, constitue une contribution majeure à la réalisation des opérations de recherche et de sauvetage dans notre sous-région.

Je considère qu'une fois signé ici à Lagos, cet accord multilatéral représentera une percée essentielle, une avancée extrêmement importante dans l'application de la Convention SAR par nos Etats ; d'autant plus que les services de recherche et de sauvetage sont encore à l'état embryonnaire et doivent faire face aux défis tels que l'insuffisance des moyens de communication, des infrastructures et de capacités institutionnelles.

Monsieur le secrétaire général de l'OMI,
Permettez-moi, en ma double qualité de président de la Commission n° 1 Sécurité de la navigation maritime et fluvio-lagunaire de l'OMAOC et de président du MoU d'Abuja de constater qu'en octobre 1999, à Abuja, a été signé le MoU d'Abuja, vous en aviez assuré le parrainage ; et qu'en mai 2008 va être signé l'accord multilatéral sur la Coordination des services de recherche et de sauvetage maritimes, vous êtes encore présent.

J'ai l'avantage de transmettre l'appel qui vient de la mer. Les propriétaires-armateurs des navires et les gens de mer qui naviguent entre la République démocratique du Congo et le Togo sont heureux de ce qui est fait, car ils sont les véritables bénéficiaires.

Ces conventions maritimes sont ratifiées par ces pays dont le Code ISPS, le Code ISM et aujourd'hui l'accord multilatéral de coordination des services de recherche et de sauvetage maritimes.

Vous savez que l'application demande de lourds investissements. Leur souhait au moment où va s'ouvrir la session du comité de la coopération technique en juin 2008 de se pencher sur la véritable assistance et aide très forte pour une mise en œuvre effective de tout ce que nous faisons pour éviter de lancer une bouteille à la mer sans lendemain.

Monsieur le secrétaire général de l'OMI,
Soyez remercié de ce que vous faites et faites plus pour les pays africains.

Mesdames et messieurs,

Notre sentiment est que nous devons concrètement agir mieux et vite là où nos besoins sont le plus pressants à savoir :

- mettre en place des comités nationaux sur la recherche et le sauvetage ;
- élaborer des plans nationaux SAR ;
- mettre en place des législations en matière de coordination de recherche et de sauvetage.

La République du Congo, comme d'autres, j'en suis sûr, a besoin d'un appui en termes d'équipements, d'exercices SAR, de personnel formé, de contrôle qualité, de cadre réglementaire, de coopération internationale, de mécanisme de financement pour répondre aux exigences de la Convention SAR.

C'est pour cela que la République du Congo a accepté la résolution n° 1 de la Conférence de FLORENCE-2000 relative à la création des centres sous-régionaux de coordination et de sauvetage maritimes proposée par l'Organisation maritime internationale.

Je ne saurais terminer mon propos sans remercier le Gouvernement de la République fédérale du Nigeria et particulièrement son président, Son Excellence Alhaji Umaru Musa Yar'adua pour avoir permis l'aboutissement du projet d'installation du Centre régional de coordination de recherche et de sauvetage maritimes ainsi que la signature de l'accord multilatéral de coordination des services de recherche et de sauvetage maritimes.

Je voudrais aussi à cette occasion remercier tout le peuple du Nigeria pour son hospitalité.

Je vous remercie.

Discours de la 2ème conférence ministérielle du MoU d'Abuja sur le contrôle des navires par l'Etat du port
Abuja, le 22 février 2010

Mesdames et messieurs,

J'aimerais avant tout propos, en ma qualité de président en exercice, souhaiter la bienvenue à Abuja, cette merveilleuse ville qui ne cesse d'étonner par son dynamisme, à toutes les délégations et particulièrement je voudrais saluer la présence dans cette salle de nos invités de marque représentant l'Organisation maritime internationale, l'Union africaine et bien entendu adresser tous mes remerciements à messieurs et mesdames les ministres qui ont bien voulu faire le déplacement d'Abuja.

Mesdames et messieurs,

Nous sommes tous ici pour une cause noble. Nous croyons en effet que les transports maritimes de la sous-région de l'Afrique de l'Ouest et du Centre ont beaucoup à gagner s'ils étaient rendus plus performants et, il y a dix ans, nous avons convenu qu'un moyen d'y arriver était, à l'instar des autres zones géographiques qui l'avaient déjà compris avant nous, de mettre en place et de faire vivre un mémorandum d'entente sur le contrôle des navires par l'Etat du port.
Aujourd'hui, dix ans plus tard, nous avons la grande occasion de faire et de voir dans quelle mesure insuffler un sang nouveau à notre organisation.

À cet égard, deux questions fondamentales méritent d'être débattues pendant ces assises :

- Qu'avons-nous fait du MoU d'Abuja, et
- Quelles sont nos perspectives d'avenir ?

Dans l'exercice des fonctions de président, nous avons pu nous rendre compte de quelques faits importants :

- Premièrement, très peu d'Etats ont accepté formellement le MoU d'Abuja alors que dix-neuf Etats avaient pris part à la réunion qui a consacré sa création ;
- Deuxièmement, la quasi-totalité des Etats de la côte ouest-africaine, de la Mauritanie en Afrique du Sud, procède bien à des activités qui relèvent du contrôle des navires par l'Etat du port ;
- Troisièmement, les dix Etats qui l'ont formellement accepté ne remplissent leurs obligations statutaires que peu ou prou ;
- Enfin, "last but not least", tous les Etats sont désireux de se joindre aux autres et participer aux activités du MoU d'Abuja.

Dans une telle situation où se côtoient, à la volonté des Etats et à la fois, une chose et son contraire, il est très difficile d'envisager un avenir serein, à moins que cette conférence que nous avons souhaitée de tous nos vœux renforce l'engagement des politiques que nous sommes, afin de donner les véritables moyens nécessaires pour l'envol de cette organisation.

Mesdames et messieurs,

Je suis très certain que tous les messages que vous aurez l'occasion de suivre ce jour tournerons autour du tableau très sombre du MoU d'Abuja, caractérisé par les éléments que je viens d'énumérer.

C'est vous dire que toute l'adolescence de cette organisation s'est déroulée dans un environnement critique, peu propice à faciliter son développement.

Quelle fierté pouvons-nous afficher aux yeux du monde tant de temps après ?

Mesdames et messieurs les ministres,

Mesdames et messieurs,

Notre chère Afrique est face à de nouveaux défis sur le plan maritime : la prise en compte de la montée en puissance de la criminalité en mer, l'entrée en vigueur de nouvelles prescriptions issues des conventions maritimes internationales et le programme de l'audit volontaire des Etats par l'OMI sont autant d'illustrations qui nécessitent déjà que nous nous y attardions pour ne pas être dépassés par la tâche.

Or, notre propension à vouloir repousser à demain ce qui peut être fait aujourd'hui fera que, in fine, l'Afrique maritime confortera l'impression du "déjà vu" que le continent donne pitoyablement dans les secteurs autres que maritimes.

Mesdames et messieurs,

A la faveur des tournées de sensibilisations que nous avons conduites ensemble avec le secrétariat général auprès de quelques Etats, il nous a été donné de constater une détermination à se joindre à la famille que nous formons.

Les réticences, perceptibles, n'ont pas eu de fondements solides et peuvent être, dès lors, facilement sujets à abandon à condition que ceux qui ont accepté formellement le mémorandum lui donnent une image positive et attrayante.

Au moment où nous célébrons le 10ème anniversaire du MoU d'Abuja, le moment est arrivé pour lui donner les moyens nécessaires afin de garantir la pérennité de ses activités. Quelles que soient les orientations que nous donnerons à l'organisation, la régularité d'un financement adéquat pour son fonctionnement reste la base incontournable de sa capacité opérationnelle.

J'aimerais vous inviter à faire que les échanges de vues autour de ces aspects débouchent sur des conclusions courageuses et un engagement ferme des Etats.

Ici, c'est le lieu tout indiqué de rendre hommage au Gouvernement et au peuple de la République du Congo qui en octobre 1999 ont facilité la naissance du MoU d'Abuja pendant son mandat comme 10ème président de l'Organisation maritime de l'Afrique de l'Ouest et du Centre et au Gouvernement et au peuple de la République fédérale du Nigéria pour le soutien multiforme et inconditionnel apporté à l'Organisation.

Mesdames et messieurs,

Durant une décennie, l'ingénieur Bryant Oluwole s'est donné toutes les peines du monde à faire décoller le MoU d'Abuja en capitaine esseulé, ne comptant que sur sa bonne volonté et son engagement personnel.

Aujourd'hui, après de loyaux services, il est en droit de faire valoir ses droits à la retraite. J'aimerais lui dire combien la région lui est redevable et lui adresser au nom de la communauté, nos sincères remerciements.

Mesdames et messieurs,

Pendant que certaines organisations sous-régionales comme l'OMAOC sont en train d'œuvrer pour des transports maritimes efficaces, il faut avoir à l'esprit que le MoU d'Abuja poursuit les mêmes objectifs. En effet, les navires exploités dans des conditions qui ne tiennent pas compte des règles techniques prescrites par les conventions maritimes internationales renforcent la concurrence déloyale et travestissent l'efficacité des transports. Ils ne peuvent, de ce fait, contribuer à la réduction de la pauvreté.

C'est d'ailleurs ce que la Conférence de Durban tenue sous les auspices de l'Union africaine a si bien montré.

Le reste du monde nous fait confiance, car nous constituons un maillon de la même chaîne.

C'est ainsi que je ne saurais terminer mon propos sans adresser mes vifs et sincères remerciements à l'Organisation maritime internationale et à son secrétaire général, monsieur Eftimios Mitropoulos, pour l'assistance technique dont bénéficie le MoU d'Abuja depuis les réunions préparatoires de 1998 jusqu'à ce jour.

Mesdames et messieurs,

Votre présence à vous tous nous réconforte et nous confirme une fois de plus que nous sommes engagés dans une bonne voie.

Vive le Mémorandum d'entente dur le contrôle des navires par l'Etat du port en Afrique de l'Ouest et du Centre.

Vive la solidarité africaine.

Je vous remercie.

Allocution prononcée à la cérémonie d'ouverture du cours international de formation pour le renforcement des capacités des inspecteurs pour le contrôle des navires par l'Etat du port
Pointe-Noire, le 16 mai 2011

Monsieur le préfet du département de Pointe-Noire ;
Monsieur le préfet du département du Kouilou ;

Monsieur le consul général de l'ambassade de France en République du Congo ;
Monsieur le directeur général de la Marine marchande, président et commissions des visites de la sécurité des navires ;
Messieurs les directeurs généraux ;
Messieurs les experts-instructeurs de la direction des Affaires maritimes de la République française ;
Autorités civiles et militaires en vos rangs, fonctions et prérogatives ;
Messieurs les experts, inspecteurs de la sécurité des navires de la République du Congo et de la République gabonaise ;
Distingués invités ;
Mesdames, messieurs ;

Le séminaire atelier destiné au renforcement des capacités des inspecteurs de la Marine marchande sur le contrôle des navires par l'Etat du port dont les travaux s'achèvent ce jour est un pas important dans la marche vers les objectifs que nous poursuivons et nous donne l'occasion d'affirmer qu'au-delà des institutions techniques, le fonctionnement du MoU d'Abuja dépend avant tout de la compétence des inspecteurs.

Le MoU d'Abuja reconnaît qu'il doit jouer un rôle clé dans la sécurité et la protection des eaux maritimes pour le grand bénéfice des populations de la sous-région de l'Afrique de l'Ouest et du Centre.

En ma triple qualité de ministre délégué de la Marine marchande, de président du Conseil d'administration de l'académie régionale des sciences et techniques de la mer d'Abidjan et de président du MoU d'Abuja, je souhaite que les formations identiques à celle qui s'est tenue au Congo se perpétuent au bénéfice de tous les inspecteurs du MoU d'Abuja pour garantir l'harmonisation des procédures des inspections du contrôle des navires par l'Etat du port dans notre sous-région.

Mesdames et messieurs,

A l'issue de ces journées, au regard du climat de travail sérieux qui les a caractérisées, je ne doute pas que vos échanges ont été enrichissants et fructueux. Les exposés sur la conduite des inspections vous ont permis de dégager les pistes de recherche d'une méthodologie de l'inspection participative.

Dans les conduites d'inspections envisagées au cours de votre séminaire atelier, les formateurs vous ont conduits à identifier les défectuosités en indiquant toujours les références des instruments pertinents auxquels elles se rattachent pour ne pas agir en dehors de la réglementation.

Désormais, c'est cette démarche qu'il vous faut adopter pour rester dans l'objectivité, le professionnalisme et l'impartialité afin de garantir la non-discrimination dans la contribution à la sécurité, la sûreté et la protection du milieu marin par les administrations maritimes de notre sous-région.

Mesdames et messieurs,

A l'issue de cette formation, j'espère que tous les experts inspecteurs vont mettre à profit les enseignements reçus.

C'est ici le lieu de remercier de tout cœur les formateurs de l'administration maritime française pour leur disponibilité, leur savoir-faire et leur volonté de transmettre aux experts inspecteurs congolais et gabonais les fondements juridiques et réglementaires pour la conduite des inspections sur le contrôle de navires par l'Etat du port.

Je suis enclin à dire que le rendez-vous sera pris pour d'autres modules tels la recherche et le sauvetage maritimes, la santé des gens de mer ; la gestion administrative et sociale des gens de mer, l'organisation du trafic maritime : accidents et incidents en mer, les règles d'abordage en mer, les régimes disciplinaire et pénal de la marine marchande.

Une mention à la Société ENI-CONGO dans ses commodités offertes pour le déroulement de ce cours.

Je voudrais pour terminer exprimer toute notre gratitude et nos vifs remerciements à son Excellence monsieur Denis Sassou-N'Guesso, président de la République, chef de l'Etat pour l'appui qu'il ne cesse d'apporter au secteur maritime et particulièrement au MoU d'Abuja.

Sur ces termes, au nom de monsieur Isidore Mvouba, ministre d'Etat, coordonnateur du pôle des infrastructures de base, ministre des Transports, de l'Aviation civile et de la Marine marchande, je déclare clos les travaux du cours international sur le renforcement des capacités des inspecteurs de la marine marchande.

Vive le MoU d'Abuja ;

Vive la coopération maritime Congo-France

Je vous remercie

Allocution prononcée lors la célébration du 100ème anniversaire du naufrage du paquebot "TITANIC"
Pointe-Noire, le 13 avril 2012

Monsieur le préfet du département de Pointe-Noire ;
Monsieur le président du Conseil municipal, député maire de la ville de Pointe-Noire ;
Monsieur le directeur général de la Marine marchande ;
Messieurs et mesdames les directeurs généraux des structures sous-tutelles ;
Mesdames et messieurs,

Aujourd'hui, cent ans après le naufrage de "l'insubmersible TITANIC", la communauté maritime internationale commémore à travers tous les continents, l'anniversaire de cet effroyable accident. Non pas par soif de se remémorer le sinistre, mais comme le souligne monsieur Frédéric Ollivier de l'Association French Lines pour la mise en valeur du patrimoine des compagnies maritimes françaises parce qu'il est établi que "Les voyageurs qui prennent place sur les paquebots doivent beaucoup, pour leur sécurité, aux 1500 victimes de cette nuit d'avril 1912".

L'Organisation maritime internationale (OMI) qui est l'agence spécialisée du système des Nations Unies en charge de toutes les questions de navigation et de sécurité des transports maritimes a perçu en cette occasion le moment idéal de faire le point sur ses activités. Ainsi, le thème de la journée mondiale de la mer pour l'année 2012 que nous célébrons au mois de septembre prochain s'intitule "OMI : cent ans après le TITANIC". A cette occasion, l'Organisation maritime internationale saisira l'opportunité pour évaluer la masse de développements dans le domaine de la sécurité maritime depuis ce désastre et se déterminera sur les aspects auxquels la priorité sera donnée dans les années à venir.

Mais tout cela, sera le contenu de nos retrouvailles du mois de septembre.

Aujourd'hui, le Gouvernement de la République du Congo, membre de l'Organisation maritime internationale depuis 1979 n'a pas voulu déroger à la règle. Il a permis que la communauté nationale dans toutes ses composantes maritimes, s'informe à l'instar de celles des pays dont les économies incluent un secteur portuaire et des transports par mer important.

Mesdames et messieurs,

Il n'est pas un secret pour personne que notre pays entend tout mettre en œuvre afin de réaliser son ambition légitime, celle de retrouver sa position naturelle de place de transit par la sous-région. Pour cela, il faut garantir la conjugaison réussie de plusieurs facteurs parmi lesquels la sécurité maritime tient une place de premier ordre.

Le Focus de ce jour devrait donc servir de lien approprié en vue d'échanger nos idées sur cette thématique et dessiner peut-être la route vers une réflexion plus poussée lors de la commémoration de la Journée mondiale de la mer 2012.

Le TITANIC n'a pas seulement donné l'une des plus belles romances de tout le temps adaptées au cinéma, mais il a surtout marqué le début d'une prise de conscience du fait de la dureté du choc dans le monde entier.

Cependant, bien qu'une réglementation fournie ait été adoptée sous les auspices de l'OMI : notamment, d'autres drames mémorables hantent encore nos esprits. C'est le cas du car-ferry "Joala" qui par vent de force P Beaufort s'est couché sur le flanc le 26 septembre 2002 occasionnant un bilan officiel (toujours contesté) de 1863 victimes dans les eaux sénégalaises.

Mesdames et messieurs,

Tout désastre dans notre secteur a toujours des actions normatives. J'en citerai pour mémoire bien sûr le Titanic, mais il y a aussi le TORREY CANION, le HERALD OF FREE ENTERPRISE ou l'AMOCO CAD12. A chaque époque est née une réglementation. Les hommes de terrain qui vont se succéder tout à l'heure à cette tribune vont exposer comment notre pays a apprivoisé ces différents règlements et que reste-t-il, peut-être, à faire en vue d'en tirer les plus grands bénéfices.

Sur ces mots, je déclare ouvert le Focus sur la sécurité maritime à l'occasion de la commémoration du centenaire du naufrage du TITANIC.

Je vous remercie.

Allocution prononcée à la cérémonie d'ouverture du séminaire de l'Organisation maritime internationale pour les chefs des administrations maritimes dans la région du Mémorandum d'entente sur le contrôle des navires par l'Etat du port dans la sous-région de l'Afrique de l'Ouest et du Centre
Uyo (Nigeria), le 18 juin 2012

Monsieur le ministre fédéral des Transports;
Monsieur le gouverneur de l'Etat d'Akwa-Ibom ;

Madame la secrétaire générale du Mémorandum d'entente sur le contrôle des navires par l'Etat du port dans la sous-région de l'Afrique de l'Ouest et du Centre ;
Monsieur le représentant de l'Organisation maritime internationale ;
Messieurs les directeurs généraux des administrations maritimes ;
Honorables délégués ;
Distingués invités ;
Mesdames et messieurs,

C'est un immense plaisir et un honneur pour moi d'être ce jour dans cette merveilleuse ville d'Uyo, dans l'Etat d'Akwa-Ibom et de vous remercier pour avoir bien voulu rehausser de votre présence l'éclat de cette cérémonie d'ouverture de cet atelier des directeurs des administrations maritimes en Afrique de l'Ouest et du Centre.

Mais, permettez-moi, tout d'abord, en ma qualité de président du MoU d'Abuja, d'exprimer au nom de notre institution ainsi qu'à celui de toute la communauté maritime sous-régionale, nos vives condoléances au peuple de la République fédérale du Nigéria à la suite de l'accident aérien récemment survenu à Lagos dans le pays.

J'ai eu, à cette période, à faire connaître à monsieur le ministre fédéral des Transports du Nigéria, toute la consternation du peuple congolais et du Gouvernement de la République du Congo à cette occasion.

Monsieur le ministre,
Monsieur le gouverneur,

Je voudrais également exprimer au nom des participants ici présents, notre infinie gratitude au Gouvernement et au peuple nigérian pour l'accueil chaleureux dont nous avons été l'objet ainsi que les commodités dont nous tirons le plus grand profit depuis notre arrivée à Uyo.

Mesdames et messieurs,

Le Mémorandum d'entente sur le contrôle des navires par l'Etat du port dans la région de l'Afrique de l'Ouest et du Centre signé à Abuja au Nigéria le 22 octobre 1999 constitue le cadre par excellence de coopération sous-régionale en matière de contrôle des navires en vue de l'éradication des navires sous normes dans les eaux maritimes de l'Atlantique allant de la Mauritanie à l'Afrique du Sud.

Il nous a déjà été donné de fêter les dix ans de l'organisation dans ce même pays, le Nigéria, et naturellement à Abuja. Cependant, force est de constater que très peu d'efforts et de réalisations ont été notés. C'est pourquoi, depuis un certain temps, le secrétariat général fait des pieds et des mains en vue de rendre visibles nombre d'actions prioritaires, destinées à assurer le véritable envol du MoU d'Abuja.

Ce séminaire s'inscrit donc dans cette démarche engagée et vise à favoriser l'élaboration et la mise en œuvre des procédures et pratiques harmonisées du contrôle des navires par l'Etat du port au sein de nos administrations maritimes en même temps qu'il aura pour objectif final de garantir que ces administrations acquièrent toutes un niveau de compétence équivalent.

Nous croyons fermement que nos administrations maritimes doivent rester concentrées sur un ensemble cohérent d'actions programmées.

Les actions sont plus éloquentes que les mots. On ne peut plus se contenter de dire que notre institution existe, il est temps qu'elle livre des résultats concrets à l'image des autres organisations similaires mises en place dans d'autres régions.

A quoi nous pensons quand nous parlons des résultats concrets ? Permettez-moi d'évoquer quelques aspects.

Tout d'abord, l'acceptation formelle du MoU d'Abuja par tous les membres signataires, la formation des inspecteurs chargés du contrôle, la ratification des instruments pertinents sur lesquels s'appuient les inspections du contrôle des navires par l'Etat du port et la mise en place des centres d'informations nationaux restent les premiers éléments clés de toute notre action.

Ainsi, il sied que nous tous prenions l'engagement ferme de coopérer d'avantage à ratifier et à rechercher une harmonisation dans la mise en œuvre des textes pertinents de l'Organisation maritime internationale qui œuvrent pour la sécurité et la sûreté maritimes.

Ensuite, il faut savoir que rien ne pourrait donner un signal plus positif à notre détermination mutuelle si les contributions financières des Etats membres ne sont pas disponibles pour soutenir et rendre plus concrète et plus visible la réalisation des objectifs que nous nous sommes librement assignés.

Mesdames et messieurs,

Les transports maritimes sont un instrument du commerce mondial qui intéresse autant les pays avec littoral que ceux sans littoral. Je pense qu'il y a lieu d'inviter donc les pays sans littoral à prendre part aux activités de notre institution sous un statut que l'on pourrait définir pour apporter un soutien aux objectifs collectifs poursuivis par le MoU d'Abuja. Nous pensons à la République du Tchad, la République centrafricaine, en Afrique centrale ; aux Républiques du Faso, du Mali et du Niger en Afrique de l'Ouest.

Des 19 Etats signataires, les actions de sensibilisation menées par le secrétariat général, avec l'appui constant du président en exercice, nous permettent de compter à ce jour seulement douze (12) membres qui ont accepté formellement le MoU d'Abuja à savoir : Le Sénégal, la Sierra Léone, la Guinée, le Congo, le Nigéria, le Ghana, le Bénin, la Gambie, le Togo, le Gabon, l'Angola, la Côte d'Ivoire.

Nous espérons que le Cameroun, la Mauritanie, l'Afrique du Sud, le Libéria, la Guinée Equatoriale, la Namibie et le Cap-Vert qui n'ont pas encore accepté formellement le MoU d'Abuja ne tarderont pas à le faire.

Dans le même élan, j'invite la République démocratique du Congo et la République de Sao Tomé et Principe à rejoindre le MoU d'Abuja. Une action du secrétariat vers ces pays devrait être envisagée.

Mesdames et messieurs,

Je pense ne prendre aucun risque de me tromper en affirmant que l'une des plus grandes évolutions dans les transports maritimes reste le développement des moyens de communication.

Notre vœu ardent est de voir les Etats membres du MoU d'Abuja s'arrimer à ce train de l'heure et prendre partie à l'exercice planétaire de l'échange d'informations et des données qu'exigent la sécurité et la sûreté maritimes modernes.

En ces moments-ci où, sous d'autres cieux, des navires sont bannis de séjour dans toute une région, en Afrique de l'Ouest et du Centre, un inspecteur dans un pays n'est pas souvent informé de l'action de son homologue du pays voisin. La cause ? Le manque de coopération.
Ce vœu est partagé tant par l'Organisation maritime internationale (OMI) que par nos gouvernements. Pour y parvenir, cela dépend de nous seuls, selon que nous déciderons ou non de nous doter des capacités nécessaires pour assurer le contrôle des navires par l'Etat du port dans les termes fixés par les textes fondamentaux de l'organisation.

La voie multilatérale, la voie concertée que nous avons acceptée en adhérant au MoU d'Abuja est la seule efficace pour faire progresser la sécurité et la sûreté maritimes et rendre les transports maritimes plus performants.

Le MoU d'Abuja doit s'engager à jouer sa partition dans la moralisation du transport maritime en faisant respecter la mise en œuvre des Conventions internationales maritimes, car le but final du mémorandum, si besoin était encore de le rappeler, est de bouter hors des eaux les navires qui se livrent à une concurrence déloyale et désorganisent ainsi l'arrangement systémique de la chaîne de transports en même temps qu'ils mettent en péril les équipages, les biens transportés ainsi que le milieu marin.

Pour s'en convaincre, il suffit de regarder ce que l'Europe a atteint par exemple avec le MoU de Paris qui est devenu incontournable sur la place des décisions européennes dans le domaine maritime.

La formation à tous les niveaux où se trouvent les acteurs qui font fonctionner le MoU d'Abuja est fondamentale, car le succès dépend avant tout des hommes.

Je vous félicite d'en avoir pris conscience et vous remercie pour votre participation à cet atelier.

Pendant ces quelques jours que nous allons consacrer à nous informer, à nous former, nous devons nous engager à renforcer nos capacités d'action pour jouer pleinement notre rôle dans le contrôle des navires par l'Etat du port. L'Organisation maritime internationale dans le cadre du programme intégré de coopération technique est à nos côtés pour nous appuyer dans ce domaine.

C'est ici le lieu tout indiqué de remercier monsieur Koji Sekimizu, secrétaire général de l'OMI pour cette collaboration avec le MoU d'Abuja et l'appui apporté dans la mise en œuvre du Programme intégré de coopération technique (PICT).

J'adresse toutes mes félicitations à tous les Etats membres du MoU d'Abuja qui œuvrent pour le développement harmonieux de cet instrument juridique en collaboration avec le reste de la communauté maritime mondiale.

Honorables délégués,

Mesdames et messieurs,

J'espère que les travaux de cet atelier serviront de catalyseur pour aller plus loin dans la coopération régionale en matière de sécurité et de sûreté maritimes, ainsi qu'en matière de protection du milieu marin.

Unissons nos efforts afin de fortifier notre sous-région pour la lutte contre les navires qui ne remplissent pas les exigences de la réglementation internationale. Telle est la condition qui nous permettra d'assurer aux générations présente et future, une navigation plus sûre et des océans plus propres.

Je souhaite pleins succès à tous,

Vive le MoU d'Abuja,

Vive la coopération sous-régionale.

Je vous remercie.

Allocution prononcée lors de l'ouverture de la 8ème réunion du comité du Mémorandum d'entente sur le contrôle des navires par l'Etat du port en Afrique de l'Ouest et du Centre (MoU d'Abuja)
Brazzaville, le 23 octobre 2012

Madame la secrétaire générale du Mémorandum d'entente sur le contrôle des navires par l'Etat du port dans la région de l'Afrique de l'Ouest et du Centre ;
Monsieur le secrétaire général de l'Organisation maritime de l'Afrique de l'Ouest et du Centre ;
Monsieur l'ambassadeur de la République gabonaise en République du Congo ;
Monsieur le directeur de cabinet du ministre d'Etat, ministre des Transports, de l'Aviation civile et de la Marine marchande ;
Monsieur le directeur de cabinet du ministre délégué chargé de la Marine marchande ;
Monsieur le préfet du département de Pointe-Noire ;
Monsieur le préfet du département du Kouilou ;
Mesdames et messieurs les représentants des ministères de la République du Congo ;
Monsieur le directeur général de la Marine marchande de la République du Congo ;
Mesdames et messieurs les experts maritimes des pays membres du MoU d'Abuja ;
Mesdames et messieurs ;
Distingués invités,

Le Mémorandum d'entente sur le contrôle des navires par l'Etat du port dans la région d'Afrique de l'Ouest et du Centre (MoU d'Abuja) signé à Abuja en République fédérale du Nigéria, le 22 octobre 1999, sous le mandat de la République du Congo à la 10ème présidence du Conseil des ministres de l'Organisation maritime de l'Afrique de l'Ouest et du Centre, constitue le cadre de coopération sous-régionale en matière de contrôle des navires en vue de l'éradication des navires sous normes des eaux maritimes de la sous-région.

Après la 7ème réunion du comité des experts, tenue du 23 au 24 septembre 2010.

Notre institution tient du 23 au 24 octobre 2012, ici à Brazzaville, la 8ème réunion du comité qui était prévue se tenir toujours à Brazzaville en mars 2011, mais la réorganisation du secrétariat général était un impératif.

Avant tout propos, je voudrais tout d'abord au nom du Gouvernement de la République, de son chef, le président Denis Sassou-N'Guesso, du ministre d'Etat, Rodolphe Adada, ministre des Transports, de l'Aviation civile et de la Marine marchande, et au mien propre vous souhaiter la cordiale bienvenue à Brazzaville.

Mesdames et messieurs,

De l'histoire du MoU d'Abuja, il nous faut plus de détermination commune après ce qui a pu être réalisé jusqu'à ce jour afin de prévoir ce qu'il y a lieu de faire pour arrimer nos administrations maritimes à la culture de la sûreté maritime, de la sécurité maritime, de la protection de l'environnement marin et des conditions de vie des gens de mer.

Je crois fermement que nous devons rester concentrés sur un ensemble cohérent d'un programme d'actions à court et moyen termes.

En élaborant un plan d'action, nous devons avoir le courage de le réaliser, car les actions sont plus éloquentes que les mots.

On ne peut plus se contenter de dire que notre institution existe, il est temps qu'elle livre des résultats concrets à l'image des autres MoU.

Les points qui vous sont soumis à l'ordre du jour de cette 8ème réunion du comité sont le reflet de la volonté des Etats membres qui veulent améliorer l'image du MoU d'Abuja et je vous exhorte à adhérer à cette dynamique pour accentuer les performances des Etats membres dans le cadre du contrôle des navires par l'Etat du port.

Rien ne pourrait donner un signal plus positif à notre détermination mutuelle si les contributions financières des Etats membres ne sont pas disponibles pour soutenir et rendre plus concret et visible l'objectif de nos actions.

La section 1 du mémorandum d'entente illustre les engagements de chaque Etat membre à savoir :

- la ratification des instruments pertinents aux fins de l'application du mémorandum d'entente ;
- la mise en œuvre par les Etats membres d'un système efficace de contrôle des navires par l'Etat du port ;
- le ciblage du taux d'inspection à 15% du nombre estimé de navires de commerce étrangers visitant les ports d'un Etat en un an ;
- la coopération et l'échange des informations avec les autres Etats en vue de rendre efficace le MoU d'Abuja.

Mesdames et messieurs,

La mise en œuvre du MoU d'Abuja exige des efforts collectifs de l'ensemble des Etats membres de mettre en application ces engagements édictés par le mémorandum d'entente.

En ma qualité de président en exercice du MoU d'Abuja, mes félicitations et remerciements s'adressent à tous les Etats qui œuvrent pour le développement harmonieux de cet instrument juridique en collaboration avec l'Organisation maritime internationale et les autres memoranda d'entente notamment :

- le Nigéria pour avoir facilité l'adoption du MoU d'Abuja et l'organisation de la 1ère réunion du comité ;
- le Sénégal pour avoir abrité la 2ème réunion du comité ;
- le Congo, pour avoir abrité les 3ème et 8ème réunions du comité
- le Ghana, pour avoir abrité la 4ème réunion du comité ;
- l'Afrique du Sud pour avoir abrité la 5ème réunion du comité ;
- le Bénin, pour avoir abrité la 6ème réunion du comité ;
- le Nigéria pour avoir abrité la 7ème réunion du comité.

Mesdames et messieurs,

L'environnement économique mondial est marqué par une profonde crise financière qui frappe durement les pays industrialisés et n'épargne pas les économies naissantes des pays en développement dont les écarts marquent le déséquilibre de niveau de vie entre les pays développés et les pays pauvres.

Les transports maritimes ne sont pas épargnés par cette crise. Il nous revient donc, par conséquent, en sus des problèmes globaux tels que l'harmonisation des procédures, et pratiques liées aux inspections de navires, de rechercher spécifiquement les voies et moyens d'harmonisation de nos actions dans le cadre de la mise en œuvre du MoU d'Abuja.

Mesdames et messieurs,

Après treize (13) années d'existence, il y a des Etats signataires qui tardent d'accepter formellement le MoU d'Abuja.

Les campagnes de sensibilisation entreprises depuis 2008 ont permis d'enregistrer des nouveaux signataires que sont : la Côte d'Ivoire, Sao Tomé & Principe, l'Angola, le Gabon qui rejoignent le peloton de tête des neuf (09) Etats qui ont déjà accepté formellement le MoU d'Abuja à savoir : le Sénégal, la Sierra Leone, la Guinée, le Congo, le Nigeria, le Ghana, le Bénin, la Gambie et le Togo.

On compte donc à ce jour 13 Etats sur 19 signataires qui ont formellement accepté le MoU d'Abuja et ma conviction est que des efforts de sensibilisation sont à maintenir pour agrandir notre cercle.

Je formule le vœu que madame la secrétaire générale visite les pays côtiers qui manquent encore à l'appel et ceux qui "ont été oubliés" sur la liste des pays devant participer aux activités du MoU d'Abuja : je pense à la République démocratique du Congo, à la Guinée Bissau.

Mesdames et messieurs,

C'est ici que le 8ème comité doit donner une impulsion nouvelle au MoU d'Abuja par l'appui aux politiques :

- de pêche maritime pour lutter contre les pêches illégales, non répertoriées et non diffusées ;
- de la protection de l'environnement marin ;
- de renforcement de la coopération avec la FAO ;
- de sécurité et sûreté maritimes ;
- de suivi des questions de criminalité et piraterie maritimes ;
- de suivi de la Charte africaine des transports maritimes révisée et la déclaration sur la sûreté et la sécurité maritimes ;
- de gestion coordonnée de bien-être des gens de mer ;

- de coopération maritime ;
- d'échanges d'information et de données en matière d'inspections des navires ;
- de la formation des inspecteurs pour le contrôle des navires par l'Etat du port ;
- de l'harmonisation des procédures, et pratiques d'inspection des navires ;
- de la ratification des instruments pertinents sur lesquels s'appuient les inspections du contrôle des navires par l'Etat du port.

Mesdames et messieurs,

La ratification, par les Etats membres, des conventions maritimes internationales sur lesquelles se fonde le contrôle des navires part l'Etat du port, s'avère indispensable pour garantir la véritable coopération entre les Etats membres du MoU d'Abuja.

Nous devons prendre conscience du fait que les performances réalisées par le MoU d'Abuja sont suivies de près dans les milieux maritimes et que nos défaillances pourraient porter atteinte à la crédibilité de notre institution.

Aussi, les différences dans les procédures et pratiques d'inspection des navires au sein du MoU d'Abuja doivent faire l'objet d'une attention particulière pour éviter toute discrimination entre les navires qui fréquentent les ports de notre sous-région.

Il nous revient par conséquent de nous accommoder aux enjeux de l'heure des memoranda, notamment l'échange d'informations et des données à travers les centres nationaux d'information.

Je peux désormais dire que grâce au financement du Gouvernement congolais, le Centre régional d'information du MoU d'Abuja de Pointe-Noire est fonctionnel et madame la secrétaire générale devra le visiter pour ses avis techniques.

Mesdames et messieurs,

Je voudrais saluer la bonne coopération qui existe entre les différents MoU avec le nôtre sous l'égide du nouveau secrétaire général de l'Organisation maritime internationale, monsieur Koji Sekimizu.

Mesdames et messieurs les experts,

Mon expérience m'a permis de vivre la conception, la naissance et les 13 ans d'âge, du MoU d'Abuja.

Président du Mémorandum d'entente sur le contrôle des navires par l'Etat du port dans la région de l'Afrique de l'Ouest et du Centre depuis le 31 octobre 2008, je constate qu'il nous revient et à vous les membres du comité de faire la purge, voire la révision du règlement intérieur adopté en février 2002 à Dakar lors de la 2ème réunion du comité afin d'être en phase avec les autres institutions : par exemple les missions et le rôle du comité, les missions, le rôle et la composition du bureau, la constitution du quorum, les langues de travail et la responsabilité de l'autorité de décision c'est-à-dire le Gouvernement.
Tenez !

Le Code de la marine marchande de la CEMAC adopté par le règlement n° 08/12-UEAC-088-CM-23 du 22 juillet 2012 consacre pour le contrôle des navires par l'Etat du port, les articles 195 et 196 où il est spécifié par exemple la référence à la convention consolidée de 2006 sur le travail maritime, que l'autorité maritime de chaque Etat membre contrôlera chaque année au minimum 25% du nombre des navires fréquentant ses ports.

Par ailleurs, en droit maritime positif, la doctrine pose la question sur la valeur du mémorandum qui n'a pas de force juridique obligatoire. Il ne dispose d'aucun moyen de contrainte à l'encontre des autorités qui ne respecteraient pas leurs engagements. Cette réflexion juridique est à mener.

Ensuite à quand les décorations avec le label MoU d'Abuja ?

C'est pourquoi, je propose, si cela n'est pas fait, de le faire ici ou à une réunion d'un groupe que madame la secrétaire générale devrait constituer.

La République du Congo vous propose de la faire à Pointe-Noire avant la fin de l'année 2012.

J'espère que les travaux de cette 8ème réunion du comité serviront de catalyseur pour aller plus loin dans la coopération régionale en matière de la sécurité maritime et de la protection du milieu marin et souvenons-nous de la déclaration de Brazzaville prise à la 3ème réunion du comité.

Maintenant, je souhaite que la tradition africaine de dialogue et l'esprit de coopération guident ces travaux et permettent de jeter les bases d'une nouvelle vision du MoU d'Abuja.

C’est fort de cet élan que je déclare ouverts les travaux du 8ème comité du Mémorandum d’entente sur le contrôle des navires par l’Etat du port dans la région de l’Afrique de l’Ouest et du Centre (MoU d’Abuja).

Vive le MoU d’Abuja,

Vive la solidarité maritime africaine,

Je vous remercie.

Discours à l’occasion de la 8ème réunion du comité du Mémorandum d’entente sur le contrôle des navires par l’Etat du port en Afrique de l’Ouest et du Centre (MoU d’Abuja)
Brazzaville, le 24 octobre 2012

Madame la secrétaire générale du Mémorandum d’entente sur le contrôle des navires par l’Etat du port dans la région de l’Afrique de l’Ouest et du Centre ;
Monsieur le secrétaire général de l’Organisation maritime de l’Afrique de l’Ouest et du Centre ;
Monsieur le directeur de cabinet du ministre d’Etat, ministre des Transports, de l’Aviation civile et de la Marine marchande ;
Monsieur le directeur de cabinet du ministre délégué chargé de la Marine marchande ;
Monsieur l’inspecteur général des services des Affaires maritimes et portuaires de la République du Congo ;
Mesdames et messieurs les représentants des ministères de la République du Congo ;
Monsieur le directeur général de la Marine marchande de la République du Congo ;
Mesdames et messieurs les experts maritimes des pays membres du MoU d’Abuja ;
Messieurs les directeurs généraux des structures maritimes publiques, parapubliques et privées de la République du Congo ;
Mesdames et messieurs ;
Distingués invités,

Nous voilà parvenus aux termes des travaux de la 8ème réunion du comité du Mémorandum d’entente sur le contrôle des navires par l’Etat du port dans la région de l’Afrique de l’Ouest et du Centre qui vous ont conduits à l’adoption des documents nécessaires au renforcement de nos administrations maritimes en vue de l'éradication des navires sous normes dans les eaux maritimes des Etats de l'Afrique de l'Ouest et du Centre.

A l'issue de ces travaux, au regard du climat de travail sérieux qui les a caractérisés, je ne doute pas que vos échanges ont été enrichissants et fructueux.

J'en suis satisfait et vous félicite, madame la secrétaire générale du MoU d'Abuja ainsi que mesdames et messieurs les experts des administrations maritimes des pays membres du MoU d'Abuja, pour les résultats auxquels vous êtes parvenus, car le moment était plus que venu de le faire.

Je suis convaincu que les informations échangées entre vous au cours de cette réunion vont contribuer à une meilleure connaissance des procédures et pratiques harmonisées pour raffermir la coopération entre nos Etats dans le contrôle des navires par l'Etat du port.

Toutefois, la mise en place d'un groupe de travail regroupant les juristes maritimes devra se pencher sur la question de la valeur du mémorandum qui n'a pas de force juridique obligatoire, car il ne dispose d'aucun moyen de contrainte à l'encontre des autorités des pays signataires qui ne respecteraient pas leurs engagements et auprès des pays non signataires du mémorandum, mais qui pratiquent le contrôle des navires par l'Etat du port.

La proposition de la République du Congo d'abriter les travaux de ce groupe de travail à Pointe-Noire avant la fin de l'année 2012 reste toujours d'actualité. Pour votre éclairage, vous ne devez pas perdre de vue la différence entre le contrôle des navires par l'Etat du port et le contrôle des navires par l'Etat en pavillon.

Que madame la secrétaire générale prenne toutes les dispositions de concert avec monsieur le directeur général de la marine marchande congolaise.

Mesdames et messieurs,

Je voudrais vous rassurer que les efforts de sensibilisation que nous menons pour obtenir l'acceptation formelle du MoU d'Abuja de la part des Etats qui ne l'ont pas encore fait, sans oublier les contributions financières, visent la coopération à l'échelle régionale sans laquelle le contrôle des navires par l'Etat du port en vue de l'éradication des navires sous-normes dans nos eaux maritimes ne saurait être efficace.

C'est ici l'occasion de renouveler l'expression de notre profonde gratitude, nos sincères et vifs remerciements à Son Excellence, Denis Sassou-

N'Guesso, président de la République du Congo, pour les efforts qu'il ne cesse de déployer pour le développement du secteur maritime et portuaire.

Nos remerciements vont également à monsieur le ministre d'Etat, Rodolphe Adada, ministre des Transports, de l'Aviation civile et de la Marine marchande, pour avoir facilité la tenue de cette 8ème réunion du comité dans notre ville capitale, Brazzaville.
Nos remerciements s'adressent une fois plus à l'Organisation maritime internationale (OMI) notamment à son secrétaire général, monsieur Koji Sekimizu pour les efforts qu'il ne cesse de déployer pour contribuer à la formation des inspecteurs des navires dans la région d'Afrique de l'Ouest et du Centre.

Nos remerciements à l'endroit des facilitateurs, et de tout le personnel d'appui dont le dévouement a permis la réussite de ces travaux.

Madame la secrétaire générale,

Les amendements et les recommandations en vue de l'amélioration du MoU d'Abuja étant adoptés, vous avez maintenant tous les outils nécessaires pour la bonne gouvernance de notre institution commune que nous pensons désormais axée sur les résultats.

Je souhaite à tous les participants un bon retour dans vos destinations respectives tout en caressant l'espoir de nous revoir très bientôt dans les autres arènes maritimes.

Sur ce, je déclare clos les travaux du 8ème comité du Mémorandum d'entente sur le contrôle des navires par l'Etat du port dans la région de l'Afrique de l'Ouest et du Centre (MoU d'Abuja).

Vive le MoU d'Abuja,

Vive la solidarité maritime africaine,

Je vous remercie.

Discours à l'occasion de l'ouverture de la réunion des experts sur le Code maritime des Etats membres de l'organisation maritime de l'Afrique de l'Ouest et du Centre
Brazzaville, le 1er juillet 2013

Monsieur le secrétaire général de l'Organisation maritime de l'Afrique de l'Ouest et du Centre ;
Monsieur le secrétaire général de l'Union des conseils des chargeurs africains ;
Monsieur le directeur général de l'Académie régionale des sciences et techniques de la mer ;
Monsieur le directeur général de l'Université maritime d'ACCRA ;
Monsieur le président de l'Association des armements africains ;
Monsieur le directeur général de la marine marchande de la République du Congo ;
Monsieur le directeur général du Port autonome de Pointe-Noire ;
Monsieur le directeur général du Conseil congolais des chargeurs ;
Mesdames et messieurs les directeurs généraux ;
Mesdames et messieurs les experts des Etats membres de l'Organisation maritime de l'Afrique de l'Ouest et du Centre ;
Distingués invités ;
Mesdames et messieurs,

C'est pour moi une fierté légitime de m'adresser à vous en cette occasion unique et tant souhaitée de lancement de l'étude du projet du Code maritime en Afrique de l'Ouest et du Centre, ce qui constitue une étape très importante dans ce long cheminement vers une intégration sous-régionale plus effective.

Je voudrais d'abord à cet instant m'acquitter d'un devoir, celui, qu'au nom du Gouvernement congolais et de son chef, Son Excellence Denis Sassou-N'Guesso, président de la République, du rituel devoir africain de vous souhaiter une chaleureuse bienvenue à Brazzaville, bienvenue chez vous en cette terre congolaise.

Mesdames et messieurs,

L'exercice auquel vous allez vous soumettre ce jour prend son sens et sa motivation à partir du désir partagé de toute la communauté maritime, de la Mauritanie en Angola, d'explorer les voies et moyens susceptibles de rendre le commerce par mer plus efficace dans la sous-région, en adoptant des législations maritimes harmonisées et des procédures communes en matière de traitement des cargaisons et des navires touchant nos ports, au moyen d'un Code maritime commun à la sous-région.

L'analyse du projet de Code maritime commun pour l'Afrique de l'Ouest et l'Afrique du centre est la réponse adéquate pour commuer dans les faits la déclaration politique de Yaoundé prise le 25 juin 2013 par nos chefs d'Etat et de gouvernement.

Le Code maritime devra être un instrument majeur au service de tous les groupements socioprofessionnels, mais aussi il devra prendre en compte les intérêts de chacun des Etats composant la sous-région c'est-à-dire les Etats côtiers, les Etats du port, les Etats du pavillon, les Etats insulaires et aussi, les Etats ne possédant pas de façade maritime.

Mesdames et messieurs,

Je suis loin de penser comme certainement vous tous ici que nous n'arriverons pas en une journée ou en une semaine à écrire et à adopter le Code maritime, mais cela vaut largement la peine d'y concentrer tous nos efforts pour plusieurs raisons :

- Les transports maritimes, activité internationale par essence, subissent de plein fouet la mondialisation et l'Afrique en général, les Etats de l'Afrique de l'Ouest et du Centre en particulier doivent adopter des positions communes pour réaffirmer les meilleurs choix pour les ports, les armements, les navires, les chargeurs et les gens de mer ;
- Des phénomènes alarmants de type piraterie et autres actes illicites en mer menacent de plus en plus les intérêts vitaux de la plupart des Etats de la sous-région. Cette situation qui vient d'interpeller les chefs d'Etat et de gouvernement du 24 au 25 juin 2013 lors du Sommet à Yaoundé, sur la sûreté et la sécurité maritimes pour la riposte contre la piraterie maritime doit trouver des réponses idoines et concertées.
- Un rapide développement est attendu dans le secteur maritime et portuaire africain, dû lui-même à l'accroissement général des richesses observé déjà depuis quelques années. Ces évolutions nécessiteront, comme cela s'est passé ailleurs, un environnement législatif et réglementaire assaini et ambitieux.
- L'Union africaine, elle-même, vient de lancer la Stratégie africaine intégrée pour les mers et les océans à l'horizon 2050 (Stratégie AIM 2050) dont la mise en œuvre imminente requiert une adhésion globale.

La stratégie consiste en des plans d'action importants qui visent à atteindre les objectifs fixés par l'Union africaine afin d'accroître la viabilité maritime pour une Afrique prospère dont la création d'une plus grande richesse des océans et des mers d'Afrique en développant une économie florissante, durable, sécurisée et respectueuse de l'environnement soit l'économie bleue.

La République du Congo a fait le plaidoyer à la Stratégie AIM 2050 à Addis-Abeba, le 24 mai 2013 afin qu'elle soit adoptée en janvier 2014 par les chefs d'Etat et de gouvernement en leur session.

Mesdames et messieurs,

J'entrevois dans tout ceci une difficulté évidente : l'affrontement certainement des deux systèmes constitués d'une part des adeptes de la Common Law anglo-saxonne et d'autre part, du droit civil en pratique dans l'Organisation pour l'harmonisation en Afrique du droit des affaires (OHADA). Cependant, je vous engage à beaucoup d'ingéniosité afin que, à la fin, il nous soit possible de nous exclamer : Mission accomplie !

Pour cela, nous ne nous cacherons pas derrière les considérations hélas, trop souvent évoquées en pareilles circonstances, de souveraineté nationale en abordant les problèmes qui nécessitent des décisions courageuses mais appropriées pour le bien de tous. A ce niveau d'Experts, proposez des solutions alternatives s'il le faut.

Mesdames et messieurs,

Le Gouvernement de la République du Congo qui accepte d'abriter cette réunion d'experts sur l'adoption d'un Code maritime en Afrique de l'Ouest et du Centre tire sa conviction dans le bien-fondé de l'approche suggérée par l'Organisation maritime de l'Afrique de l'Ouest et du Centre.

Notre expérience passée et en cours avec la mise en œuvre du Code communautaire de la marine marchande dans la Communauté économique et monétaire de l'Afrique centrale (CEMAC) adopté le 22 juillet 2012 s'avère enrichissante et il nous a été possible de créer un cadre de concertation privilégié à l'usage des opérateurs du secteur maritime et portuaire après avoir reçu tous les appuis de l'Organisation maritime internationale (OMI) ainsi que d'autres organismes internationaux.

Mesdames et messieurs,

La présence dans la salle de hauts cadres des Etats sans littoral nous interpelle de la manière la plus forte. Il nous appartient, ensemble, de codifier de la meilleure manière le transport des cargaisons en provenance ou à destination de ces pays.

Ici, les dispositions de la Convention des Nations Unies sur le contrat de transport international de marchandises effectué entièrement ou particulièrement par mer, autrement dit, les Règles de Rotterdam, peuvent être une référence de premier choix en même temps que les mécanismes fixés par la Convention des Nations Unies de 1982 sur le droit de la mer, les Conventions maritimes de la CNUCED, les Conventions maritimes de l'Organisation maritime internationale, les conventions de l'Organisation internationale du travail doivent être classifiées avec force et vigueur, ce pour la Primauté du droit.

Messieurs les experts,
Mesdames et messieurs,
Distingués invités,

Au nom de monsieur Rodolphe Adada, ministre d'Etat, ministre des Transports, de l'Aviation civile et de la Marine marchande, je déclare ouverts les travaux de la réunion des experts sur le Code maritime de l'Afrique de l'Ouest et du Centre.

Je vous remercie.

Discours à l'occasion de l'ouverture de l'atelier sous-régional OMAOC – BHI sur le développement des services hydrographiques en Afrique de l'Ouest et du Centre
Pointe-Noire, le 18 novembre 2013

Monsieur le préfet du département de Pointe-Noire ;
Monsieur le représentant du député-maire, président du Conseil municipal et départemental de Pointe-Noire ;
Monsieur le secrétaire général de l'Organisation maritime de l'Afrique de l'Ouest et du Centre ;
Monsieur le directeur du bureau hydrographique international de l'Organisation hydrographique internationale ;
Monsieur le président de la Commission hydrographique de l'atlantique oriental et directeur général du Service hydrographique et océanographique de la marine de France ;
Monsieur le directeur général adjoint de l'Académie régionale des sciences et techniques de la mer ;
Monsieur le directeur général de la Marine marchande ;
Monsieur le représentant du directeur général du Port autonome de Pointe-Noire, directeur des opérations maritimes – Commandant du Port autonome de Pointe-Noire ;
Monsieur le représentant du général, commandant de la Zone militaire de défense n°1 ;

Mesdames et messieurs les participants des pays membres de l'Organisation maritime de l'Afrique de l'Ouest et du Centre à l'atelier sous-régional sur le développement des services hydrographiques en Afrique de l'Ouest et du Centre ;

Distingués invités ;
Mesdames et messieurs, passionnés de la mer,

A l'instant où s'ouvre cet atelier de formation sur l'hydrographie qui est définie comme la science qui consiste à mesurer et à représenter les paramètres nécessaires à la description de la nature et de la configuration du fond marin, son rattachement géographique aux masses terrestres adjacentes ainsi que les caractéristiques et la dynamique de la mer. Ces paramètres comprennent la bathymétrie (mesurage vertical des profondeurs), la géodésie et la géophysique, ainsi que le mesurage du mouvement horizontal et vertical de la colonne d'eau (courants de marée, courants et hauteurs de marée), l'étude des vagues et de la houle, certains autres paramètres physiques de l'eau de mer, et la composition du fond marin.

Il faut noter que l'un des principaux aboutissements de l'hydrographie est la publication de cartes marines ainsi que de cartes thématiques du fond marin.

Je voudrais tout d'abord me faire l'agréable devoir, au nom du Gouvernement de la République, de son chef, le président Denis Sassou-N'Guesso, de monsieur Rodolphe Adada ministre d'Etat, ministre des Transports, de l'Aviation civile et de la Marine marchande, et au mien propre, d'adresser à toutes les personnalités ici présentes, mes sincères salutations et mes sentiments de gratitude pour avoir répondu à notre invitation et vous dire tout l'honneur que nous ressentons d'œuvrer ensemble pour renforcer la coopération en matière de sécurité et sûreté maritimes et particulièrement en matière d'hydrographie de cartographie marine.

La présence de monsieur Alain Michel Luvambano, secrétaire général de l'Organisation maritime de l'Afrique de l'Ouest et du Centre (OMAOC), parmi nous, marque la détermination de notre organisation de collaborer avec la Commission hydrographique de l'atlantique oriental (CHAtO) dont je salue la présence ici de son président, l'ingénieur général Bruno Frachon, directeur général du Service hydrographique et océanographique de la mer de France et le bureau hydrographique international dont je salue aussi la présence de son directeur général, monsieur Gilles Bessero, dans le suivi des activités qui sont nécessaires pour améliorer les performances des Etats membres de l'OMAOC dans le domaine de l'hydrographie.

Mesdames et messieurs,

Je voudrais également apporter le témoignage de l'attention toute particulière avec laquelle la République du Congo suit la problématique de la mise en œuvre de la Convention internationale du 1er novembre 1974 pour la sauvegarde de la vie humaine en mer dite SOLAS à laquelle elle est partie et à la veille de la 28ème Assemblée générale de l'Organisation maritime internationale qui va se tenir à Londres du 25 novembre au 04 décembre 2013 où nous allons y prendre part.

La Convention SOLAS pose dans sa règle 9 du chapitre 5 les principes suivants :

- la responsabilité des Gouvernements contractants en matière de diffusion d'avertissements de sécurité concernant la navigation ;
- la pratique d'une navigation sûre et précise comme l'un des facteurs essentiels en matière de protection de l'environnement ;
- la responsabilité pour les Gouvernements contractants de publier, pour leurs eaux, des cartes marines et publications nautiques aussi uniformes que possible et répondant aux besoins de la sécurité de la navigation ;

Mesdames et messieurs,

Reconnaissant ainsi l'importance de l'établissement des cartes marines et des levées hydrographiques et de leur diffusion à toute partie intéressée, la République du Congo a signé avec la République française, le 30 décembre 2011 à Brazzaville, un arrangement administratif bilatéral relatif à la coopération en matière d'hydrographie, d'océanographie et de cartographie marine.
L'expérience montre que la formation est un élément indispensable pour disposer d'un personnel compétent sur une base nationale d'où la nécessité des administrations maritimes et portuaires en Afrique de l'Ouest et du Centre de s'efforcer dans la limite de leurs ressources et en coopération avec les pays les mieux outillés de former leur personnel pour atteindre l'objectif commun : une plus grande sécurité et sûreté dans les eaux maritimes sous leurs juridictions.

Les politiques et pratiques devraient viser une coopération fructueuse avec les pays maritimes conscients de la complémentarité des Etats pour réaliser les objectifs de l'Organisation hydrographique internationale, qui sont :

- la coordination des activités des services hydrographiques nationaux ;

- la standardisation des cartes marines et des documents nautiques ;
- l'adoption de méthodes efficaces et fiables pour réaliser et exploiter les levées hydrographiques ;
- le développement des sciences et techniques du champ de l'hydrographie et de l'océanographie.

Si nos Etats ne disposent que des services hydrographiques embryonnaires, c'est ici l'occasion de tirer le bénéfice sur les besoins et ressources en matière de formation à travers la coopération avec la CHATO pour le renforcement des capacités du personnel des structures qui fournissent les services hydrographiques dans nos pays respectifs.

Mesdames et messieurs,

Comme vous pouvez le constater, le présent atelier suscite beaucoup d'intérêt.

C'est un grand défi que de participer à l'amélioration de la sécurité de la navigation maritime dans notre sous-région en décidant d'accroître nos efforts en commun et coordonner nos activités autant que faire se peut en matière d'hydrographie, de cartographie et d'océanographie marines.

Je vous invite donc à tirer le plus grand avantage de la présence parmi vous d'experts de très haut niveau. Je suis persuadé, compte tenu de la pertinence des thèmes et de la qualité des exposés programmés, que les résultats de ces travaux seront à la hauteur de nos attentes.

L'animation de cet atelier sera principalement assurée par monsieur Gilles Bessero, directeur général du Bureau hydrographique international (BHI), monsieur Bruno Frachon, directeur général du Service hydrographique et océanographique de la marine (SHOM) et président de la Commission hydrographique de l'atlantique oriental (CHAtO) ainsi que monsieur Alain Michel Luvambano, secrétaire général de l'Organisation maritime de l'Afrique de l'Ouest et du Centre.

En notre qualité de 2ème vice-président de l'OMAOC et au nom du président de l'OMAOC, monsieur Justin Kalumba - Mwana - Ngongo, ministre des Transports et des Voies de communication de la République démocratique du Congo, je voudrais exprimer notre gratitude envers ces deux intervenants qui ont accepté de venir de si loin pour partager leur expérience avec les Etats membres de l'OMAOC. J'espère que leur participation au présent atelier marque le début d'une bonne et grande collaboration qui s'approfondira au fil des années.

Monsieur le secrétaire général de l'OMAOC, soyez félicité pour cette action et vous exhorte à la perpétuer dans notre intérêt commun.

Que les Etats membres de l'OMAOC qui ont accepté de participer à cet atelier et échanger leur expérience dans le domaine combien spécialisé des questions hydrographiques afférentes à la sécurité de la navigation maritime soient aussi remerciés.

Je ne saurais terminer mon propos, sans rendre un vibrant hommage à son Excellence Denis Sassou-N'Guesso, président de la République, chef de l'Etat, pour son apport au développement du secteur maritime dans notre pays et saluer la volonté de monsieur Rodolphe Adada, ministre d'Etat, ministre des Transports, de l'Aviation civile et de la Marine marchande pour sa mansuétude face à la tenue de cet atelier sous-régional au Congo sur le développement des services hydrographiques maritimes, facteur essentiel pour une navigation sûre et précise dans les eaux en Afrique de l'Ouest et du Centre.

Il sied ici de souligner la nécessité d'une coopération en matière d'hydrographie, d'océanographie et de cartographie marines avec le souci de coordonner nos efforts en vue d'en tirer le plus grand bénéfice pour la sécurité de la navigation maritime dans les eaux sous juridiction de nos Etats.

La République du Congo dans sa ferme volonté de modernisation et de développement de son secteur maritime et portuaire va bien tirer profit de cet atelier.
En souhaitant plein succès à vos travaux, je déclare ouvert au nom de monsieur Rodolphe Adada, ministre d'Etat, ministre des Transports, de l'Aviation civile et de la Marine marchande, l'atelier sous-régional de l'Organisation maritime de l'Afrique de l'Ouest et du Centre avec le Bureau hydrographique international sur le développement des services hydrographiques en Afrique de l'Ouest et du Centre.

Je vous remercie.

SURETE MARITIME

Allocution prononcée à la cérémonie d'ouverture du séminaire sur la sûreté maritime et portuaire
Pointe-Noire, le 27 septembre 2012

Monsieur le préfet du département de Pointe-Noire ;
Monsieur le préfet du département du Kouilou ;
Monsieur le député-maire, président du Conseil départemental et municipal de Pointe-Noire ;
Messieurs les directeurs généraux des Transports maritimes et de la Marine marchande ;
Honorables délégués et représentants des ministères ;
Distingués invités ;
Mesdames et messieurs,

Au nom du Gouvernement de la République du Congo, de son chef, le président Dénis Sassou-N'guesso et au mien propre, je vous adresse mes sincères salutations et mes sentiments de gratitude pour avoir répondu à notre invitation et honoré de votre présence la cérémonie d'ouverture de ce séminaire sur la sûreté maritime et portuaire, qui se tient ici à Pointe-Noire dans le cadre de la Journée mondiale de la mer, 2012. Le thème retenu cette année par l'Organisation maritime internationale est : "L'OMI, cent ans après le Titanic".

Je voudrais particulièrement adresser mes sincères remerciements aux sociétés BIMV, SURTYMAR et TOTAL E&P pour leur participation à l'organisation, en vue de la tenue et de la réussite du présent séminaire.

C'est également l'occasion pour moi d'encourager tous ceux qui de près ou de loin sont en train d'œuvrer pour l'application effective du Code ISPS sur les installations portuaires du Port autonome de Pointe-Noire.

Mesdames et messieurs,

Je voudrais rappeler ici que ce séminaire qui s'ouvre aujourd'hui se tient dans un contexte international particulièrement marqué par la recrudescence de la piraterie en mer, l'immigration clandestine, les trafics illicites des drogues et les vols à main armée à l'encontre des navires.
La propagation de ce fléau dans le golfe de Guinée mérite une attention soutenue de l'ensemble des acteurs étatiques et privés du secteur maritime.
A l'instar du Titanic dont la catastrophe a incité les grandes nations maritimes, à cette époque-là, à élaborer et à adopter le tout premier outil

juridique international pour la sécurité des navires, des personnes et des marchandises à bord ainsi que de l'environnement marin. Les nouvelles formes de menaces actuelles contre les transports maritimes témoignent à la fois de l'impérieuse et urgente nécessité de rendre sûr l'ensemble de la chaîne du transport maritime, notamment l'interface navire/port ou navire/installation portuaire.

Ceci n'est possible que grâce à une action collective décisive de l'ensemble des acteurs maritimes. Cette action devra s'appuyer sur l'application *in extenso* du Code ISPS, en vue de mettre en œuvre et renforcer les règles de sûreté sur l'ensemble de la plate-forme portuaire de Pointe-Noire.

Cette question est d'autant plus importante pour le Congo dans la mesure où l'activité maritime constitue le vecteur essentiel de son commerce international.

En dépit de l'absence des navires battant pavillon national effectuant des voyages internationaux, l'importance du Code ISPS qui vise à garantir la sûreté du trafic maritime, à prévenir et à lutter contre tous les actes illicites de malveillance et de terrorisme à l'encontre du navire, son équipage et les installations portuaires, s'explique par le volume important de 90% des échanges extérieurs qu'effectue notre pays grâce au Port autonome de Pointe-Noire, la nécessité de mise en place des mesures de sûreté appropriées pour renforcer la sûreté des navires non conventionnels croissants dans les eaux congolaises et le développement accru de l'activité pétrolière offshore au niveau des installations désignées.

Chers participants,

Le séminaire auquel vous êtes conviés durant ces deux jours se tient sous le thème : "Sûreté maritime et portuaire : la réponse du Congo dans l'application du Code ISPS". Durant ces assises, plusieurs sous-thèmes seront développés, en allant du cadre institutionnel de sûreté maritime et portuaire à la gestion de la sûreté d'une installation portuaire en passant par les procédures de mise en œuvre des règles de sûreté dans les ports par l'administration maritime et l'autorité portuaire ainsi que le rôle et les missions des organismes de sûreté reconnus dans l'implémentation du Code ISPS.

Ces assises constituent un moment fort où dans la vulgarisation des bénéficiaires du secteur des transports maritimes en sûreté maritime et portuaire; nous, acteurs étatiques et privés concernés par les questions de sûreté, devons faire le bilan de la route parcourue depuis l'avènement du Code ISPS au Congo.

L'adoption du Code ISPS et sa mise en œuvre dans notre pays grâce à la publication par le président de la République le 23 juin 2004 du décret n° 2004-305 portant création, attributions et organisation de la Commission nationale de sûreté maritime et portuaire, a inauguré une ère nouvelle. Une ère faite d'exigences dont les plus essentielles pour une mise en œuvre effective dudit Code en République du Congo.

Huit ans après, il me semble tout indiqué, voire opportun de faire le point des efforts consentis en faisant le bilan de l'action réalisée. L'intérêt d'une telle autoévaluation est d'asseoir des mécanismes qui permettront de déceler et de corriger plus promptement les défauts et les lacunes dans l'application rigoureuse et uniforme des normes du Codes ISPS.

Chers participants,

L'occasion qui m'est offerte de m'adresser à vous ce jour me permet de rappeler que la formation est essentielle pour vous permettre de faire au cours du suivi de l'application du Code ISPS, notamment lors des vérifications des déclarations de conformité et des revues des plans de sûreté, des nouvelles propositions qui devront les enrichir pour faire avancer de façon significative l'appropriation du Code ISPS dans notre pays.
Le 15 septembre 2009, l'alerte des GCVS a été lancée contre nos installations portuaires et qu'en juillet 2011, elle a été levée ; d'où ma visite le 31 octobre 2011 à Washington au QG des GCVS.

Mesdames et messieurs,

Je lance un appel vibrant à l'ensemble des acteurs impliqués dans les questions de sûreté maritime et portuaire à plus de dynamisme et à œuvrer davantage ensemble, car la mise en œuvre effective du Code ISPS exige des efforts collectifs de l'ensemble des acteurs maritimes pour mettre en application les dispositifs édictés par ledit Code.
Mon vœu le plus ardent pour cette ambitieuse et gigantesque entreprise est que nous devons faire de sorte que le développement de notre port, dans le cadre de la mise en concession de son terminal à conteneurs et de l'accroissement de son trafic pétrolier, se fasse dans un contexte de sécurité et de sûreté pour assurer les importations et exportations sans restriction aucune en direction des autres ports du monde. Tel est le défi qu'ensemble nous devons relever, conformément aux engagements pris envers nos partenaires en la matière, notamment le garde-côte américain dans le cadre du programme de sûreté des ports internationaux (IPS) qui vont faire leur revue dans notre pays du 09 au 12 octobre 2012 et un séminaire ISPS le 11 octobre 2012 pour les PFSO.

J'ose, pour ma part, croire de tout cœur que ce séminaire sur la sûreté maritime et portuaire aura un réel impact dans l'accompagnement et la consolidation des efforts consentis pour la mise en conformité des dispositions du Code ISPS par le Congo.

Sur ce, je déclare ouvert le séminaire sur la sûreté maritime et portuaire.

Je vous remercie.

Allocution prononcée à la cérémonie d'ouverture du séminaire sur la sûreté maritime et portuaire organisé avec la collaboration des gardes-côtes américains
Pointe-Noire, le 11 octobre 2012

Messieurs les préfets des départements de Pointe-Noire et du Kouilou ;
Monsieur le député-maire, président du Conseil communal et départemental de la ville de Pointe-Noire ;
Monsieur le directeur général de la Marine marchande
Monsieur le directeur général du Port autonome de Pointe-Noire ;
Messieurs les directeurs généraux des structures sous-tutelle du ministère des Transports ;
Mesdames et messieurs ;
Distingués invités,

Votre présence en ces lieux marque votre attachement à la réelle volonté de créer les conditions d'une meilleure appropriation des mécanismes de sûreté et de sécurité portuaires pour le bien de notre pays.

Permettez-moi, en cette circonstance, d'adresser au nom du Gouvernement de la République du Congo, de son chef, le président Denis Sassou-N'guesso et au mien propre la bienvenue à tous les participants.

J'aimerais également souhaiter la cordiale bienvenue à Pointe-Noire à la délégation des gardes-côtes américains venue pour animer ce séminaire.

Chers participants,

Après le séminaire organisé le 27 septembre 2012 relatif à la célébration de la Journée mondiale de la mer sous le thème international "Titanic, l'Organisation maritime internationale, cent ans après" et au Congo "La réponse du Congo face à la sûreté maritime du Code ISPS" le séminaire qui s'ouvre aujourd'hui est le fruit de notre coopération bilatérale avec les Etats-

Unis d'Amérique, il se situe dans la continuité d'un vaste programme de coopération qui a pour objectif d'échanger avec les nations commerçantes du monde entier, les bonnes pratiques en matière de sûreté portuaire internationale.

La formation est essentielle pour vous imprégner des mécanismes de sûreté maritime et portuaire prévus dans l'application du Code ISPS. Des efforts sont nécessaires à tous les niveaux pour faire face aux défis de garantir la sécurité et sûreté des transports maritimes en procédant à la formation d'un grand nombre d'agents en activité dans le secteur maritime et portuaire.

Mesdames et messieurs,

Il me sied de m'adresser particulièrement aux PFSO, de promptement déceler et corriger les défauts et lacunes dans l'application rigoureuse et uniforme des normes du Code ISPS et de formuler des amendements qui devront enrichir les plans de sûreté des installations portuaires désignées, car ils sont les véritables responsables sur le plan civil et pénal.

Je vous invite donc à tirer le plus grand avantage de la présence parmi vous des experts venus pour partager, avec vous, leur expertise et leur expérience avérées dans le domaine combien sensible de la gestion de la sûreté maritime et portuaire.

Messieurs les experts de la garde côtière,

L'occasion qui m'est offerte de m'adresser à vous me permet de redire combien les échanges sont utiles pour partager les meilleures pratiques de sûreté observées dans le monde, cela contribue à améliorer la sûreté maritime et portuaire internationale. Notre pays a besoin de votre assistance technique dans le cadre du suivi des installations portuaires désignées pour l'application du Code ISPS.

Chers participants,

Des efforts d'ordres juridique, administratif et technique sont consentis par le Gouvernement de la République pour garantir la conformité des onze (11) installations portuaires désignées du Port autonome de Pointe-Noire.

Il vous appartient donc de changer de mentalité et de comportement pour vous approprier des objectifs du Code ISPS et appliquer les mesures de sûreté mises en place par l'organisme de sûreté reconnu et approuvé par le Gouvernement pour les installations désignées dont vous avez la responsabilité. Le Code ISPS devrait favoriser et accentuer la culture de protection et de prévention qui sont un problème mondial engendré par le terrorisme et la criminalité maritimes.

Mesdames et messieurs,

L'intérêt pour la République du Congo dans la mise en œuvre du Code ISPS qui vise à garantir la sûreté dans les échanges maritimes s'explique par la place qu'occupe le Port autonome de Pointe-Noire qui assure près de 90% de notre commerce international et pour lequel il s'avère indispensable de garantir la fréquentation par les navires en provenance des autres ports du monde. La négligence de la sûreté est un risque pour nos échanges commerciaux par voie maritime.

Il y a donc nécessité de garantir la sûreté par la formation du personnel et l'acquisition du matériel de sûreté adéquat.

Il nous appartiendra demain de veiller aux navires opérant dans les eaux congolaises et autres qui fréquentent les installations portuaires pour mettre véritablement en application l'entièreté du Code ISPS.

J'ose croire que ce séminaire sur la sensibilisation aux nouvelles évolutions de la sûreté maritime et portuaire que supervisent techniquement les gardes-côtes américains contribuera à améliorer et mieux appliquer le Code ISPS au Port autonome de Pointe-Noire.

Sur ce, je déclare ouvert le séminaire de formation sur la sûreté maritime et portuaire avec le concours technique des gardes-côtes américains.

Vive la coopération Congo/USA.

Je vous remercie.

Mot de clôture à l'occasion de l'atelier régional de renforcement des capacités sur la sûreté maritime et portuaire
Pointe-Noire, le 4 avril 2013

Mesdames et messieurs,

Autorités civiles et militaires, en vos rangs, grades et qualités, toutes préséances respectées,
Messieurs de la délégation du garde-côte américain conduite par Eric May,
Chers amis,

Tout est bien qui finit bien.

Nous avions, il y a quelques jours, ouvert cet atelier de renforcement des capacités sur la sûreté maritime et portuaire qui, au départ, était un atelier national, mais qui, par la présence de nos amis du Bénin, du Gabon, du Cameroun et de la RDC, a pris la connotation d'un atelier sous-régional. Nous pouvons dire que nous sommes réjouis que nous ayons accompli cette tâche.

Je voudrais remercier nos amis qui sont venus de la RDC, du Gabon, du Cameroun et du Bénin et que nous ayons ensemble frotté les intelligences sur le plan de la sûreté maritime et portuaire, et que nous ayons ensemble eu cette envie, cette ambition de naviguer aisément et comme Ulysse, qui était heureux d'avoir fait une bonne navigation.

Le Gouvernement de la République du Congo prend acte de toutes les observations et vœux que vous avez émis pour que nous ayons, non seulement au Congo, mais aussi dans les eaux maritimes de la sous-région, un mécanisme de sûreté maritime et portuaire adéquat.

A l'ouverture, j'ai pu rappeler les défis qui nous sont requis. Pour ceux de l'Afrique centrale, la mise en application du Code communautaire de la marine marchande, dans la partie Code ISPS et du contrôle des navires par l'Etat du port.

Pour l'Union africaine, les défis sur l'adoption et la mise en œuvre de la stratégie maritime pour les océans et les mers dite « Stratégie AIM 2050 ».

Les chefs d'Etat vont dans quelques jours adopter cette stratégie et mettre en place le nouveau dispositif de sûreté maritime.

Nos tous ici présents : autorités gouvernementales comme vous les experts, vous noterez que ce qui s'est passé hier, dans le golfe d'Aden dans la zone de Djibouti avec l'aide de l'AFRICOM, les mécanismes sont légèrement estompés, mais que le Comité maritime international, et tous les autres organismes chargés de veiller sur la sûreté, la sécurité et le bien-être des gens de mer ont noté que la zone du Golfe de Guinée commençait désormais à être le théâtre de tous les éléments qui devraient y advenir.

Cet atelier auquel vous avez pleinement participé devrait nous amener les uns les autres à pouvoir parer à toute éventualité. J'ose croire que les uns et les autres ont véritablement intégré, avec l'aide de nos amis du garde-côte américain, tous les ingrédients utiles et nécessaires pour une meilleure sûreté maritime et portuaire dans nos eaux.

Je voudrais rassurer ici nos amis du garde-côte américain que l'élan pris ne va pas s'arrêter, mais va continuer ; pour preuve, vous êtes une fois de plus tous conviés, aujourd'hui vous avez eu à prendre et à mettre au point toutes les notions de sûreté maritime et portuaire, mais du 22 au 24 avril, nous allons maintenant faire un exercice de simulation grandeur nature ici à Pointe-Noire, on dirait dans cette même salle sur la sûreté maritime et portuaire, mais cette fois-ci avec les experts qui viendront de l'Organisation maritime internationale.

Nous sommes tous, ainsi que vous, conviés à intérioriser une fois de plus tous ces mécanismes.

Je dirais à notre ami Eric qui, avec des larmes pendantes, va nous quitter, puisque nous avons tenu à ce que nous fassions cet atelier qui est le dernier pour lui, et comme on dit chez nous, il n'est pas parti, il est là avec nous.

Et je crois que tous ceux qui ont été présents pendant ces trois constatent que le mandat qui lui avait été confié a été accompli avec beaucoup de dextérité, mais surtout, avec beaucoup de sens marin et en plus avec beaucoup de virtuosité humaine.

Je voudrais pour lui, notre ami, qui ne viendra plus, que nous lui transmettions une salve d'applaudissements. Je note que ce n'est pas assez fort.

Je voudrais vous remercier de cette salve d'applaudissements, cela pour lui faire encore savoir que le grand Quartier Général des gardes-côtes américains a invité, une fois de plus, la délégation de la République du Congo que j'aurai l'occasion de conduire dans quelques jours à Washington.

Mes chers amis, ce que nous faisons paraît anodin, mais utile et important pour nos Etats. Il est nécessaire que celui qui sait dise à l'autre et celui qui ne sait pas demande. Ce n'est qu'ainsi que nous allons donner ensemble une dynamique à la sûreté maritime et portuaire de notre sous-région.

Responsables des administrations maritimes ;

Responsables des administrations portuaires, des Conseils des chargeurs, des armements nationaux ;
Responsables des administrations tout court ;
Autorités civiles et militaires,
La balle est dans votre camp, la balle est dans notre camp. En ce qui nous concerne, le Gouvernement de la République du Congo prendra toutes les mesures utiles et nécessaires pour que l'idéal voulu par le président de la

République, Denis Sassou-N'guesso, dans ce que vous voyez aujourd'hui : dans l'extension du Port autonome de Pointe-Noire, dans la redynamisation des mécanismes de la direction générale de la Marine marchande, dans la haute volonté de compréhension des problèmes des chargeurs au niveau du Conseil congolais des chargeurs et des mécanismes auxiliaires, professions du secteur maritime, notre engagement est ferme que nous devons aller jusqu'au bout.

Je ne dirai pas comme hier où on disait que c'est la lutte qui libère, mais ensemble nous pensons que nous allons trouver toutes les voies et moyens pour que nous arrivions à l'objectif.

N'oublions pas que dans quelques jours, précisément le 25 juin, nous aurons la journée mondiale des gens de mer. Les conventions internationales que vous avez effectivement élucidées devront être mises en mouvement. Que les uns et les autres se prêtent à ce mouvement et à ce mécanisme !

Je crois que suivant votre silence, je note votre engagement ferme de vouloir aller de l'avant. Le Gouvernement de la République va vous y accompagner.

Et c'est sur ces mots que je déclare clos, les travaux de l'atelier sur la sûreté maritime et portuaire que nous avons organisé conjointement, avec l'assistance technique du garde-côte américain.

Je vous remercie.

Discours d'ouverture du séminaire-atelier de simulation dans le cadre du Code international pour la sûreté des navires et des installations portuaires (Code ISPS)
Pointe-Noire, le 23 avril 2013

Monsieur le représentant du préfet du département de Pointe-Noire ;
Monsieur le président du Conseil départemental et municipal, député-maire de la ville de Pointe-Noire ;
Monsieur le représentant du procureur général près la Cour d'appel de Pointe-Noire ;
Monsieur le représentant de monsieur le secrétaire général de l'Organisation maritime internationale ;
Monsieur le représentant de monsieur le secrétaire général de l'Organisation maritime de l'Afrique de l'Ouest et du Centre ;
Monsieur le secrétaire général de l'Union des Conseils des chargeurs africains ;

Monsieur le directeur général adjoint de l'Académie régionale des sciences et techniques de la mer d'Abidjan ;
Mon général, commandant de la zone militaire de défense n°1 ;
Mesdames et messieurs les représentants des autorités maritimes et portuaires du Gabon, du Cameroun et du Bénin ;
Monsieur le directeur général de la Marine marchande congolaise ;
Monsieur le directeur général du Port autonome de Pointe-Noire ;
Monsieur le directeur général du Conseil congolais des chargeurs ;
Messieurs les directeurs généraux des administrations et organismes sous-tutelles ;
Mesdames et messieurs les représentants des ministères invités ;
Autorités militaires et civiles en vos rangs, grades, et qualités, toutes préséances respectées ;
Mesdames et messieurs les membres de la Communauté portuaire de Pointe-Noire ;
Distingués invités ;
Mesdames et messieurs,

Au moment où s'ouvre l'atelier-exercice de simulation mis au point par l'Organisation maritime internationale (OMI) et dont la conduite sera coordonnée avec l'administration maritime de la République du Congo, je voudrais tout d'abord au nom du Gouvernement de la République, de son chef le président Denis Sassou-N'Guesso, du ministre d'Etat, ministre des Transports, de l'Aviation civile et de la Marine marchande, monsieur Rodolphe Adada, et au mien propre, vous adresser mes sentiments de sincère gratitude pour avoir répondu à notre invitation.

Je voudrais également exprimer ma gratitude aux experts de l'Organisation maritime internationale qui ont accepté de venir partager avec nous la nécessité de la coopération entre les acteurs impliqués dans la mise en œuvre des questions relatives à la sûreté maritime et portuaire et, ce, à travers un exercice de simulation.

Qu'il me soit permis à cette occasion de remercier le secrétariat général de l'Organisation maritime de l'Afrique de l'Ouest et du Centre ainsi que ses organes spécialisés dont l'Union des Conseils des chargeurs africains, l'Académie maritime d'Abidjan pour leur présence à ce Forum international marquant ainsi la caution de la sous-région dont nous sommes un des acteurs privilégiés.

Ces remerciements vont aussi à l'endroit de nos collègues du Cameroun, du Bénin et du Gabon qui ont bien voulu partager, dans un élan de fraternité, l'expérience congolaise.
Mesdames et messieurs,

Cet exercice de simulation a pour objectif de fournir un cadre efficace pour une action concertée destinée à garantir le strict respect des procédures adéquates qui permettent de réagir face à un incident de sûreté telles que définies dans le Code international pour la sûreté des navires et des installations portuaires dit Code ISPS et, sur ces bases, à intensifier les évaluations visant à élaborer des plans de sûreté des navires et installations portuaires afin de lutter contre les actes de malveillance susceptibles de s'y produire.

Aussi, les bonnes pratiques dans les procédures visant à prévenir les actes de malveillance doivent faire l'objet d'une attention particulière pour éviter toutes les erreurs que les agents de sûreté bien formés peuvent commettre.

La lutte contre le terrorisme exige des efforts collectifs de l'ensemble des Etats contractants pour mettre en application les dispositifs édictés par le Code ISPS.

Si l'objectif relatif au nombre de vérifications des déclarations de conformité est important, il y a lieu de ne pas perdre de vue que l'accroissement du volume des vérifications inopinées doit aller de pair avec une amélioration constante de leur qualité, d'où l'importance de cet exercice de simulation qui a pour but de garantir la qualité de coordination entre nos administrations dans les actions à mener conjointement pour assurer la sécurité et la sûreté dans les installations portuaires et les espaces maritimes de l'Afrique centrale et de l'Afrique de l'Ouest.

Mesdames et messieurs,

Il y a exactement trois semaines se tenait, ici à Pointe-Noire, l'atelier sur la mise en œuvre du Code international sur la sûreté des navires et des installations portuaires (Code ISPS) avec l'appui technique de l'administration maritime américaine à travers ses services de gardes-côtes, un atelier auquel ont pris part des cadres invités de certains pays de l'Afrique de l'Ouest et du Centre.

Dans la période du 15 au 19 avril 2013, il m'a été donné de conduire une délégation d'experts congolais aux Etats-Unis dans le cadre du programme international initié par ce pays au profit d'autres Etats dont les efforts sont constatés en matière de mise en œuvre du Code ISPS.

D'aucuns se demanderont pourquoi tant d'implication de la part du Gouvernement dans les activités liées à la sûreté maritime et portuaire.
Mesdames et messieurs,

Vous avez été les témoins privilégiés, ces derniers temps, du développement de notre secteur portuaire national matérialisé par la totale transformation du Port autonome de Pointe-Noire en une importante zone de logistique internationale au service de toute la sous-région.

Vous avez pu vous rendre compte, y compris par voie de presse, que le Port autonome de Pointe-Noire reçoit actuellement des navires d'un genre nouveau, ceux qui, du fait de leurs dimensions, ne touchent seulement qu'un nombre limité de ports africains.

Tout cela a été rendu possible, au-delà des investissements consentis, par la volonté nationale d'aligner le Port autonome de Pointe-Noire sur les autres ports dits "sûrs", c'est-à-dire un port qui ne permettra pas d'utiliser ses installations à des fins de terrorisme, un port d'où aucun trafic illicite ne prendra corps.
Maintenant que nous avons l'exercice de simulation, que les experts qui ont la mission de faire appliquer les règles de sûreté maritime et portuaire sur le terrain par la conduite d'une véritable surveillance doivent s'appuyer de la forte volonté politique commune des Etats membres de la CEEAC, de la CEDEAO et de la CGG sur l'adhésion au Mémorandum d'entente sur la sûreté et la sécurité ainsi qu'au Code de conduite relatif à la prévention et a la répression des actes de piraterie, des vols à main armée à l'encontre des navires et des activités maritimes illicites en Afrique de l'Ouest et du Centre sans oublier la stratégie maritime africaine intégrée de l'Union africaine dite Stratégie AIM 2050.

Aux experts de la République du Congo,

Ils doivent prendre conscience du fait que les performances réalisées depuis la sortie de notre pays de l'alerte en 2011 sont suivies de près par les partenaires qui nous accompagnent dans la mise en œuvre du Code ISPS et que toute défaillance pourrait porter atteinte à la crédibilité des efforts jusqu'alors consentis et qui sont le gage de notre réussite.

Mesdames et messieurs,

Je voudrais rappeler que le 09 avril 2012, le secrétaire général de l'Organisation maritime internationale, monsieur Koji Sekimizu qui nous avait reçus en audience à Londres, avait marqué son adhésion pour la mise en œuvre du Programme intégré de coopération technique face aux enjeux maritimes des pays de l'Afrique de l'Ouest et du Centre.

Le Gouvernement de la République du Congo lui adresse ses vifs remerciements pour la parole dite et désormais tenue, car à titre d'exemples :

- la revue faite à Pointe-Noire par le coordonnateur régional de l'Organisation maritime internationale basé à Abidjan ;
- l'accord de l'Organisation maritime internationale pour nous aider dans l'acquisition du matériel technique pour la recherche et sauvetage maritimes ;
- l'inscription du Congo sur la liste des Etats devant bénéficier de l'audit de l'Organisation maritime internationale ;
- et maintenant l'organisation de ce séminaire-exercice-simulation sur le Code ISPS et suivront ensuite les cours sur la pollution et les accidents maritimes.

Mesdames et messieurs,

Rappelons-nous que le Code ISPS est une émanation de l'OMI et de ce fait nous ne pouvons que nous réjouir de l'assistance qu'elle nous apporte par la mise à disposition d'experts qui sont venus pour animer l'exercice qui va certainement nous conduire à mieux faire face à un incident de sûreté.

C'est un grand défi que de participer à l'amélioration de la sûreté maritime dans notre sous-région par des actions communes capables de dissuader les pirates et c'est le lieu de réaffirmer ici que l'organisation de cet exercice de simulation marque l'engagement du Congo, pour l'avenir de la sûreté maritime et portuaire.

Je ne saurais terminer mon propos sans rendre un vibrant hommage à son Excellence Denis Sassou-N'Guesso, président de la République, chef de l'Etat, pour son apport au développement du secteur maritime dans notre pays et saluer la volonté de monsieur Rodolphe Adada, ministre d'Etat, ministre des Transports, de l'Aviation civile et de la Marine marchande de créer les conditions de coopération entre les administrations maritimes et portuaires pour une meilleure gestion des rôles à assurer en cas d'un incident de sûreté.
J'ose croire de tout cœur que l'appropriation de cet exercice de simulation contribuera aussi à atteindre les objectifs du MoU d'Abuja et de l'OMAOC.

Personne ne doit être préoccupé de son intérêt personnel, car l'intérêt de la sous-région doit devenir notre intérêt particulier. La sûreté n'est pas un accident, c'est l'affaire de tous. Si vous voyez quelque chose, dites quelque chose.

Sur ce, au nom du ministre d'Etat, ministre des Transports, de l'Aviation civile et de la Marine marchande, Rodolphe Adada, je déclare ouverts les travaux de l'exercice de simulation sur la sûreté maritime et portuaire organisés par la direction générale de la Marine marchande sous la conduite technique de l'Organisation maritime internationale.

Je vous remercie.

TRAVAIL MARITIME

Allocution prononcée lors de la première réunion de la commission tripartite spéciale sur la convention du travail maritime – MLC 2006 Genève, le 07 avril 2014

Monsieur le président ;
Mesdames et messieurs les représentants des Organisations internationales, régionales et sous-régionales ;
Honorables représentants des Etats membres de l'Organisation internationale du travail ;
Distingués invités ;
Mesdames et messieurs,
L'honneur m'échoit de prendre la parole du haut de cette tribune, au nom du Gouvernement de la République du Congo et de son chef, Son Excellence monsieur Denis Sassou-N'Guesso, président de la République, chef de l'Etat, pour remercier de prime abord, le président du Conseil d'administration du Bureau international du travail pour l'invitation qu'il a bien voulu adresser à notre pays aux fins de participer aux présentes assises.

Nos félicitations vont à l'endroit des éminents organisateurs de cette première réunion de la commission tripartite spéciale qui n'ont ménagé aucun effort dans la préparation idoine des documents de travail, ainsi que des conditions permissives qui nous permettront sans nul doute d'aboutir aux résultats escomptés.

Mesdames, messieurs,

Il me paraît opportun de rappeler que la République du Congo est un État côtier avec 170 km de littoral et un port en eau profonde ; le Port autonome de Pointe-Noire, véritable Hub d'éclatement au service de toute la sous-région de l'Afrique de l'Ouest et du Centre.

Pays producteur de pétrole on et offshore, le Congo connaît une importante activité maritime. L'exploitation pétrolière, la pêche artisanale et industrielle, les professions maritimes et auxiliaires du transport maritime constituent à n'en point douter d'énormes pourvoyeurs d'emplois et utilisateurs du personnel navigant et sédentaire, pour tout dire : des gens de mer.

Mesdames et messieurs,

Jusqu'aux années 90, les Etats de la partie de l'Afrique dont je suis originaire affichaient tous une certaine fierté parce qu'ils pouvaient exhiber leurs pavillons respectifs à travers des flottes plus ou moins modernes.

Aujourd'hui force est de constater que les mutations intervenues dans le secteur ont détruit le pavillon africain mais toutefois, le prestige dont jouissait le métier de marin est resté intact et grâce à la mise en place des politiques d'intégration, des académies régionales continuent de former des viviers de gens de mer.

Bien qu'ayant été contrainte d'abandonner le métier d'armateur, une bonne partie des personnels embauchés à la navigation émane de l'Afrique. C'est dire combien la convention sur le travail maritime est d'importance majeure pour nous et nos gens de mer souvent laissés à la dictature de la mondialisation.

Mesdames et messieurs,

Il me paraît utile de signaler qu'actuellement, la République du Congo assure la Présidence du Mémorandum d'entente d'Abuja sur le contrôle des navires par l'Etat du port dans la région de l'Afrique de l'Ouest et du Centre dit MoU d'Abuja, la présidence du Conseil d'administration de l'Académie régionale des sciences et techniques de la mer (ARTSM) d'Abidjan et la vice- présidence de l'Organisation maritime d'Afrique de l'Ouest et du Centre (OMAOC).

À ce jour, en plus de la Convention des Nations Unies de 1982 sur le droit de la mer, notre pays a ratifié plus de 90% des Conventions maritimes de l'Organisation maritime internationale (OMI) sur la sécurité et la sûreté maritimes, la protection de l'environnement marin et celles des Nations Unies sur les transports maritimes. Il s'attèle à créer les conditions de la mise en œuvre de celles sur le travail maritime sans oublier le Code communautaire de la marine marchande de la CEMAC du 22 juillet 2012.

C'est pourquoi, le 24 janvier 2014, la République du Congo a adhéré aux normes de la Convention du travail maritime (MLC 2006) et le 25 février 2014, les instruments d'acceptation de la MLC 2006 par le Congo ont été déposés au siège du Bureau international du travail, dépositaire de ladite Convention, document complété ce 07 avril 2014 par celui sur la norme A.4.5.2 et 10 ayant trait à la couverture des branches de la sécurité sociale.

Mesdames et messieurs,

Les Conventions n°185 et 188 de l'OIT ont reçu aussi l'adhésion du Congo depuis le 18 mars 2014 et vont être sous peu transmises par voie diplomatique au dépositaire ici à Genève.

L'importance de la Convention du travail maritime n'est plus à démontrer.

Elle oblige les Etats-parties à donner plein effet à ses dispositions afin de garantir le droit de tous les gens de mer à un emploi décent.

Les gens de mer doivent jouir des libertés et droits fondamentaux reconnus à toutes les personnes et bénéficier d'une protection particulière et des droits sociaux adéquats.

Au-delà des points pertinents à l'ordre du jour, il est utile de noter que nous ne voulons pas que l'application de la Convention MLC 2006 soit contre-productive pour les pays particulièrement africains :

- combien d'Etats ont déposé les instruments ? Seulement 9 sur 54 États ;
- les gens de mer d'Afrique embarquent en grand nombre à bord des navires de moins de 500 TJB et font beaucoup de navigations dans leurs eaux maritimes surtout à l'offshore. La question est que fait-t-on ?

Chers participants,

Ce chantier maritime de la MLC 2006 doit créer des normes pour ce pavé mosaïque des pays africains privés de leurs armements par le renforcement des capacités des administrations maritimes, la formation des marins.

Donnons à la convention les moyens d'action plus adaptés, car « n'entrons pas dans le futur à reculant » et la tradition bantu enseigne, comme le dit le poète congolais Alain Mabankou : « là où l'homme est passé, l'empreinte s'éternise ». Il est encore dit dans le village d'où je viens : « les arbres aussi versent des larmes lorsque perdure l'absence des oiseaux sur leurs branches ».

Mesdames, messieurs,

Je ne puis clore mon propos sans m'appesantir sur quelques faits marquants de l'actualité maritime régionale et sous-régionale d'Afrique.

En effet, sous l'impulsion de la République du Congo, la 22e session de la Conférence des chefs d'Etat et de gouvernement de l'Union africaine (UA) tenue en janvier 2014 à Addis-Abeba (Éthiopie), a adopté la Stratégie africaine intégrée pour les mers et les océans, Horizon 2050, dite « stratégie AIM 2050 » où après le soutien acquis de l'Organisation maritime internationale (O.M.I.), celui du Bureau international du travail (B.I.T.) est vivement sollicité.

En matière de sécurisation des espaces maritimes dans le Golfe de Guinée, les chefs d'Etat et de gouvernement de la CEDEAO, de la CEEAC et la Commission du golfe de Guinée ont adopté à Yaoundé (Cameroun), le 25 juin 2013 une déclaration et un mémorandum pour endiguer la piraterie, les vols à main armée, le terrorisme, le trafic des stupéfiants et autres actes illicites en mer.

Il faut remarquer suivant le symbolisme que cette date coïncidait avec celle de la célébration de la Journée mondiale des gens de mer.

Chers participants, œuvrons pour une mondialisation équitable d'un travail décent pour les gens de mer.

Pleins succès à vos travaux.

Je vous remercie.

Mot de clôture à l'atelier régional de sensibilisation à la Convention du travail maritime (MLC 2006) pour les pays de la CEMAC, la RDC et la Mauritanie

Brazzaville, le 19 février 2015

Monsieur le représentant de la Communauté économique et monétaire de l'Afrique centrale ;
Madame le représentant du directeur général du Bureau international du travail ;
Mesdames et messieurs les experts des Etats membres de la CEMAC, de l'Angola, de la République démocratique du Congo et de la Mauritanie ;
Monsieur le directeur général du travail ;
Monsieur le directeur général de la Marine marchande ;
Armateurs, prestataires des gens de mer, médecins des gens de mer, experts maritimes et gens de mer ;

Mesdames et messieurs,

Au moment où se termine l'Atelier de sensibilisation des Etats de la CEMAC étendus à la RDC et à la Mauritanie pour la mise en œuvre de la Convention de 2006 sur le travail maritime dite Convention MLC 2006 et au regard des conclusions que vous venez de rendre publiques, je note l'engagement que vous avez pris ici de devenir de véritables acteurs à la ratification de la Convention par vos Etats respectifs et pensons que l'objectif a été atteint.

Soyez en félicités.

Je me réjouis encore davantage après avoir constaté que toutes les parties prenantes au travail maritime ont été représentées et efficaces dans les ateliers, j'ai cité l'administration (qu'elle soit maritime ou celle du travail), les gens de mer et les syndicats des gens de mer (qui représentent les intérêts des premiers concernés) et les armateurs qui emploient ces derniers ainsi que les prestations des services de gens de mer qui jouent l'intermédiaire entre les principaux acteurs.

Honorables délégués,

Mesdames et messieurs,

En ayant accepté d'apporter un appui financier et technique à la tenue de l'atelier dans cette partie du monde, l'Organisation internationale du travail en général et le Bureau international du travail en particulier, ont jeté, là, les bases d'une acception et d'une application universelles de la Convention MLC 2006. En effet, la multitude des conventions adoptées sous les auspices des Organisations internationales trouvent difficilement leur plein effet, car elles ne prévoient pas toujours leurs propres mécanismes de coopération technique pour une meilleure mise en œuvre à l'échelle planétaire. C'est pourquoi il nous paraît juste de remercier à cet instant le Bureau international du travail pour avoir accompagné la sous-région dans l'exercice qui nous a réunis ces derniers jours.

Nos remerciements vont tout particulièrement à madame Cléopatra Doumbia-Henry qui n'a ménagé aucun effort pour réaliser l'atelier et qui a pu trouver en messieurs Thierry Marchandise, Dominique Delvin et Alexandre Charbonneau ainsi que Maître Gaston Ngamkam représentant la CEMAC, les personnes les mieux à même de rendre assimilables les nombreuses dispositions de la Convention MLC 2006.

Honorables délégués,
Mesdames et messieurs,

L'écrivain congolais Jean Baptiste Tati-Loutard dans son poème "Marée Basse" tiré du recueil *Poèmes de la mer* disait : « l'Astérie est la belle chanson qui fleurit à voix basse sur ta lèvre blanche de soleil je l'écoute dans la joie ». Dans le poème "L'appel de la mer" tiré du recueil de poèmes *Racines Congolaises* il disait : « Cette odeur d'infini qui toujours vous chavire, c'est l'éternel vertige au regard de la mer, Respire tout bas la mer par toutes ses fosses et c'est la naissance d'un immense désir ».

Vous conviendrez avec nous que le plus grand mérite de la Convention du travail maritime dit MLC 2006 est de replacer l'homme au centre du débat comme acteur principal de l'activité et de la sécurité maritimes.

Les hommes sont les gens de mer, les armateurs, les prestataires des services des gens de mer les médecins des gens de mer pour lesquels vous avez estimé par la naissance d'un immense désir qu'il faut créer des observatoires des droits des gens de mer.

Vous avez eu raison, car l'observatoire des droits des gens de mer, qui devra être une association régie par la loi de 1901, sera le lieu d'une coopération étroite entre les chercheurs des universités, les administrations maritimes, portuaires, du travail, de la sécurité sociale et des professionnels maritimes (armateurs, syndicats, prestataires de service des gens de mer, médecins des gens de mer et les marins dits gens de mer) pour soutenir les conditions de vie et d'emploi ainsi que créer un réseau international d'institutions non gouvernementales liées aux problèmes des gens de mer tout en faisant des études, analyses et propositions sur les droits sociaux.

Honorables délégués,

Mesdames et messieurs,

La République du Congo reste à la disposition du Bureau international du travail afin de l'accompagner dans cette bataille.

A ce titre, Son Excellence Denis Sassou-N'Guesso, président de la République, avait lancé depuis octobre 1998, ici à Brazzaville, le concept du management stratégique de la mer qui est l'orientation de politique nationale gouvernant le secteur. C'est pourquoi, accepter d'abriter cet atelier n'était que la réponse adéquate au vœu du chef de l'Etat de voir se réaliser véritablement l'intégration africaine y compris à travers une harmonisation dans la mise en œuvre des conventions maritimes internationales comme il a accompagné le 31 janvier 2014 l'Union africaine à adopter la Stratégie africaine intégrée pour les mers et les océans d'ici à 2050 dite Stratégie AIM 2050.

Mesdames et messieurs les participants,

A des degrés divers, vous avez pu rehausser l'éclat des discussions dans les ateliers. Il vous reste dès maintenant à vous muer en véritables défenseurs de la convention afin de perpétuer l'esprit de Brazzaville.

J'ose espérer qu'il vous a été aisé de tisser un réseau de contacts utile pour votre activité de demain et que vous avez pu lier l'utile à l'agréable en visitant la ville de Brazzaville et ses environs. En un mot, j'espère que votre séjour a été aussi productif qu'agréable.

Pour notre part, je vous souhaite, à tous, un bon retour dans vos familles respectives.

Sur ces mots, je déclare au nom de Monsieur Florent Ntsiba, ministre d'Etat, ministre du Travail et de la Sécurité sociale, clos les travaux de l'atelier de sensibilisation à la Convention du travail maritime dite MLC 2006 pour les pays de la Communauté économique maritime de l'Afrique centrale, la République démocratique du Congo et la Mauritanie.

Je vous remercie.

PORTS MARITIMES

Communication au Conseil d'administration du Port autonome de Pointe-Noire.
Pointe-Noire, le 29 février 2008

Monsieur le préfet de Pointe-Noire ;
Monsieur le président du Conseil d'administration du Port autonome de Pointe-Noire ;
Mesdames et messieurs les administrateurs ;
Mesdames et messieurs ;
Distingués invités ;

Il vous paraît, à ce jour, inhabituel depuis la publication par Son Excellence monsieur Denis Sassou-N'Guesso, président de la République, chef de l'Etat, de l'ordonnance n° 12-2001 du 19 septembre 2001 déterminant la présidence des Conseils d'administration et des comités de direction des entreprises et des établissements publics et interdisant aux membres du Gouvernement d'assurer la présidence de ces instances, de voir le chef de département ministériel prendre la parole au cours des assises comme celles que nous tenons à présent.

En vertu des articles 14 et 53 des statuts du Port autonome de Pointe-Noire, je prends la parole pour les orientations du Gouvernement et dans son pouvoir permanent de contrôle tout en réaffirmant le fait que le Conseil d'administration est investi des pouvoirs les plus étendus pour mettre en œuvre la politique d'exploitation et de développement du Port autonome de Pointe-Noire.

Je voudrais adresser toutes mes félicitations à tous ceux qui conformément aux dispositions de l'Arrêté 110/MTMMM-CAB du 26 février 2008 ont été nommés membres du Conseil d'administration du Port autonome de Pointe-Noire.

En effet, au moment où l'on parle de plus en plus de mondialisation des échanges en général et particulièrement de la libération des services des transports maritimes, il incombe à tout pays dans l'intérêt bien compris des populations, d'œuvrer sans relâche à la recherche des voies et moyens visant à renforcer de plus en plus le rôle que joue l'industrie portuaire dans les économies des nations en développement.

Mesdames et messieurs les administrateurs,

Le Conseil d'administration du Port autonome de Pointe-Noire se tient à un moment important où la modernisation et compétitivité des ports africains constituent des atouts indéniables pour leur développement.

Ainsi, lors de la première Conférence du l'Union africaine des ministres en charge du Transport maritime, tenue du 22 au 23 février 2007 à Abuja (Nigéria) sous le haut patronage de Son Excellence monsieur Olusegun Obassanjo, président de la République fédérale du Nigéria, commandant en chef des Forces armées du Nigéria, sur le thème "Rôle du transport maritime dans la réalisation du développement de l'Afrique", il a été expressément recommandé aux Etats membres dans la déclaration dite d'Abuja et dans le plan d'action issu de ces travaux, les actions à mener ci-après :

Les administrations portuaires doivent se conformer aux exigences de la réglementation internationale d'aide à la navigation maritime ;

- Privatiser l'exploitation des ports selon le modèle de « tutelle » qui sépare la gestion des infrastructures de l'exploitation, conservant dans le domaine du pouvoir public, le volet infrastructures ;
- Renforcer les performances des ports africains ;
- Elaborer une stratégie intégrée de développement des ports africains en vue de la promotion des investissements ainsi que de la planification et de la mise en place des couloirs intégrés ;
- Développer le partenariat public-privé à la gestion des ports en vue de répondre aux besoins en investissements ;
- Organiser la formation du personnel en fonction des mutations techniques et technologiques en cours y compris les changements permanents dans l'industrie des transports maritimes ;
- Assurer la sûreté des ports et du transport maritime ;
- Protéger l'environnement marin et côtier ;
- Améliorer la gestion et l'exploitation des ports ;
- Faciliter les procédures pour un meilleur transit portuaire ;
- Améliorer la compétitivité des ports africains.

Au niveau sous-régional, l'Association de gestion des ports de l'Afrique de l'Ouest et du Centre en sigle AGPAOC, organe spécialisé de l'Organisation maritime de l'Afrique de l'Ouest et du Centre (OMAOC) consciente des recommandations adoptées lors de son 30ème Conseil annuel et de la 6ème table ronde AGPAOC/UCCA qui ont eu lieu du 12 au 16 février 2007 à Praia (Cap-Vert) ne ménage aucun effort, notamment dans la recherche de la modernisation des ports des Etats membres et la mise en œuvre du Code international pour la sûreté des navires et des installations portuaires, dit Code ISPS aux fins de leur conformité aux normes édictées par ledit Code.

L'action du Port autonome de Pointe-Noire ne saurait être confortée si elle ne s'accommode pas à l'environnement international : je voudrais parler particulièrement de l'Association de gestion des Ports de l'Afrique de l'Ouest et du Centre (AGPAOC) et de l'Association internationale villes et ports (AIVP).

Mesdames et messieurs les administrateurs,

Il me plaît de dire avec fierté et sans ambages que le Port autonome de Pointe-Noire, seul port en eau profonde sur la côte occidentale d'Afrique regorge d'importants atouts qui font de lui un Port d'éclatement ou Hub sans conteste en un mot, un port de transit et de transbordement.

Porte océane de l'Afrique subsaharienne, le port autonome de Pointe-Noire est aussi la porte de l'économie nationale dont il est le moteur, car il constitue de ce fait un conduit pour plus de 90% du commerce extérieur de notre pays.

Monsieur le président du Conseil d'administration du Port autonome de Pointe-Noire ;

Mesdames et messieurs les administrateurs,

Je vous invite à la lecture minutieuse des articles 32, 40, 42, 45, 47, 53, 56, 57, 58, et 64 des statuts du Port autonome de Pointe-Noire dont je m'appesantis particulièrement sur trois articles :

- L'article 32 sur les dossiers à soumettre obligatoirement au Conseil des ministres ;
- L'article 53 sur l'exercice par l'autorité de tutelle d'un pouvoir permanent d'orientation et de contrôle ;
- L'article 57 sur la gestion du domaine public portuaire maintes fois spolié sous vos yeux parfois avec une complicité coupable.

J'ai ordonné depuis le 29 janvier 2008 de recenser tous les occupants illégaux du domaine public portuaire en vue de leur déguerpissement, car son assainissement et sa sécurisation constituent le premier acte qui incombe à notre politique de revalorisation et de réinstallation du port au cœur des activités économiques de notre pays.

Votre attention est encore sollicitée pour :

- Comprendre le soutien de la tutelle dans la réalisation du Programme d'investissement prioritaire dont l'accompagnement dans la mise en concession, pas "privatisation" du terminal à conteneurs ;
- Noter qu'aucune politique de développement aussi bien conçue soit-elle, n'a de chance d'efficacité que si elle est portée et mise en application par des hommes et des femmes bien formés et compétents ;
- Veiller à la mise en œuvre du Code international pour la sûreté des navires et des installations portuaires de l'Organisation maritime internationale –Code ISPS - au Port autonome de Pointe-Noire ;

  L'Etat a accordé une contribution dans le Budget d'investissement 2008 au montant de 250 millions de francs CFA qui sera consommé par le Port autonome de Pointe-Noire, mais demande que toute structure ou cabinet d'expertise pour la mise en œuvre du Code ISPS soit agréée par l'autorité compétente au respect des textes.

- Assurer le respect des dispositions par les parties Port autonome de Pointe-Noire – Société congolaise des transports maritimes, de la convention de concession des activités de remorquage, pilotage et lamanage signée le 21 mars 2003 et le cahier des charges le 14 mai 2004.

Mon objectif est de vous amener à une concertation et à une évaluation sous mon autorité.

Monsieur le président du Conseil d'administration du Port autonome de Pointe-Noire
Mesdames et messieurs les administrateurs,
J'accorde une attention particulièrement au respect de la recommandation n°01/2007/PAPN-CAB-SB du 27 juin 2007 relative à la recherche de financement des études sur l'édification d'un nouvel immeuble de la direction générale du Port autonome de Pointe-Noire.

J'espère qu'avant la fin de l'année 2008, les plans seront disponibles pour faciliter la pose de la première pierre par l'autorité compétente sous le regard bienveillant du délégué général des Grands travaux.

Maintenant, je voudrais solennellement féliciter l'action du président du Conseil d'administration et du directeur général du Port autonome de Pointe-

Noire sur la tenue dans les délais des Conseils d'administration et de la qualité des dossiers présentés.

Au-delà de toutes les assertions aux ondes négatives, notons que le Port autonome de Pointe-Noire a été créé le 16 février 2000 et que le 16 février 2008 cette entité à huit (08) ans : que le directeur général, la direction générale et les agents soient ici félicités !

A cet instant, un hommage mérité est rendu au président Denis Sassou-N'Guesso qui a honoré le secteur des transports maritimes et de la Marine marchande de sa confiance, mais il vous a aussi astreints à une rigoureuse obligation de résultat qui vous ferme toute fenêtre de justification d'éventuelles insuffisances.

Mesdames et messieurs,

Je puis vous rassurer de ce que la tutelle ne ménagera aucun effort pour accompagner le Port autonome de Pointe-Noire dans l'accomplissement de ses tâches de développement afin qu'il joue pleinement son rôle.

Je ne saurais clore mon propos sans vous exhorter au travail bien fait toujours en conformité avec les orientations du président de la République, Son Excellence Denis Sassou-N'Guesso afin que le Port autonome de Pointe-Noire prenne toute sa place de soutien solide aux secteurs clés de l'économie congolaise tant du point de vue des importations que des exportations.

Enfin, je suis convaincu que de cette session sortiront des décisions qui vont améliorer la qualité des services afin que les opérateurs en tirent le meilleur profit.

Monsieur le président du Conseil d'administration du Port autonome de Pointe-Noire,
Mesdames et messieurs les administrateurs,

La page dont je viens de décliner la trame devant vous est celle de la confiance dans le renouveau.

Je vous remercie.

Discours du ministre des Transports maritimes et de la marine marchande à l'occasion de la signature du contrat de concession du terminal à conteneurs du Port autonome de Pointe-Noire
Brazzaville, le 23 décembre 2008

Messieurs les membres du Gouvernement et chers collègues ;
Honorables députés ;
Vénérables sénateurs ;
Monsieur le préfet du département de Brazzaville ;
Monsieur le préfet du département du Kouilou ;
Monsieur le président du Conseil municipal, député-maire de la ville de Brazzaville ;
Monsieur le président du Conseil municipal, député-maire de la ville de Pointe-Noire ;
Monsieur le président du Conseil départemental du Kouilou ;
Messieurs les chefs de missions diplomatiques ;
Messieurs les représentants des organisations internationales et des institutions financières ;
Monsieur le président du Conseil d'administration ;
Monsieur le représentant du Groupe BOLLORE ;
Messieurs les directeurs généraux des administrations et entreprises sous-tutelle ;
Distingués invités ;
Mesdames et messieurs ;

C'est un réel plaisir et un devoir agréable pour moi de vous exprimer en ce moment ma profonde gratitude à vous tous ici présents, en vos rangs et prérogatives pour avoir bien voulu honorer de votre présence cette cérémonie consacrée à la signature de la convention du contrat de concession du terminal à conteneurs du Port autonome de Pointe-Noire entre la direction de cette entreprise et le groupe BOLLORE proclamé adjudicataire provisoire à l'issue du dépouillement de l'appel d'offres du 23 juin 2008.

Cette cérémonie de signature a une portée exceptionnelle en cette date, 23ème jour du mois, qu'affectionne le groupe BOLLORE, car elle marque le point de départ d'une bonne ère pour l'économie de notre pays.

Il me paraît superfétatoire de vous rappeler la place qu'occupe la mer en général et le Port autonome de Pointe-Noire en particulier dans l'économie nationale, tant il est clair que ce dernier est au départ et à l'arrivée de l'ensemble des activités qui consacrent la vocation de pays de transit du Congo.

Toutefois, qu'il me soit permis de rappeler Son Excellence monsieur le président de la République Dénis Sassou-N'Guesso :

« L'Etat crée toutes les conditions propices aux investissements, privés productifs, régule l'ensemble des activités économiques, impulse certaines activités indispensables à la modernisation de l'économie ».

C'est ainsi que le Gouvernement a œuvré régulièrement pour des actions concrètes en faveur du port, celles-ci incluent principalement :

- La validation du Programme d'investissements prioritaires ;
- L'organisation de la table ronde des bailleurs de fonds en vue du financement du programme d'investissements prioritaires dont nous percevons déjà le bout du tunnel ;
- L'extension du domaine public portuaire ;
- La signature de la Convention d'établissement entre le Port autonome de Pointe-Noire et l'Etat qui fait bénéficier au Port un régime fiscalo-douanier particulier à cause des investissements lourds auxquels il est amené à faire face.

La signature de la présente convention s'inscrit parfaitement dans la politique de l'Etat de se désengager des obligations de subventionner en laissant la place à la création, à la promotion et à l'éclosion des sociétés dignes de ce nom, capables de se développer dans la concurrence et l'autonomie de gestion.

Mesdames et messieurs,

Je tiens à féliciter la Commission qui a fait aboutir ce dossier et l'heureux adjudicataire provisoire, le Groupe BOLLORE, qui a opté pour l'exécution d'un projet ambitieux qui fera du Port autonome de Pointe-Noire de demain, une véritable plaque tournante de la sous-région, un Hub.

Le Congo tout entier est très fier du projet.

Je puis vous assurer que le département dont j'ai la charge vous accordera tout son soutien pour vous accompagner jusqu'à sa réalisation totale.

Le choix d'un partenaire adossé à un groupe international de réputation mondiale ayant fait ses preuves dans les régions africaines nous pousse à croire que l'aventure sera excellente.

A travers cet ambitieux programme, le Gouvernement qui a entrepris de mailler l'hinterland d'infrastructures modernes et de qualité offre ainsi aux peuples et aux populations des pays environnants, les preuves de son attachement au principe de l'intégration sous-régionale dont le Port autonome de Pointe-Noire veut rester le maillon essentiel, vecteur du bien-être collectif.

Au demeurant, je saisis cette occasion pour lancer un appel en direction des investisseurs, de venir davantage et investir dans des projets du secteur maritime qui entend contribuer à la croissance et aussi à la réduction de la pauvreté au niveau de notre pays en toute adéquation avec les Objectifs du millénaire pour le développement.

Mesdames et messieurs,

Aux cadres et agents du Port autonome de Pointe-Noire, vous venez de sceller le partenariat avec le groupe BOLLORE à travers cette convention.

De ce fait, vous engagez non seulement votre entreprise, mais aussi l'Etat au plus haut niveau. Il vous appartient donc de respecter à la lettre l'application de la Convention ou tous les autres mécanismes y afférents qui sont prévus et mutualiser toutes vos énergies pour votre bonheur et aussi pour le bien de la Nation.

Je rappelle que :

Le terminal à conteneurs du Port autonome de Pointe-Noire est en effet un vecteur essentiel pour le développement économique du port et du pays. Il a une vocation affirmée de terminal "multi-clients", aussi doit-il être et rester accessible à la totalité des usagers du port, actuels et futurs, sans discrimination.

L'activité de gestion et d'exploitation du terminal à conteneurs confiée au concessionnaire est une activité industrielle et commerciale relative à un service public qui lui est confiée à la satisfaction de tous les usagers du port, dans les mêmes conditions normales de coût et de compétitivité à situations égales.
Le concessionnaire doit veiller à adapter ses installations et moyens aux attentes des usagers et à rester à minima au niveau des standards internationaux et au niveau des ports concurrents sur le rang.

A la création de la société concessionnaire, l'actionnaire de référence sera tenu d'inviter chacun des opérateurs historiques, définis comme étant les trois manutentionnaires exerçant, au premier janvier 2008, des opérations de chargement/déchargement de navires porte-conteneurs ou de stockage de conteneurs au quai g du Port autonome de Pointe-Noire, à prendre un pourcentage de participation dans le capital de la société concessionnaire et ensuite ne relevant pas de la catégorie des opérateurs historiques de participer au capital de la société concessionnaire.

Mesdames et messieurs,

La règle selon laquelle « premier navire en rade, premier navire autorisé à accoster » doit être le leitmotiv.

Notre politique commune de gestion permettra d'augmenter les performances, les cadences et l'attractivité technique du Port autonome de Pointe-Noire ajoutée, à la réactivation du corridor permettant d'attirer les volumes de trafic de la sous-région vers le Congo.

Permettez-moi de vous souhaiter déjà un joyeux noël 2008 et bonnes fêtes du nouvel an 2009.

Je vous remercie.

Discours à l'occasion du lancement des travaux de construction du terminal à conteneurs au Port autonome de Pointe-Noire Pointe-Noire, le 30 avril 2009

Excellence monsieur le Président de la République, chef de l'Etat ;
Madame Antoinette Sassou-N'Guesso, épouse du chef de l'Etat ;
Monsieur Joachim Chissano, ancien président de la République du Mozambique ;
Messieurs les membres du Gouvernement et chers collègues ;
Honorables députés ;
Vénérables sénateurs ;
Messieurs les ambassadeurs et chefs des missions diplomatiques ;
Monsieur le préfet du département de Pointe-Noire ;
Monsieur le préfet du département du Kouilou ;
Monsieur le président du Conseil municipal, député maire de la ville de Pointe-Noire ;
Monsieur le député, président du Conseil départemental du Kouilou ;
Monsieur le président du Conseil d'administration du Port autonome de Pointe-Noire ;
Messieurs les administrateurs du Port autonome de Pointe-Noire ;
Mesdames et messieurs les membres de la communauté portuaire ;

Monsieur le président du Groupe BOLLORE ;
Mesdames et messieurs les directeurs généraux ;
Autorités militaires et judiciaires, tous rangs respectés ;
Messieurs les directeurs généraux des ports, membres de l'Association de gestion des ports de l'Afrique de l'Ouest et du Centre ;
Distingués invités,
Mesdames et messieurs,

Permettez-moi d'abord de m'acquitter d'un devoir, celui de souhaiter, au nom de toute la communauté et en mon nom personnel, la bienvenue en ces lieux à son Excellence monsieur le président de la République et à son épouse et de leur exprimer notre profonde gratitude pour la constance de leur implication dans le développement du secteur maritime et portuaire.

En effet, quatre mois seulement après la signature de la convention de mise en concession du terminal à conteneurs du Port autonome de Pointe-Noire, entre la direction de cette entreprise et le Groupe BOLLORE, et juste un mois après la signature de la convention de financement des travaux du terminal par l'Agence française de développement et le Port autonome de Pointe-Noire, parties intégrantes pour la mise en œuvre des projets dans le programme d'investissements prioritaires du Port autonome de Pointe-Noire, nous ressentons tous l'honneur que vous nous faites en ce moment, par votre présence en cette cérémonie de lancement des travaux de construction du terminal à conteneurs.

Monsieur le président de la République,

Pour un devoir de mémoire, il me sied de rappeler que le 2 juillet 1921, cinq mois après le lancement des travaux de construction du Chemin de fer, le gouverneur général, Victor Augagneur, choisit Pointe-Noire comme terminal maritime du Congo-Océan et donc comme prochain site du port à bâtir. Les travaux commencèrent le 12 juin 1934 et le 1er avril 1939, un quai de 200 m en eaux profondes était disponible. Le trafic était ouvert.

Vous êtes ici, aujourd'hui 30 avril 2009, soit 70 ans et 29 jours après sur les traces des pères bâtisseurs du Chemin de fer Congo Océan et du port de Pointe-Noire pour redonner à ce dernier outil paré pour jouer son rôle naturel qui lui revient, celui de port de transit et d'éclatement de fret.

Monsieur le président de la République,

Toutes choses égales, vous avez voulu par la pédagogie du symbolisme nous faire partager vos convictions, vos certitudes, votre grand projet.

L'une de ces convictions est la nécessité absolue de redonner au Congo sa pleine vocation de pays de transit.

Cette ambition que nous avons en partage devient réalité aujourd'hui par le respect de la symbolique des 3, ce trinôme constitué par :

- la voie maritime remise à niveau par les administrations, entreprise et société du secteur maritime p.e la DIGEMAR, le Conseil congolais des chargeurs, la SOCOTRAM, la SDV, la SOCOTRANS, le TRANSLO ;
- par voie ferrée dans vos efforts louables pour la réhabilitation du CFCO en le dotant de tous ses attributs surtout les moyens de traction ;
- par la voie fluviale dans vos orientations pour un transport fluvial de qualité.

Votre vision stratégique se conforte et complétée par la voie routière avec la construction de l'autoroute Pointe-Noire – Brazzaville qui traverse le Mayombe comme vous l'avez visitée en commandant en chef, le 28 avril 2009.

Le boom routier, vecteur et facteur de développement, va permettre une agriculture aisée, les containers débarqués à Pointe-Noire arriveront à Brazzaville et dans l'hinterland pour le bien du peuple congolais et des pays voisins.

Mesdames et messieurs,

Distingués invités,

Le Port autonome de Pointe-Noire, s'il était besoin de vous le rappeler, occupe une place importante dans le volet sectoriel des transports, puisqu'il est à l'arrivée et au départ de l'ensemble des activités qui consacrent sa vocation de transit ; un ensemble qui représente un gisement d'emplois à haute valeur ajoutée pour nos populations qui sont actrices du développement.

C'est pour ainsi dire que le Port autonome de Pointe-Noire joue le rôle vital de moteur d'entraînement de l'économie nationale, et, de ce fait, mérite bien l'attention particulière que le Gouvernement ne cesse de lui accorder.

Cependant, cet outil essentiel reste soumis aux exigences de la compétitivité et aux lois de la concurrence internationale.

Excellence monsieur le président de la République,

Votre parfaite connaissance de l'environnement portuaire de Pointe-Noire n'est plus à démontrer.

- Le 25 octobre 1999, vous avez posé la première pierre de la construction du Centre intégré des services pétroliers couramment appelé INTEL'S et lancé les travaux de dragage du port, car la navigabilité dans le bassin portuaire avait atteint la cote d'alerte critique. Le piège à sable construit pour emmagasiner les sédiments marins était débordé, car plus de 3 millions de mètres cubes de matériaux divers obstruaient les voies de passage ;
- Le 21 décembre 2000, vous avez procédé subséquemment à la réception des travaux du dragage ;
- Le 18 décembre 2006, vous avez lancé la deuxième campagne du dragage du Port autonome de Pointe-Noire dont l'aboutissement aura été la récupération, dans les faits, de l'attribut de port en eaux profondes de l'Afrique centrale.

Excellence monsieur le président de la République,

Le choix d'un partenaire adossé à un grand groupe comme le groupe BOLLORE, jouissant d'une réputation internationale, sans ambages représente un gage certain pour le Congo dans ses efforts pour rendre visible sa volonté d'intégration sous-régionale.

Mesdames et messieurs,

Pour sa part, la communauté maritime nationale dans toutes ses composantes peut affirmer sans ambages que le contexte a déjà été rendu favorable pour la bonne marche de l'entreprise qui nous réunit ce jour.

En effet, le Gouvernement a entrepris toutes les démarches nécessaires afin de faire bénéficier au port de Pointe-Noire, à travers une extension de son territoire, d'une plus large superficie s'étendant de la rivière rouge à la Pointe indienne, sur une zone d'environ 1800 hectares, après le constat fait de la spoliation de son domaine principalement situé dans la zone de Songolo.

En procédant de la sorte, de vastes potentialités de développement des services de logistique ont été créées et celles-ci s'offrent désormais à la conquête des opérateurs économiques, cette zone servira à la zone franche.

De même, les écueils, principaux obstacles à la fluidité des marchandises, seront levés avec la mise en œuvre du guichet unique maritime au port de Pointe-Noire. Ce guichet dont la visibilité sera faite dans 60 jours a pour objectif majeur de baisser considérablement les délais de traitement d'un passage portuaire et partant, de son coût. A ce jour, après des simulations grandeur nature faites au grand public et accueillies avec un grand optimisme, le ministère des Transports maritimes et de la Marine marchande s'emploie, aux côtés de l'administration des douanes, au règlement des questions de procédures liées à l'interfaçage des systèmes informatiques en usage dans les différents services impliqués et à leur interopérabilité.

Il est aussi utile de savoir que la réduction des taux de fret et autres surcharges se fera par la mise en place d'un cadre de négociation et de consultations directes entre le Conseil congolais des chargeurs et les armements desservant le port de Pointe-Noire.

Monsieur le président de la République,
Mesdames et messieurs,

Le développement du corridor de la chaîne trans-équatoriale ayant pour tête de pont le Port autonome de Pointe-Noire, est intimement lié au maillage du pays en infrastructures de base (route-voies ferrées-énergie, eau, etc.).

A titre d'illustration, il sera procédé au cours de la première quinzaine du mois de juin 2009 à la cérémonie d'inauguration de l'entrepôt de Dolisie devant servir de site de décongestion du fret en appartenance ou en provenance des localités du département du Niari et autres.

Par ailleurs, les activités portuaires du Port autonome de Pointe-Noire ont reçu un satisfecit de la communauté maritime internationale dont les gardes-côtes américains pour l'ensemble des mesures mises en place en matière de sûreté et de sécurité maritimes.

En effet, depuis l'entrée en vigueur en 2004 du Code international pour la sûreté des navires et des installations portuaires (Code ISPS), les procédures et les prescriptions obligatoires ont été suivies par les dix installations portuaires dûment réglementées par le Gouvernement et constituant le Port autonome de Pointe-Noire. Ce qui lui vaut de figurer sur la liste des ports dits sûrs et fréquentables par les navires opérant dans le commerce international.

L'exploitation dans les prochains jours du scanner dont l'installation est en cours renforcera des mesures de sûreté idéales en vigueur.

Paul Valery disait : « un regard sur la mer est un regard sur le possible ».

Monsieur le président de la République,
Mesdames et messieurs,

Il ne se passe plus un seul jour sans que l'actualité internationale ne mentionne un cas de piraterie maritime. Ce phénomène récurrent qui commence à inquiéter les paisibles opérateurs économiques dans notre sous-région, n'a pas laissé indifférent notre gouvernement, puisque nous avons signé deux instruments :

- à Lagos, le 27 mai 2008, l'accord multilatéral sur la coordination des services de recherche et de sauvetage maritimes entre 09 pays côtiers du golfe de Guinée et du golfe du Bénin ;
- à Dakar, le 30 octobre 2008, notre participation au réseau intégré de gardes-côtes dans la région de l'Afrique de l'Ouest et du Centre. Par ce biais, la République du Congo préside aux destinées du centre de coordination n° 4 dédié aux réponses en cas de situations d'urgence en mer telles que la recherche et le sauvetage maritimes ou la lutte contre la pollution incluant l'Angola, le Gabon, Sao Tomé et Principe et la République démocratique du Congo.

Forte de l'engagement du Gouvernement, l'Organisation maritime internationale a suggéré à notre pays de se prêter à l'audit volontaire dans le cadre de la campagne internationale de reconnaissance des meilleures administrations maritimes : cette question fera l'objet d'une négociation avec le secrétaire général de cette organisation avec nous le 14 mai 2009 à Hong-Kong.

Excellence monsieur le président de la République,
Mesdames et messieurs,
Distingués invités,

Tout ceci n'est possible que parce que notre pays est partie aux instruments maritimes internationaux dont le plus important a été signé par le Congo le 17 janvier 2008, j'ai cité la Convention des Nations Unies sur le droit de la mer le 10 décembre 1982 qui nous facilite aussi l'exploitation pétrolière.

Par ailleurs, dans le cadre de la protection juridique des intérêts des chargeurs, notre pays a pris une part active aux négociations relatives au projet de convention des Nations Unies sur le contrat de transport international de marchandises effectué entièrement ou partiellement par mer dite « Règles de Rotterdam », adopté par l'Assemblée générale des Nations

Unies en décembre 2008, dont la signature par les Etats-parties interviendra en septembre 2009 dans la ville portuaire sus-citée aux Pays-Bas.

Au niveau sous-régional, dans la zone CEMAC, le Code communautaire de la Marine marchande de 1994 sera révisé avant la fin de l'année 2009 sous l'impulsion de la République du Congo.

Mesdames et messieurs,
Distingués invités,

Il m'a paru juste de décrire succinctement ce tableau de l'environnement maritime actuel pour dire que le Gouvernement du Congo et son chef, le président Denis Sassou-N'guesso, mettent à la disposition du Groupe BOLLORE et de ses partenaires, un ensemble d'acquis à la hauteur des ambitions affichées.

Notre espoir est que cet ensemble d'acquis et le grand professionnalisme des acteurs en face de nous, réalisent une modification avantageuse du coût des transports en général et des taux de fret en particulier et permettent ainsi et véritablement un nouvel essor économique du Congo.

Monsieur le président de la République,

Qu'il me soit permis en cet instant de remercier :

- mes prédécesseurs, Martin Mberi, Isidore Mvouba, Louis Marie Nombo-Mavoungou, pour leur implication et leur abnégation dans le suivi des dossiers du Port autonome de Pointe-Noire et du secteur maritime.
- La commission dirigée par monsieur Jean Jacques Bouya pour leur sérieux qui a fait aboutir le dossier de la concession du terminal à conteneurs.

Aux cadres et agents du Port autonome de Pointe-Noire, le partenariat public-privé scellé entre vous et le Groupe BOLLORE vous engage au respect, à la lettre, à l'application de tous les mécanismes y afférents qui sont prévus et à la mutualisation toutes vos énergies pour votre propre bonheur et aussi pour le bien de la nation congolaise.

Au Groupe BOLLORE, l'activité de gestion et d'exploitation du terminal à conteneurs est en activité industrielle et commerciale, mais vous êtes tenus d'assurer la continuité du service public à la satisfaction de tous les usagers du port.

Excellence monsieur le président de la République,
La communauté maritime et portuaire vous en est très reconnaissante.

Ainsi, après avoir garanti la paix, la sécurité et la stabilité du pays, d'ailleurs objet de votre premier engagement dans la "Nouvelle Esperance", le Congo est fier d'être dans la voie de la relance de l'économie par la construction de plusieurs infrastructures modernes, parmi lesquelles il faudra compter le Port autonome de Pointe-Noire.

Tous ces engagements positifs qui interviennent sont en adéquation parfaite avec les aspirations du peuple profond.

Excellence monsieur le président de la République,

Mesdames et messieurs,

Le navire "Nouvelle Esperance" immatriculé à Pointe-Noire "Année 2002" avec son commandant de bord, le nommé Denis Sassou-N'guesso navigue calmement dans une mer non agitée qui s'appelle République du Congo.

Tous les passagers sont en paix, confiants d'avoir embarqué en 2002 pour le long voyage du bien-être et acceptent de faire une escale technique au port d'attache Pointe-Noire, havre de paix, le 30 avril 2009 pour constater qu'en matière maritime et portuaire les jalons sont posés pour une chaîne de transport performante qui augure des lendemains meilleurs pour le 2ème septennat, car les passagers vont reprendre la mer le 05 juillet 2009.

Excellence monsieur le président de la République, vous avez dit dans votre ouvrage le *Manguier, le Fleuve et la Souris* paru en 1997 : « on me jugera sur mes résultats. Ce sont les seuls qui comptent, je ne crains pas ce jugement. C'est lui, au bout du compte, qui me détermine, sans hésitation, à demander la confiance à mes compatriotes ».

Excellence monsieur le président de la République,

Les résultats sont là et font légion, cette activité comme tant d'autres est de révélation simple de votre passion pour le Congo.

Maintenant en ces lieux pleins de symboles, daignez écouter l'appel qui vient de la mer dont je suis le porte-parole :

"Il est exigé que monsieur Denis Sassou-N'Guesso présente sa candidature aux élections présidentielles de juillet 2009 et nous lui garantissons la victoire dès le premier tour".

Excellence monsieur le président de la République,

Vous êtes un homme de paix, de pardon, car vous avez accepté un espace de concertation citoyenne afin que les Congolais se parlent.

La Conférence nationale souterraine n'aura plus lieu.

Le dépassement de soi n'est pas un exercice facile, monsieur le président.

Tenez, tous ces apprentis sorciers qui ne sont pas seulement à Brazzaville, mais aussi vivent à Pointe-Noire sont à l'origine des scissions de leurs partis, parce qu'envoutés par l'appât du ventre, car ils ne savent pas s'élever par l'effort.

Parmi eux, dans cette frange de l'opposition qui a fui la concertation, on trouve certains qui n'ont fait de leur vie que l'apprentissage des coups d'Etat. Maintenant que cela n'est plus permis, ils déambulent partout : ils ont même oublié qu'à Pointe-Noire, on aime le sport et que le Stade Tata Loboko est fait pour le football, le reste ils le savent.

Excellence monsieur le président de la République, cette frange de l'opposition a répondu aux abonnés absents, leur sort déjà scellé qu'ils repartent d'où ils viennent où ils ont laissé femmes, enfants, animaux, biens meubles et immeubles.

Nous leur répétons ce que vous avez dit :

« L'élection du président de la République, malgré des enjeux, doit être, pour chacun de nous l'occasion de consolider l'unité et la réconciliation nationales autour des principes essentiels de la République et de la démocratie.

La paix et la concorde doivent être préservées impérativement. C'est notre responsabilité partagée sous aucun prétexte le libre choix du peuple ne doit être l'otage ni de l'incivisme ni de la logique du chaos.

Garant des lois et règlements de la République, je veillerai personnellement à ce que l'ordre public et la sécurité de tous soient scrupuleusement assurés » Fin de la citation contenue dans votre message de vœux de nouvel an 2009 au peuple congolais.

Excellence monsieur le président de la République,

Aux opposants, comme ils savent se nommer, qu'ils écoutent ceci :
« Un opposant improvisé qui sait que, même dans son propre village, il sera battu, peut s'arrêter, car seuls les égarés peuvent suivre un tel homme.

Attention, ils sont la pandémie de grippe porcine et le seul courage de ces personnes est de parler à la première personne.

Comme nous sommes proches de la mer, j'autorise qu'ils se jettent maintenant à la mer et tant pis pour eux ».

Le poète Jean Baptiste Tati-Loutard, dans *Les Racines Congolaises* publié en 1968, au poème, "Retour au Congo", cela me concerne, dit :

« Là haut, le soleil n'en finit pas d'exploser, mais c'est ainsi que Dieu a fait son monde. C'est un pacte ancien dont je ne me mêle pas ».

Mais toi, mon frère qui n'en finit pas d'user tes mains à tirer le diable jour après jour, mois après mois, puis-je te dire sans me coincer le cœur une fois dans l'entre-deux jours : Ta misère est un pacte dont je ne me mêle pas ».

Excellence monsieur le président de la République,

Vous citiez le vieux proverbe africain qui dit que « nul ne connaît l'histoire de la prochaine aurore » et vous aviez ajouté que « nul n'allait vous empêcher de lui donner toutes les couleurs de la réussite ».

Le rêve des Congolais réunis autour de leur drapeau est la volonté de démontrer leur valeur au monde.

Vous voudrez bien noter que mon propos de ce jour est un condensé intitulé :
A l'aube de la victoire du candidat Denis Sassou-N'guesso pour la contribution de la Nouvelle Esperance qui paraîtra le 05 juillet 2009 à 11 heures 30 minutes.

Victor Hugo disait : « qu'il n'y a rien de plus fort qu'une idée dont le moment est venu ».

Je vous remercie.

Discours de clôture sur les travaux de la 9ème conférence portuaire panafricaine tenu sur le thème Relation Etat - ville - port Brazzaville, le 12 décembre 2012

Monsieur le ministre délégué auprès du ministre d'Etat, ministre des Transports, de l'Aviation civile et de la Marine marchande, chargé des voies navigables et de l'Economie fluviale ;

Mesdames et messieurs les ambassadeurs et représentants des organisations internationales, régionales et sous-régionales ;
Monsieur le président de l'Association panafricaine de coopération portuaire;
Monsieur le représentant du secrétaire général de l'Organisation maritime internationale ;
Monsieur le secrétaire général de l'Organisation maritime de l'Afrique de l'Ouest et du Centre ;
Monsieur le président de l'Association de gestion des ports de l'Afrique de l'Ouest et du Centre ;
Monsieur le Président de l'Union des administrations des autorités portuaires de l'Afrique du Nord ;
Monsieur le président de l'Association de gestion des ports de l'Afrique de l'Est et australe ;
Distingués invités ;
Mesdames et messieurs,

Vous voilà arrivés au terme de vos travaux, après deux jours d'intenses débats sur le triptyque Etat - Ville - Port.

Il vous a été possible de discuter sur des modèles de relations entre l'Etat, la ville et le port.

Vous avez consacré toute une session sur ces mêmes relations, mais dans un contexte de concession portuaire, une situation qui intéresse bien d'Etats de la sous-région.

Enfin, vous avez décrypté les relations conflictuelles qui peuvent surgir entre les communes et les ports y compris dans un contexte de décentralisation.

Mesdames et messieurs,

Les résultats auxquels vous êtes parvenus reflètent bien, à mon sens, et à tous égards, les préoccupations actuelles de nos communautés. Qu'il s'agisse des questions d'environnement, de sécurité et de sûreté ou simplement des aspects liés au travail et à la main d'œuvre, la relation Etat - ville - port reste indubitablement un levier très important pour l'avenir de nos sociétés.

Le 23 décembre 2008, dans cette même salle, j'ai eu à expérimenter à la faveur de la signature de la Convention de concession du Port autonome de Pointe-Noire avec le Groupe BOLLORE, les enjeux qui peuvent naître avec le rapide développement d'un port, devant concilier très souvent les impératifs d'exploitation, par exemple le Code ISPS et les aspects sociaux dans le sens où les ports constituent de gros pourvoyeurs d'emplois et qui doivent s'intégrer dans les mécanismes généraux de développement de nos Etats.

Et ceci est possible dans un élan de concertation constante et de dialogue.

Je prie donc l'ensemble des acteurs et parties prenantes à s'engager dans cette voie afin que des réponses idoines soient fournies par rapport aux enjeux du moment.

Mesdames et messieurs,

Au regard de la pertinence des conclusions que vous venez de rendre, je ne peux que vous exprimer toutes mes félicitations.

Mais comment pouvait-il en être autrement lorsque l'audience était aussi richement composée ?

C'est pour moi le lieu de remercier tous nos hôtes, vous qui avez, de par votre riche expérience et par votre connaissance des dossiers, apporté de la valeur ajoutée aux discussions.

Mesdames et messieurs,

Le Gouvernement de la République du Congo par ma voix vous rassure que son engagement à œuvrer pour une APCP plus forte en vue d'un meilleur positionnement sur la scène maritime internationale et Brazzaville vous en aura offert le stimulus.

D'ores et déjà, je voudrais souhaiter à toutes celles et à tous ceux qui ont fait le voyage de Brazzaville, un bon retour dans leurs lieux d'origine respectifs.

Une fois de plus, même par anticipation, joyeuses fêtes de noël 2012 et une bonne et heureuse année 2013.

Je déclare clos les travaux de la 9ème conférence portuaire panafricaine tenue sur le thème relation Etat - ville - port.

Vive l'Association panafricaine de coopération portuaire ;

Vive l'Union africaine.

Je vous remercie.

FACILITATION MARITIME

Discours à l'occasion de la cérémonie de présentation de la phase logistique du projet Guichet unique maritime à la communauté portuaire
Pointe-Noire, le 23 octobre 2009

Monsieur le préfet du département de Pointe-Noire ;
Monsieur le président du Conseil municipal et départemental, député-maire de la ville de Pointe-Noire ;
Autorités militaires de la Zone militaire de défense n°1 en vos rangs et qualités ;
Monsieur le directeur général du Bureau international maritime – BIMV ;
Madame et messieurs les directeurs généraux et directeurs généraux adjoints des structures sous-tutelle ;
Mesdames et messieurs les secrétaires généraux, directeurs divisionnaires et centraux des administrations et organismes sous-tutelle,
Monsieur le chef du projet guichet unique maritime ;
Messieurs les membres de la délégation du BIMV et de l'équipe projet GUMAR ;
Mesdames et messieurs les opérateurs économiques, utilisateurs du Guichet unique maritime ;
Distingués invités ;
Mesdames et messieurs,

La sagesse bantu nous apprend que l'hospitalité commence par les souhaits de bienvenue aux hôtes. C'est pourquoi, en votre nom et en mon nom propre, je voudrais adresser à monsieur le directeur général du Bureau international maritime (BIMV), au consultant et à la délégation qui l'accompagne une cordiale bienvenue et un bon séjour à Pointe-Noire.

Mesdames et messieurs,

Il me sied d'affirmer avec force et vivacité que la réalisation du Guichet unique maritime connaît une effectivité réelle et sans ambages.

En effet, au moment où s'achève, avec succès, le séjour de Son Excellence, monsieur Denis Sassou-N'Guesso, président de la République, chef de l'Etat, chef du gouvernement, dans les départements de Pointe-Noire et du Kouilou, je fais noter que la question relative à la programmation et à la construction des nouvelles infrastructures de base a été largement évoquée, au nombre desquelles figure en bonne place le Projet guichet unique maritime, projet phare retenu dans le Programme d'actions prioritaires des 100 jours du pôle des infrastructures de base.

Mesdames et messieurs les participants,

Votre calendrier prévoit plusieurs séances de travail à Pointe-Noire et à Brazzaville avec des structures dont l'activité est liée à la transparence, à la simplification des formalités administratives, commerciales et douanières, à l'élimination de la fraude fiscale, de la corruption et de la concussion tant à l'importation qu'à l'exportation dans les opérations du commerce extérieur. C'est pourquoi je vous exhorte à mener des débats fructueux afin que vous vous appropriiez le système informatique du Guichet unique maritime.

Pour ce faire, je ne saurais passer sous silence la flamme du brillant et riche discours d'investiture à la magistrature suprême du chef de l'Etat, le 14 août 2009, lorsqu'il nous invite à rompre avec la médiocrité et autres antivaleurs.

Ainsi, le Guichet unique maritime ne pourra connaître sa réalisation effective que si et seulement si les acteurs du commerce international que nous sommes, y apportions une contribution intellectuelle, spirituelle et matérielle fertile.

Mesdames et messieurs,

Le Gouvernement, par le département en charge de la Marine marchande, vient de signer le 23 septembre 2009, la Convention des Nations Unies sur le contrat de transport international des marchandises effectué entièrement ou partiellement par mer dite « Règles de Rotterdam » dans l'intérêt des chargeurs congolais.

Notons que la République du Congo est le premier Etat au monde à avoir procédé à la signature de cette Convention.

Le 16 octobre 2009 à Durban en Afrique du Sud, la Charte africaine des transports maritimes et la déclaration ministérielle sur la sécurité et la sûreté maritimes en Afrique ont été adoptées et notre contribution a été des plus remarquables.

C'est un honneur et une fierté pour notre pays.

Mesdames et messieurs,

"Le Chemin d'avenir", programme de société pour lequel Son Excellence Denis Sassou-N'Guesso a été élu est en marche dans le secteur maritime et portuaire.

Plusieurs actions confirment cette assertion. L'inauguration dans les tout prochains jours de l'entrepôt du Conseil congolais des chargeurs à Dolisie constitue à n'en point douter un exemple parmi tant d'autres.

Il nous appartient donc de nous approprier le "Chemin d'Avenir" pour un développement harmonieux de l'économie nationale et partant la modernisation des infrastructures d'appui aux activités de nos chargeurs.

En réitérant mes vifs remerciements aux autorités départementales et municipales pour leur assistance multiforme, je déclare ouverte la série des séances de travail sur la présentation de la 2ème phase dite logistique du GUMAR à la communauté portuaire et aux autres entités concernées.

Je vous remercie.

Discours d'ouverture à l'occasion du séminaire atelier sur le Bordereau de suivi de la cargaison (BSC)
Brazzaville, le 25 mai 2010

Monsieur le ministre délégué auprès du ministre d'Etat, ministre de l'Economie, du Plan, de l'Aménagement du territoire et de l'Intégration, chargé de l'Aménagement du territoire et de l'Intégration et cher collègue,
Monsieur le délégué général des grands travaux, conseiller aux transports, à l'équipement, à l'urbanisme et à l'habitat du président de la République,
Monsieur le directeur de cabinet de madame la ministre du Commerce, de la Consommation et des Approvisionnements,
Monsieur l'administrateur maire de l'Arrondissement 3 Poto-Poto, représentant monsieur le député-maire de la ville de Brazzaville,
Monsieur le président en exercice de l'Union des conseils des chargeurs africains,
Monsieur le rapporteur du groupe africain à l'Organisation mondiale du commerce,
Monsieur le secrétaire général de l'Union des conseils des chargeurs africains,
Monsieur le secrétaire général de l'Association de gestion des ports de l'Afrique de l'Ouest et du Centre,

Mesdames et messieurs les directeurs généraux des Conseils nationaux des chargeurs, membres de l'Union des conseils des chargeurs africains,
Messieurs les directeurs généraux des structures sous-tutelles,
Monsieur le directeur général du commerce et des approvisionnements,
Monsieur le directeur général des douanes et droits Indirects,
Monsieur le président de l'Assemblée générale des chargeurs,
Mesdames et messieurs les experts,
Distingués invités,
Mesdames et messieurs, tout protocole observé.

C'est pour moi un honneur, au sortir du lundi de Pentecôte, de présider la présente cérémonie d'ouverture du séminaire international atelier sur le Bordereau de suivi de la cargaison.

Au nom du Gouvernement de la République et de son chef, Son Excellence monsieur Denis Sassou-N'Guesso, président de la République, chef de l'Etat, qu'il me soit permis de vous remercier très sincèrement d'avoir choisi le Congo, notamment Brazzaville, sa ville capitale, pour abriter ce présent séminaire.

Ce choix est, sans nul doute, l'expression de la reconnaissance de l'Union des conseils des chargeurs africains, à la République du Congo pour son implication constante dans la recherche des solutions aux nombreux problèmes qui se posent dans l'organisation des transports maritimes en Afrique de l'Ouest et du Centre.

Je voudrais, dès l'entame de mon propos, saisir cette occasion pour féliciter le président en exercice et le secrétaire général de l'Union des conseils des chargeurs africains, ainsi que vous, messieurs les directeurs généraux des Conseils nationaux des chargeurs, pour vos efforts soutenus dans la poursuite de la relance effective des activités de l'Union des conseils des chargeurs africains, amorcées depuis la sixième assemblée générale, tenue à Abidjan en novembre 2004.

La tenue du présent atelier ne s'inscrit-elle pas en effet dans cette même dynamique ?

Honorables délégués,

Distingués invités,

Au moment où s'ouvrent ces assises sur le Bordereau de suivi de la cargaison, je voudrais, au préalable, vous inviter à jeter un bref regard

rétrospectif sur l'organisation des transports maritimes en Afrique de l'Ouest et du Centre.
Il vous souviendra que dans les années 90, l'interprétation de la Convention des Nations Unies relative au Code de conduite des conférences maritimes, base angulaire de la politique des transports en Afrique de l'Ouest et du Centre de l'époque, avait fait l'objet d'un différend entre la Conférence ministérielle des Etats de l'Afrique de l'Ouest et du Centre sur les Transports maritimes et la commission de l'Union européenne.

Ce différend reposait sur la gestion et l'exploitation des droits de trafics notamment, le système de répartition des cargaisons basé sur l'émission de l'autorisation de chargement ou encore l'attestation de réservation de cale par les Etats membres de la Conférence ministérielle des Etats de l'Afrique de l'Ouest et du Centre sur les transports maritimes.

Par la suite, ce dossier fut transféré au niveau des partenaires au développement qui en firent une conditionnalité dans le cadre des programmes d'ajustement structurel dans les Etats membres de l'Organisation maritime de l'Afrique de l'Ouest et du Centre.

Cette situation eut pour conséquences :

- la tenue de deux tables rondes à Cotonou en 1992 et en 1997 qui ont conduit à la réforme de la politique de transports maritimes en Afrique de l'Ouest et du Centre, singulièrement la redéfinition des missions assignées aux Conseils nationaux des chargeurs ;
- l'ouverture du trafic maritime en provenance et à destination des Etats membres de l'Organisation maritime de l'Afrique de l'Ouest et du Centre en mettant fin au système de répartition des cargaisons.

Mesdames et messieurs,
Distingués invités,

Très tôt, l'action des Conseils des chargeurs en Afrique dans leurs missions d'introduction de la transparence dans les transports maritimes et de protection des intérêts de nos chargeurs avait suscité un lever de bouclier de la part des armements du Nord.

Treize ans après, nous voici à nouveau avec le même schéma, le Bordereau de suivi de la cargaison, institué par les Etats membres, à travers leurs Conseils des chargeurs, pour avoir un droit de regard sur la traçabilité du trafic maritime et surtout de disposer d'une source fiable d'informations indispensables dans le cadre de la protection des intérêts des chargeurs et un minimum de régulation dans les services de transports, est aujourd'hui attaqué et menacé de suppression, cette fois, par l'Organisation mondiale du commerce.

Il vous appartient, mesdames et messieurs les membres de l'Union des conseils des chargeurs africains, au travers de votre argumentaire, d'apporter la démonstration la plus éclatante qui soit, que le Bordereau de suivi de la cargaison est un instrument de facilitation du commerce international qui satisfait aux principes de l'Organisation mondiale du commerce, notamment la transparence, la traçabilité, la prévisibilité et la sécurité de la cargaison.

C'est votre devoir de démontrer qu'il apporte des avantages aux chargeurs, aux conseils des chargeurs, aux douanes, aux autres administrations ainsi qu'aux transporteurs.

Messieurs les directeurs généraux des Conseils nationaux des chargeurs,

Je vous rappelle que Brazzaville se prête toujours à l'évidence de l'histoire comme en 1998 lors de la 10ème Conférence ministérielle des Etats de l'Afrique de l'Ouest et du Centre sur les transports maritimes pour le renouveau de cette institution.

L'Union des conseils des chargeurs africains est, à l'image des Conseils européens des chargeurs, de la Fédération des conseils des chargeurs d'Asie, une fédération d'organismes de chargeurs dont la vocation est de défendre et de représenter les intérêts des exportateurs et importateurs de marchandises des pays respectifs.

L'Union des conseils des chargeurs africains est un outil puissant de coopération et, à titre d'exemple, je me rappelle :

- que vous avez en fin 2007 participé à l'Assemblée générale de la Fédération des conseils des chargeurs asiatiques et du Global forum, organisation qui a regroupé les fédérations des conseils des chargeurs du monde entier ;
- et que vous vous êtes véritablement impliqués par des importantes remarques qui ont abouti à l'adoption de la Convention relative au transport des marchandises effectué entièrement ou partiellement par mer, dite "Les Règles de Rotterdam".

Pour preuve, à travers le Conseil congolais des chargeurs, la République du Congo a été le 1er Etat au monde à l'avoir signé le 23 septembre 2009 à Rotterdam.

Honorables délégués,

Distingués invités,

Vous noterez que le Gouvernement de la République du Congo se réjouit de la présence, à ces travaux, du représentant du groupe africain de l'Organisation mondiale du commerce. Aussi voudrais-je lui renouveler nos compliments pour sa disponibilité et surtout le rassurer de ce que les Etats membres de l'Organisation maritime de l'Afrique de l'Ouest et du Centre en général et en particulier la République du Congo, en sa qualité de membre de l'Organisation mondiale du commerce, apprécie les efforts de l'Organisation mondiale du commerce visant à éliminer toutes les entraves au commerce international.

Mais également lui dire que, tirant essentiellement ses revenus des échanges commerciaux, la République du Congo apprécie, à leur juste valeur, les travaux du groupe de négociation sur la facilitation des échanges.

Cependant, je réitère le vœu que facilitation des échanges rime désormais avec amélioration des performances économiques et sociales de nos Etats, membres de l'Organisation maritime de l'Afrique de l'Ouest et du Centre.

Aussi, voudrais-je exprimer le souhait qu'une attention particulière soit accordée aux dispositions relatives au Bordereau de suivi de la cargaison lors des prochaines sessions de l'Organisation mondiale du commerce prévues en juin 2010.

Pour ma part, j'ose croire que si la facilitation du commerce est le moteur de la croissance de l'Afrique, celle-ci doit également soutenir les stratégies de développement mises en place par les Etats africains à travers le secteur maritime.

Messieurs les directeurs généraux des Conseils nationaux des chargeurs,
Distingués experts,

Au moment où vous allez vous pencher sur l'examen des sous-thèmes inscrits à l'ordre du jour, je voudrais vous appeler à la cohésion, à un dépassement des clivages linguistiques et à la solidarité en vue de parvenir à l'harmonisation complète de votre document de suivi et d'encadrement du trafic international de nos cargaisons, sur les plans administratif et financier.

Cette harmonisation est indispensable pour la poursuite victorieuse des négociations à l'Organisation mondiale du commerce, ainsi qu'avec les autres partenaires au développement ; d'où, ne sonnez pas à Brazzaville le glas de l'imperfection : l'Afrique maritime vous regarde après avoir adopté à Durban la Charte africaine des transports maritimes.

Pour ma part, je me ferai le devoir de saisir mes homologues ministres, chargés des Transports maritimes des Etats membres de l'Organisation maritime de l'Afrique de l'Ouest et du Centre, ainsi que ceux participant aux négociations multilatérales, de manière à ce que des actions fortes soient menées en direction de l'Organisation mondiale du commerce et des partenaires au développement.

C'est sur ces mots que je déclare ouverts les travaux du séminaire atelier sur le Bordereau de suivi de la cargaison.

Je vous remercie.

Discours à l'occasion de la cérémonie d'ouverture des 5èmes Journées du chargeur africain
Luanda, le 29 novembre 2010

Excellence monsieur le ministre des Affaires étrangères, représentant le président de la République d'Angola,
Vénérables et honorables parlementaires,
Monsieur le ministre des Transports,
Mesdames et messieurs les ministres et chers collègues,
Excellences mesdames, messieurs les ambassadeurs et représentants des corps diplomatiques accrédités en Angola,
Mesdames et messieurs les représentants des institutions internationales, régionales et sous-régionales,
Monsieur le secrétaire général de l'Organisation maritime de l'Afrique de l'Ouest et du Centre,
Monsieur le président de l'Union des conseils des chargeurs africains,
Monsieur le secrétaire général de l'Association de gestion des ports de l'Afrique de l'Ouest et du Centre,
Mesdames et messieurs les directeurs généraux des Conseils des chargeurs,
Distingués invités ;
Honorables délégués et participants,
Mesdames et messieurs,

L'honneur m'échoit de présider, pour la République du Congo, les travaux des 5èmes journées du chargeur africain ici à Luanda du 29 au 30 novembre 2010 et qu'il me soit permis à présent au nom du peuple, du Gouvernement congolais et de son chef, Son Excellence Dénis Sassou-N'Guesso, et en mon nom personnel, de rendre un vibrant hommage à Son Excellence Edouardo Dos Santos, président de la République d'Angola, chef de l'Etat pour son implication personnelle dans la résolution des questions liées à l'indépendance maritime de la sous-région, bien plus encore pour avoir bien voulu permettre à ce prestigieux pays frère d'abriter les présentes assises.

Mes remerciements vont aussi à l'endroit du Gouvernement et du peuple héroïque angolais pour son accueil toujours chaleureux et fraternel.

A tous ceux qui ont bien voulu honorer de leur présence les présentes assises et témoigné ainsi leur intérêt à nos efforts de faire du secteur des transports maritime « un secteur clé » pour le décollage économique de notre sous-région, toute notre reconnaissance.

Je ne saurais également passer sous silence l'initiative combien louable de la direction générale du Conseil national des chargeurs de l'Angola pour la tenue effective de ces journées, qu'elle trouve ici toutes nos vives félicitations ainsi que nos encouragements.
La présence dans cette salle des représentants des institutions internationales, régionales et sous-régionales et des hautes personnalités, venues de plusieurs horizons, témoigne de l'importance des transports maritimes et de l'intérêt de la coopération dans ce domaine.

Distingués invités,
Honorables délégués,
Mesdames et messieurs,

Pour votre gouverne, il sied de signaler que depuis 1999, l'UCCA organise périodiquement à travers les conseils de chargeurs des pays membres, des journées dites « Journées du chargeur africain ».

Plateforme d'échanges et d'opportunité d'affaires, les journées du chargeur africain sont l'occasion d'une part pour les chargeurs de la sous-région de se connaître et d'échanger et de permettre, d'autre part, aux conseils de chargeurs d'échanger leurs expériences sur les questions d'intérêt commun en tenant compte des mutations qui interviennent dans le secteur des transports maritimes et du commerce international.

Ainsi, cette activité s'exerce autour de trois événements majeurs à savoir :

- Le forum avec un thème à développer ;
- Le marché qui prend la forme des stands d'exposition des produits et services de la chaîne des transports ;

- Le prix AWARD décerné aux meilleurs conseils des chargeurs, aux chargeurs et aux personnalités ayant contribué au développement des conseils des chargeurs.

Distingués invités,
Honorables délégués,
Mesdames et messieurs,

Les précédentes éditions se sont tenues successivement à Accra en 1999, à Dakar en 2002, à Abuja en 2004 et à Kinshasa en 2008.

Aujourd'hui, Luanda s'inscrit au palmarès en organisant cette cinquième édition dont le thème central porte sur « l'incidence des taux de fret et des surcharges sur les économies des pays africains ».

Ce thème répond à la problématique des surcoûts, des prix de revient qui fragilisent les économies des pays en développement avec leur incidence sur le pouvoir d'achat des consommateurs africains.

La réduction de la pauvreté dépend principalement de la croissance économique dont l'expansion des échanges commerciaux constitue la cheville ouvrière. Au cours des décennies écoulées, la croissance des échanges commerciaux a été morose en Afrique de l'Ouest et du Centre.

Au moment où la facilitation des échanges est au centre des débats au niveau de l'Organisation mondiale du commerce (OMC), des communautés économiques régionales et des Etats dans le cadre de la signature des accords de partenariat avec l'Union européenne et les autres partenaires au développement, ces journées viennent à point nommé.
L'industrie du transport maritime et la gestion des ports ont considérablement évolué au cours des deux dernières décennies.

Grâce principalement à la libéralisation des transports et à une concurrence accrue entre les compagnies maritimes d'une part et entre les ports d'autre part, les coûts d'exploitation ont baissé et il est devenu absolument indispensable pour les compagnies maritimes et pour certains opérateurs portuaires de réaliser des économies d'échelle.

Les transports maritimes internationaux, vecteurs du commerce mondial et du développement économique et social des Etats, jouent un rôle important dans l'accroissement du commerce extérieur, car plus de 90% du commerce mondial s'effectue par mer.

Mesdames et messieurs,

Le thème des 5èmes journées du chargeur africain nous invite à réfléchir par rapport aux dispositions de l'arsenal juridique mis en place par la Conférence des Nations Unies sur le commerce et le développement (CNUCED) pour l'établissement d'un nouvel ordre maritime international équitable et durable.

Mesdames et messieurs,

Au risque de me contredire, je voudrais ici louer la justesse et la profondeur du message de ce digne fils d'Afrique, j'ai cité le Contre-amiral Mohamed-Lamine Fadika, ancien ministre de la Marine, vice-président de l'Assemblée nationale de Côte d'Ivoire, président des 4emes Journées du chargeur africain, qui a fait la genèse de la politique maritime sous-régionale et s'est interrogé sur l'application et l'avenir du Code de conduite des Conférences maritimes, sur le rôle des Conseils des chargeurs et de nos Etats dans le redéploiement de nos échanges.

Honorables délégués et participants,

Il est impérieux de se rappeler que les missions cardinales des Conseils à l'origine consistent en des consultations et négociations des taux de fret, des surcharges portuaires et autres tarifs sur la chaîne des transports, notamment sur le fondement et les objectifs de la négociation édictés dans le Code de conduite des conférences maritimes, les moyens et instruments mis en œuvre pour cerner à bon escient cette activité.

Distingués invités,
Mesdames et messieurs,

L'actualité m'oblige de signaler que nos assises se tiennent à un moment tout à fait particulier marqué par la tenue, à Genève (Suisse), des négociations sur la facilitation des échanges au sein de l'Organisation mondiale du commerce, ce qui explique en partie l'absence à nos travaux des principaux dirigeants de certains conseils des chargeurs africains.

Il me sied de faire remarquer que notre industrie maritime fait l'objet de plusieurs menaces à savoir : la suppression du Bordereau de suivi des cargaisons (BSC), outil de facilitation permettant aux conseils des chargeurs de se doter d'un dispositif de suivi et de traçabilité des marchandises tant recherché par les chargeurs.

Le BSC permet aux conseils de jouer pleinement la fonction de veille d'information en temps réel.

Mesdames et messieurs,

Permettez enfin que je le dise : le Gouvernement de la République du Congo, soucieux et fidèle aux principes de l'intégration sous-régionale, sous la clairvoyance de Son Excellence monsieur Denis Sassou-N'guesso, président de la République, chef de l'Etat, chef du Gouvernement, n'a ménagé aucun effort en abritant du 25 au 26 mai 2010 à Brazzaville, le séminaire international sur le Bordereau de suivi des cargaisons, dont les conclusions ont servi de base de discussions avec le Groupe africain près l'Organisation mondiale du commerce.

Mesdames et messieurs,

Les évolutions observées dans le monde constituent des défis pour les pays de l'Afrique de l'Ouest et du Centre, mais leur donnent également l'occasion de mettre en œuvre la réforme tant attendue du secteur du transport maritime et des ports de la sous-région, ce qui devrait entraîner la baisse des coûts de transport et, à terme, faciliter l'expansion des échanges commerciaux.

Au regard de ce qui précède, il apparaît dès lors indispensable pour les Etats de l'Afrique de l'Ouest et du Centre à travers nos administrations maritimes, nos Conseils des chargeurs et nos ports de définir des stratégies parmi lesquelles :

- La poursuite du dialogue UCCA/AGPAOC et Association des armements européens (ECSA), aujourd'hui matérialisé par la déclaration conjointe du 16 juillet 2010. Pour ce faire, l'UCCA et l'AGPAOC devraient s'atteler à élaborer le mémorandum prenant en compte toutes leurs préoccupations à présenter à l'ESCA ;
- Le renforcement du rôle de veille commerciale des Conseils des chargeurs, notamment en ce qui concerne le suivi des coûts de transport, les observatoires de transports et bourse de fret ;
- La poursuite, des programmes de modernisation de nos ports. En effet, l'amélioration de la gestion des ports constitue un préalable à la poursuite du développement du secteur des transports maritimes en Afrique de l'Ouest et du Centre ;
- L'élimination des barrières physiques et non-physiques matérialisée par la mise en place des guichets uniques ;
- La création d'un armement sous-régional des lignes régulières et d'une compagnie sous-régionale de cabotage.

C'est à ce prix que nous pourrons maintenir notre place dans l'échiquier maritime international, envisager la baisse et la stabilisation des taux de fret et des surcharges portuaires.

Mesdames et messieurs
Distingués invités

Qu'il me plaise de vous rappeler que cette 5ème édition devra être l'occasion de passer en revue les différentes recommandations adoptées lors des précédentes journées.
Pour ma part, les journées du chargeur africain doivent être consacrées également à l'évaluation des actions engagées par les Conseils des chargeurs en faveur des chargeurs entre deux (2) éditions.
Je souhaite pleins succès à ces assises et vous remercie pour votre aimable attention.

Message à l'occasion de la cérémonie d'ouverture des 6èmes Journées du chargeur africain
Libreville, le 13 novembre 2012

Madame la présidente d'honneur des 6èmes Journées du chargeur africain ;
Monsieur le ministre de la Promotion des investissements, des Travaux publics, des Transports, de l'Habitat et du Territoire, chargé de l'Aménagement du territoire ;
Monsieur le ministre délégué auprès du ministre de la Promotion des investissements, chargé des Transports ;
Mesdames et messieurs les ministres et chers collègues ;
Vénérables et honorables parlementaires ;
Excellences mesdames, messieurs les ambassadeurs et représentants des corps diplomatiques accrédités au Gabon ;
Mesdames et messieurs les représentants des institutions internationales, régionales et sous-régionales ;
Monsieur le secrétaire général de l'Organisation maritime de l'Afrique de l'Ouest et du Centre ;
Monsieur le président des 6èmes Journées du chargeur africain, directeur général du Conseil burkinabé des chargeurs ;
Madame la vice-présidente des 6èmes Journées du chargeur africain, directrice générale du Conseil gabonais des chargeurs ;
Monsieur le secrétaire général de l'Union des conseils des chargeurs africains, rapporteur général des 6èmes Journées du chargeur africain ;
Monsieur le secrétaire général de l'Association de gestion des ports de l'Afrique de l'Ouest et du Centre ;

Mesdames et messieurs les directeurs généraux des Conseils des chargeurs ;
Messieurs les directeurs généraux des académies régionales maritimes ;
Distingués invités ;
Honorables délégués et participants ;
Mesdames et messieurs.

En m'autorisant une fois de plus à prendre part aux assises relatives aux Journées du chargeur africain, Son Excellence monsieur Denis Sassou-N'guesso, président de la République du Congo, chef de l'Etat, chef du Gouvernement a voulu témoigner davantage son attachement inébranlable au développement harmonieux de l'industrie maritime sous-régionale.

Ainsi, en ma qualité de président des 5èmes Journées du chargeur africain, tenues du 29 au 30 novembre 2010 à Luanda (République d'Angola), je voudrais m'acquitter, de prime abord, d'un impérieux devoir, et ce, au nom du Gouvernement congolais, de son chef et au mien propre, celui de rendre un vibrant hommage à Son Excellence monsieur Ali Bongo Ondimba, président de la République gabonaise, chef de l'Etat, pour les efforts inlassables qu'il ne cesse de déployer dans l'industrialisation et la modernisation de ce beau pays, le Gabon.

Mes remerciements vont à l'endroit du Gouvernement et du vaillant peuple gabonais pour l'accueil fraternel et chaleureux qu'ils ont toujours réservé à leurs hôtes.

Que tous ceux qui ont bien voulu rehausser de leur présence l'importance des présentes assises, consolidant ainsi le rôle prépondérant des Conseils des chargeurs dans le développement de l'industrie maritime sous-régionale, trouvent ici l'expression de notre reconnaissance.

Enfin, tous nos encouragements et félicitations à l'Union des conseils des chargeurs africains, au Conseil gabonais des chargeurs et aux organisateurs des 6èmes Journées du chargeur africain.

Mesdames et messieurs,

Le transport maritime, on ne le dira jamais assez, est un des principaux vecteurs de croissance du commerce et des échanges mondiaux de marchandises. Bien que leurs chiffres respectifs en termes de tonnage ne cessent de croître, les transports maritimes restent assujettis à beaucoup de défis que les différents acteurs sont appelés à relever.

S'agissant particulièrement de la sous-région de l'Afrique de l'Ouest et du Centre, celle-ci est confrontée à certains problèmes maritimes parmi lesquels on est en droit de citer : les problèmes institutionnels, organisationnels et financiers, le rapport coût/efficacité des services maritimes, la compétitivité et la survie des opérateurs nationaux et régionaux ; l'efficacité et la compétitivité des ports maritimes, le cabotage maritime, le transport multimodal, la mise en œuvre des conventions maritimes internationales, la protection des intérêts des chargeurs, la facilitation du transport en transit, le cas particulier des pays sans littoral, les augmentations abusives et unilatérales des taux de fret et surcharges portuaires et j'en passe.

Mesdames et messieurs,

Autant de défis à relever ! Et vous comprendrez ici la justesse et la délicatesse du thème des présentes journées du chargeur africain, à savoir : "Le repositionnement des Conseils des chargeurs africains face aux défis du 21ème siècle".

Etymologiquement "repositionner" veut dire remettre en bonne position mais pourquoi le faites-vous ?

Plusieurs interrogations s'offrent aux observateurs bien aguerris sur le rôle des Conseils des chargeurs africains.

En effet, d'aucuns pensent que les Conseils des chargeurs ne s'impliquent plus véritablement dans la défense des intérêts des chargeurs. Il vous appartient donc de revisiter, de regarder face à son miroir, au niveau de l'Union des conseils des chargeurs, les attributions primaires des Conseils des chargeurs édictées dans la Charte d'Abidjan de 1975, les amendements de 1999 ainsi que les recommandations issues des cinq (05) premières éditions des Journées du chargeur africain, des deux tables rondes de Cotonou et surtout du Symposium international sur les politiques des transports maritimes et l'économie maritime dans les pays de l'Afrique de l'Ouest et du Centre, tenu du 28 septembre au 02 octobre 2009 à Cotonou (République du Bénin) ayant servi de base à la deuxième conférence des ministres de l'Union africaine en charge du Transport maritime qui a eu lieu du 12 au 16 octobre 2009 à Durban (Afrique du Sud), à Translog Africa 2012 tenue à Ouagadougou les 25, 26, 27 septembre 2012.

Des réunions statutaires se font comme celle du Comité directeur prévue ici : ne faites pas trop de réunions avec beaucoup de recommandations, mais inefficaces sur le terrain.

Permettez-moi de m'attarder sur quelques points :

- la Charte africaine des transports maritimes révisée a été adoptée mais combien d'Etats l'ont ratifiée ?
- les Règles de Rotterdam ont été d'un engouement sans précédent, seuls le Togo et le Congo les ont ratifiées ?

- la situation du panier de la ménagère face aux coûts de passage portuaire ;
- l'augmentation unilatérale des taux de fret par les armateurs européens.

Monsieur le président des 6èmes Journées du chargeur africain,

C'est le moment pour moi, en ma qualité de président des 5èmes Journées du chargeur africain, de vous adresser mes vives félicitations pour ce choix porté sur votre personne par les plus hautes autorités de la République gabonaise et le secrétariat général de l'UCCA. Cela dénote d'une confiance bien méritée, imprimée par vos éloquentes communications au cours de nos différentes rencontres.

Je vous cède le témoin ce jour en vous souhaitant plein succès dans la conduite des débats qui, j'en suis sûr, vont déboucher sur des recommandations idoines appelées à donner une nouvelle synergie aux Conseils des chargeurs africains.

La République du Congo, fidèle à son engagement de faire de l'UCCA un outil de travail performant de l'OMAOC, réaffirme sa ferme volonté de mettre en œuvre toutes vos conclusions, comme elle l'a fait pour les recommandations issues des 5èmes Journées du chargeur africain.

Enfin, je souhaiterais, comme pour la présente édition, et celles à venir que tous les anciens présidents des Journées du chargeur africain soient toujours conviés et que cela devienne une tradition aux fins de leur permettre de faire le point de la mise en œuvre des différentes recommandations et d'envisager de nouvelles stratégies pour un repositionnement effectif des Conseils des chargeurs africains.

Mesdames et messieurs les délégués,

Je sais toujours compter sur votre pragmatisme, votre technicité et votre esprit de dépassement de soi en vue de donner à notre sous-région une politique maritime plus conséquente.

Puissent les 6èmes Journées du chargeur africain donner une véritable TASK FORCE à l'Union des conseils des chargeurs africains.

Vive l'OMAOC !

Vive l'UCCA !

Je vous remercie.

SESSION BUDGETAIRE DE LA DIRECTION GENERALE DE LA MARINE MARCHANDE

Allocution prononcée aux travaux de la session budgétaire 2011 de la Direction générale de la marine marchande
Pointe-Noire, le 31 mars 2011

Monsieur le président de la session budgétaire de la direction générale de la Marine marchande ;
Messieurs les vice-présidents de la session budgétaire ;
Mesdames et messieurs les membres de la session budgétaire ;
Monsieur le directeur général de la Marine marchande, rapporteur de la session budgétaire ;
Madame et messieurs les directeurs centraux de la direction générale de la Marine marchande ;
Cadres et agents de la direction générale de la Marine marchande ;
Distingués invités ;
Mesdames et messieurs,

Aux termes de l'article 1er du décret n°99-94 du 02 juin 1999 portant attributions et organisation de la direction générale de la marine marchande : « la Direction générale de la marine marchande est l'organe technique qui assiste le ministre dans l'exercice de ses attributions en matière de transport maritime ».

Parmi les attributions assignées à la Direction générale de la marine marchande (DIGEMAR), j'en citerai ici principalement deux, à savoir :

- concevoir et proposer la politique du Gouvernement en matière maritime et veiller à son application ;
- étudier, proposer et prendre, de concert avec les administrations intéressées toute mesure susceptible de favoriser le développement des activités maritimes et connexes.

Administration de synthèse et centre de gravité de la gestion du secteur maritime national, la DIGEMAR a donc l'habilitation pour promouvoir la politique du Gouvernement en matière maritime.

De ce fait, elle a une obligation à la fois de moyen et de résultat dans l'accomplissement de ses différentes tâches, en vue de l'émergence d'une véritable économie maritime.

Cependant, l'observation de l'activité de l'Administration maritime ces dernières années ne lui donne pas raison d'avoir accompli ses tâches.

C'est pourquoi nous avions dit que 2010 devrait être une année charnière à partir de laquelle une dynamique va être impulsée dans le fonctionnement de l'administration maritime afin de sortir celle-ci de sa routine et qu'elle puisse jouer pleinement son rôle.

Mesdames et messieurs,

Je voudrais vous rappeler les termes de l'allocution du ministre d'Etat, coordonnateur du pôle des Infrastructures de base, ministre des Transports, de l'Aviation civile et de la Marine marchande, monsieur Isidore Mvouba, à l'occasion de la présentation des vœux pour l'année 2011 particulièrement en ce qui concerne la Direction générale de la marine marchande :

« La Direction générale de la marine marchande a fait, au cours de l'année 2010, l'objet d'un audit organisationnel, financier et comptable par un cabinet d'experts indépendant.

Les conclusions de cet audit recommandent les actions de restructuration et de modernisation de cette structure.

La DIGEMAR doit exercer pleinement sa fonction de police de navigation dans le domaine public maritime, mais aussi dans la zone économique exclusive.

Pour ce faire, il convient de :

- définir des indicateurs de performance et de suivi de réalisation des objectifs d'activités : mettre en place une structure de contrôle de gestion ;
- procéder à l'informatisation de cette structure ;
- s'approprier toutes les niches importantes de recettes à côté desquelles elle passe sans les voir.

Je vous demande, sans délai, de mettre en œuvre ces actions de restructuration et de modernisation ».

Mesdames et messieurs,

En se référant à la politique économique du Gouvernement qui vise à poser les bases d'une transformation de la structure de l'économie nationale, l'activité de la Direction générale de la marine marchande doit désormais permettre l'émergence d'une économie maritime centrée sur l'investissement et la formation.

Dès lors, nous devons nous inscrire dans la logique de la recherche de l'efficacité administrative, dans le cadre d'une gestion par objectifs visant la performance.

Au regard de ce qui précède, le budget exercice 2011 de l'administration maritime pour lequel vous êtes appelés à vous prononcer devra avoir comme axes prioritaires :

- l'intensification des actions de formation et de renouvellement du capital humain ;
- l'informatisation en réseaux des services de l'administration maritime ;
- la modernisation de la gestion administrative, budgétaire, financière et comptable ;
- l'amélioration de la sécurité et la sûreté maritimes de la protection de l'environnement marin et de la lutte contre la pollution et la gestion des gens de mer et des prestataires des services en mer par la refonte des textes y relatifs dont la mise en route des titres professionnels maritimes biométriques.

S'agissant de la modernisation de la gestion budgétaire, financière et comptable, il s'agira de mettre en place dans les plus brefs délais un système informatique intégré de gestion des finances de l'Administration maritime sur la base d'un logiciel permettant ainsi la tenue automatique de la comptabilité aussi bien de l'ordonnateur que celle du comptable et du délégué du contrôleur budgétaire.

Ceci nous permettra à coup sûr de gagner la bataille de la qualité comptable et de la bonne gouvernance financière.

S'agissant de la sûreté et la sécurité maritimes, le respect du Code de bonne pratique par les experts inspecteurs des visites de sécurité des navires et de manutention portuaire comme la lutte contre les antivaleurs doit être le crédo de vos attitudes vis-à-vis de la chose publique.

Je continuerai à sanctionner ceux d'entre vous qui s'illustreront encore par ces comportements déviants.

C'est pourquoi, en ma qualité de ministre en charge de la Marine marchande, ma mission est de gouverner cette puissance qu'est la mer et avec vous.

Il nous revient donc de créer les conditions d'une économie maritime renforcée et créatrice d'emplois, car c'est cela "le management stratégique de la mer" tel que prôné par Son Excellence Denis Sassou-N'guesso, président de la République, chef de l'Etat, chef du Gouvernement.

Messieurs et mesdames de la Direction générale de la marine marchande,

La Direction générale de la marine marchande est interpellée pour hisser notre pays à la hauteur de ses atouts maritimes : finie l'attitude de tourner le dos devant vos responsabilités.

Rien ne devrait désormais se faire sur, sous et dans l'espace maritime, dans le domaine maritime et portuaire sans l'implication de la Direction générale de la marine marchande, car l'article 8 de la loi n° 9-2004 du 26 mars 2004 portant Code du domaine public maritime et corroboré par l'article 11 du Code communautaire de la marine marchande de la CEMAC sur la composition du domaine public maritime stipule : « Le domaine public maritime est composé du rivage de la mer, des étangs salés, de la mer territoriale et de son fond et a fortiori des eaux dites intérieures, des lais et relais de la mer, des terrains acquis par l'Etat en bordure de mer pour la satisfaction des besoins d'intérêt public, des ports maritimes, de certaines dépendances des ports maritimes, des terrains artificiellement soustraits à l'action du flot ».

Mesdames et messieurs,

Il m'a été donné de constater que la session budgétaire de la Direction générale de la marine marchande a tendance à privilégier les questions financières et budgétaires reléguant au second plan les questions à caractère maritime, substance de notre administration maritime.

C'est donc ici le moment de vous en interpeller pour corriger cette attitude et d'avoir toujours une inspiration fertile pour ces questions.
Quelques axes de réflexion sont mis à votre disposition :

- assurer le développement du nautisme soit de la navigation de plaisance ;
- assurer la gestion durable des ressources marines, car la mer constitue un réservoir de richesses pour l'humanité : richesse, énergétique, médicale alimentaire et minérale ;
- contribuer aux réformes portuaires pour suivre leur compétitivité ;
- veiller en organisant les professions auxiliaires du transport maritime, car les manutentionnaires, les acconiers, les consignataires et autres utilisateurs du secteur maritime ne doivent pas dicter leur loi. Ne dit-

on pas que la place portuaire et maritime de Pointe-Noire est chère ? Que fait et qu'apporte la Direction générale de la marine marchande face à ce boulet ?

- attirer plus d'hommes et de femmes vers les métiers de la mer afin de les accompagner vers les évolutions du monde maritime par la formation maritime adéquate : chacun veut créer son école ou centre de formation maritime sans respecter les Conventions maritimes.

Sachons qu'on ne gère pas la mer comme on gère la terre.

Que fait-on des Conventions collectives appliquées et adaptées aux marins ?

Que faire des navires abandonnés dans nos ports par des armateurs peu scrupuleux ?

- une attention plus poussée est à établir vers les questions de protection du milieu marin, d'installations de réception des déchets d'hydrocarbures à bord des navires, d'eau potable, d'hygiène maritime enfin de sécurité maritime.

Mesdames et messieurs,

Conscient de ces enjeux, le budget d'investissement 2011 de l'Etat a consacré le montant de deux milliards deux cent vingt-huit millions (2.228.000.000) de francs CFA et le budget de transfert au montant de cinquante millions (50.000.000) de francs CFA pour la Direction générale de la marine marchande, à l'effet de :

- l'acquisition des vedettes de surveillance ;
- la réhabilitation du bâtiment annexe de la Direction générale de la marine marchande ;
- l'informatisation de la Direction générale de la marine marchande ;
- la construction du siège de la Délégation maritime de Madingo-Kayes ;
- la réalisation des études pour la construction du complexe immobilier de la cité de l'administration maritime ;
- la réalisation des études pour la construction et l'équipement du Centre de recherche et de sauvetage maritimes ;
- la réalisation des études pour l'installation et l'équipement du système des radiocommunications maritimes ;
- la réalisation des études de suivi de notre plateau continental et des fonds marins ;

- l'acquisition des moyens roulants ;
- la mise en place du dispositif de lutte contre la pollution marine.

Tout ceci viendra en appoint et en apport du budget d'investissement que vous aurez à adopter.

Par ailleurs, l'Etat attend en contrepartie la contribution de la Direction générale de la marine marchande au budget de l'Etat pour l'année 2011 : je veillerai personnellement à ce que cela soit strictement respecté, alors gare aux apprentis sorciers.

Mesdames et messieurs,

En cette année de continuité de la célébration de la Journée mondiale de la mer dite "Année des gens de mer", un forum sera organisé de concert avec le ministère en charge de l'Emploi.

Des cours spéciaux et spécialisés en matière de sûreté et sécurité de la navigation maritime seront aussi organisés.

Je m'en voudrais si je n'exprimais pas que la participation de l'administration maritime aux forums internationaux de l'Organisation maritime internationale comme cette année à la 27ème Assemblée générale à Londres en fin novembre 2011, du Mémorandum d'entente sur le contrôle des navires par l'Etat du port en Afrique de l'Ouest et du Centre et de l'Académie régionale des sciences et techniques de la mer d'Abidjan dont j'assure les présidences, s'avère très nécessaire.

L'adoption par les experts maritimes de la CEMAC à Brazzaville, du 09 au 11 mars 2011, du Code communautaire révisé de la marine marchande de la CEMAC est une fierté nationale et elle le sera encore sous peu, à Brazzaville, après l'adoption définitive par les ministres en charge de la Marine marchande des Etats membres de la CEMAC.

J'en avais pris l'engagement pour son adoption.

Mesdames et messieurs,

Je note que pour réussir l'ambition d'une administration maritime moderne, le choix des hommes et des femmes devant la diriger est fondamental.

Loin de tout clientélisme et de toute complaisance, le seul critère qui prévaudra dans ce choix est la compétence.

Le Gouvernement est tenu par l'obligation de résultats, car en cette deuxième année du "Chemin d'Avenir", l'obligation de résultats avec un contrat de performance avec la Direction générale de la marine marchande est une exigence fondamentale.

Mesdames et messieurs,

Arrimé au "Chemin d'Avenir" et aux orientations sur "Le management stratégique de la mer" prôné par Son Excellence Denis Sassou-N'guesso, pour la Direction générale de la marine marchande et d'autres intervenants du secteur maritime, je réaffirme que le ministère chargé de la Marine marchande protège, réglemente, mais encourage aussi les initiatives pour le développement du secteur maritime.

Tout ceci sous l'angle de la confiance et des échanges constructifs.

La Direction générale de la marine marchande doit retrouver le chemin de son histoire, de son identité et de son influence, car je tiens à conduire cette ambition.

Il est toujours dit que les odyssées ont le charme littéraire et que ce sont des aventures collectives qui se terminent bien, le plus souvent.

Je crois que nous pourrons donc naviguer ensemble et je vous y invite.

Tout est paré pour une navigation sûre pour le navire et son équipage, par mer belle et calme.

Larguez les amarres !

L'examen des documents mis à votre disposition pour la session budgétaire de la Direction générale de la marine marchande, exercice 2011, est autorisé, monsieur le Président de la session budgétaire.

Je vous remercie.

Allocution prononcée aux travaux de la session budgétaire 2012 de la Direction générale de la marine marchande
Pointe-Noire, le 15 mars 2012

Monsieur le Président de la session budgétaire de la Direction générale de la marine marchande ;
Messieurs les vice-présidents de la session budgétaire ;

Monsieur le Direction générale de la marine marchande, rapporteur de la session budgétaire ;
Mesdames et messieurs les membres de la session budgétaire ;
Madame et messieurs les directeurs centraux de la Direction générale de la marine marchande ;
Cadres et agents de la Direction générale de la marine marchande ;
Distingués invités ;
Mesdames et messieurs,
Administration de synthèse et centre de gravité de la gestion du secteur maritime national, la DIGEMAR a habilitation pour promouvoir la politique du Gouvernement en matière maritime.
De ce fait, elle a une obligation à la fois de moyens et de résultats dans l'accomplissement de ses différentes tâches en vue de l'émergence d'une véritable économie maritime.

Mesdames et messieurs,

Il nous a été donné l'opportunité, à la session budgétaire du 31 mars 2011, d'adopter ensemble quelques axes prioritaires destinés à préparer la visibilité de la présence de l'autorité maritime, à savoir :

- l'amélioration des conditions de travail du personnel ;
- le renforcement des capacités à travers des actions de formation du personnel ;
- l'informatisation des services ;
- la modernisation de la gestion financière et la sécurisation des recettes, ainsi que l'amélioration de la sécurité, de la sûreté, de la protection du milieu marin et de la gestion des gens de mer.

Toute la communauté maritime internationale a ses yeux rivés vers la République du Congo qui a, depuis 2009, et accéléré en 2011, pris le fort pari de récupérer et d'exercer son rôle naturel de pays de transit de la sous-région en mettant en place un ambitieux programme de modernisation de l'outil portuaire à travers le partenariat Port autonome de Pointe-Noire – Groupement BOLLORE et la volonté de mise en œuvre des zones économiques spéciales dont celle de la "Rivière rouge" à la Pointe indienne.

Cette noble et légitime ambition appelle des responsabilités et des devoirs, au nombre desquels la dynamisation de l'administration maritime occupe une place prépondérante, car les investissements dans le secteur portuaire ne pourront produire les effets attendus que dans un ensemble où la Direction générale de la marine marchande, bras régalien de l'Etat, assume ses fonctions maritimes avec force et vigueur.

Mesdames et messieurs,

Je voudrais vous rappeler les termes de l'allocution du ministre d'Etat, coordonnateur du Pôle des infrastructures de base, ministre des Transports, de l'Aviation civile et de la Marine marchande, monsieur Isidore Mvouba à l'occasion de la présentation des vœux pour l'année 2012, précisément le 07 janvier 2012 à Brazzaville, et la feuille de route du ministère en ce qui concerne la Direction générale de la marine marchande:

- renforcer et systématiser les inspections des navires ainsi que les contrôles en mer et sur le littoral ;
- proposer un statut particulier de police de navigation maritime à l'effet de faire valoir le rôle paramilitaire de la Direction générale de la marine marchande ;
- appliquer scrupuleusement le Code ISPS, le Code ISM et le Code STCW ;
- éradiquer les sociétés exerçant en informel et renforcer la présence des opérateurs congolais dans les métiers auxiliaires ;
- moderniser le système de facturation, de la gestion de la clientèle ;
- améliorer le niveau de recettes, redynamiser le recouvrement et revaloriser les tarifs applicables par la DIGEMAR en harmonie avec ceux pratiqués dans la sous-région ;
- renforcer et dynamiser l'action de l'Etat en mer ;
- traduire en droit interne les dispositions des conventions maritimes internationales ;
- promouvoir les emplois dans le secteur maritime ;
- poursuivre l'effort de formation du personnel ;
- proposer un statut particulier de police de la navigation maritime ;
- accompagner les opérateurs maritimes et particulièrement le secteur pétrolier.

Dans cette perspective, le Gouvernement a entrepris de créer les conditions pour un environnement propice au redéploiement de l'administration maritime. On peut citer, à cet égard :

- la signature, le 30 décembre 2011 à Brazzaville, de l'arrangement administratif entre le Congo et la France relatif à la coopération en matière d'hydrographie, d'océanographie et de cartographie marines, et
- l'adoption, le 16 février 2012 à Brazzaville, par le Comité Ad hoc des ministres en charge de la Marine marchande du Code communautaire révisé de la marine marchande, socle de notre armature juridique et économique.

Ces deux instruments d'importance majeure constituent pour les jours à venir un vaste champ dont on est en droit d'attendre pour la décennie, à travers leur mise en œuvre effective, une nouvelle image de notre administration maritime et des autres intervenants en mer comme les douanes congolaises, l'administration de la pêche, les plaisanciers, les entreprises auxiliaires du transport maritime et les sociétés pétrolières.

Outre ces mesures et actions indicatives, la Direction générale de la marine marchande ne saurait, au cours de l'année 2012, naviguer seule loin des fora internationales.

Ainsi, la célébration de la Journée mondiale de la mer sur le thème du centenaire de l'événement du navire TITANIC, ciment de la réglementation sur la sauvegarde de la vie humaine en mer (SOLAS 74), sous les auspices de l'Organisation maritime internationale (OMI), celle de la Journée mondiale des gens de mer et la gestion des questions du droit de la mer devront donner l'occasion à notre communauté maritime et portuaire nationale d'analyser les questions pertinentes du secteur. En le disant, je pense au Comité consultatif de la marine marchande, au Comité FAL et à la Commission nationale de sûreté maritime et portuaire dont les travaux n'ont pas encore été effectifs.

Je prends le pari de les réaliser en 2012.

C'est pourquoi, il vous est donc demandé au bout du compte, mesdames et messieurs les membres de la session budgétaire, de traduire au mieux en termes budgétaires raisonnables, la mise en œuvre de cette ambition. Nous devons dès lors nous inscrire dans la logique de la recherche de l'efficacité administrative et financière, car les procédures d'organisation comptable de la Direction générale de la marine marchande sont à réviser et cela dans le cadre d'une gestion axée sur les résultats.

Mesdames et messieurs,

A bien écouter mon mot, quelques appréhensions peuvent naître notamment en comparant les attentes à la disponibilité des moyens en présence.

J'aimerais, à cet instant précis, calmer ces craintes et vous renvoyer à la constante restauration de l'autorité de l'Etat, négligée parfois, surtout en mer, mais gage d'une meilleure mobilisation des ressources.

En effet, la feuille de route et les instructions du 07 janvier 2012 citées plus haut ne poursuivent aucun autre objectif que celui de remettre l'homme au travail, la matière étant fournie et non exploitée dans son entièreté.

En cela, la question du redéploiement des 170 agents en service effectif à la Direction générale de la marine marchande s'impose : il faudra désormais éviter d'avoir des directions centrales avec 11 agents, alors que d'autres ont 32 à 39 agents.

Je note que le personnel provenant de divers horizons mérite d'être formé aux techniques maritimes d'où il faut accentuer la formation et saluer la fin de formation maritime de plus de 10 agents venant d'Algérie et de Côte d'Ivoire.

Ce n'est qu'à ce prix, difficile d'apparence, mais en réalité à notre portée, que la Direction générale de la marine marchande retrouvera véritablement sa place de coordonnateur de l'action de l'Etat en mer.

Mesdames et messieurs,

Ce 15 mars 2012, votre session doit se prononcer sur le projet du budget Exercice 2012 proposé à la somme de trois milliards trois cent cinquante millions (3.350.000.000) francs CFA en recettes et en dépenses, contre trois milliards quatre-vingt-quinze millions (3.095.000.000) francs CFA en 2011.

Pour sa part, le gouvernement, jouant la partition qui lui revient, a consenti à encourager et à accompagner la Direction générale de la marine marchande en lui octroyant en apport d'investissement au titre de l'année 2012 la somme de deux milliards neuf cent quarante millions (2.940.000.000) de francs CFA contre deux milliards deux cent vingt-huit millions (2.228.000.000) francs CFA au titre de l'année 2011 et de transfert la somme de cent trois millions cinq cent soixante-huit mille deux cent soixante-neuf (103.568.269) francs CFA en 2012 contre cinquante millions (50.000.000) francs CFA en 2011.
Les quatorze projets ainsi identifiés en 2012 sont :

- les études pour la construction du complexe immobilier de la cité de l'administration maritime ;
- les études pour la construction et l'équipement d'un centre de recherche et de sauvetage ;
- l'informatisation des services de la Direction générale de la marine marchande ;
- le renforcement de l'autorité de l'Etat en milieu marin ;
- les études pour l'extension du plateau continental ;
- l'acquisition d'une vedette de surveillance et d'intervention ;
- l'acquisition d'un canot de type Zodiac ;
- l'acquisition des vedettes pour les délégations maritimes et le Centre de sécurité maritime et de protection du milieu marin ;

- la réhabilitation de l'annexe du bâtiment de la Direction générale de la marine marchande ;
- l'installation et l'équipement du système des radiocommunications maritimes ;
- les études pour la mise en œuvre et l'équipement des installations de réception et de recyclage des résidus d'hydrocarbures ;
- les études pour la construction du siège de la Délégation maritime de Pointe-Noire ;
- la poursuite de la construction du siège de la Délégation maritime de Madingo-Kayes ;
- l'acquisition du matériel de transport routier.

En somme, pour le Gouvernement, l'année 2012, troisième année de mise en œuvre du "Chemin d'Avenir", devra être une année décisive dans l'amélioration significative de l'offre de transports dans notre pays.

A cet effet, je sais compter sur vous, je sais compter sur votre compétence, votre engagement et votre détermination à donner encore et toujours le meilleur de vous-mêmes pour le bien-être et le bonheur du peuple congolais.

C'est pourquoi, je vous engage, conformément aux orientations de Son Excellence monsieur Denis Sassou-N'Guesso, président de la République, chef du Gouvernement, à redoubler d'efforts pour relever les grands défis qui se présentent à nous.

Toutefois, il est impérieux d'envisager autrement nos manières d'être et de faire.

Les comportements inciviques et non conformes aux règles de bonne gestion qui ont cours au sein de votre administration, tels l'absentéisme, l'insoumission, le copinage, le refus du dialogue social avec les partenaires sociaux, l'absence de fiches de définition de postes au point de ne jamais savoir qui fait quoi sont autant d'errements dont nous devons nous départir.

Mesdames et messieurs,

Arrimé au "Chemin d'Avenir" et aux orientations sur "Le management stratégique de la mer" prôné par Son Excellence Denis Sassou-N'guesso, pour la Direction générale de la marine marchande et d'autres intervenants du secteur maritime, je réaffirme une fois de plus que le ministère chargé de la Marine marchande protège, réglemente et encourage toutes les initiatives pour le développement du secteur maritime.

Je rappelle que la Direction générale de la marine marchande doit retrouver le chemin de son histoire, de son identité et de son influence, car je tiens à conduire cette ambition.

Soyons parés pour y aboutir et faisons de l'année 2012 celle de la vulgarisation du Code communautaire de la marine marchande, de la révision des textes, du respect de la réglementation et de la poursuite de la formation maritime.

L'examen des documents mis à votre disposition pour la session budgétaire de la Direction générale de la marine marchande, exercice 2012, est autorisé, monsieur le président de la session budgétaire ainsi que les membres de la session budgétaire.

Je vous remercie.

Allocution prononcée aux travaux de la session ordinaire budgétaire de la Direction générale de la marine marchande
Pointe-Noire, le 26 mars 2015

Madame et messieurs les directeurs centraux de la direction générale de la Marine marchande ;
Cadres et agents de la direction générale de la marine marchande ;
Messieurs les représentants des syndicats de la direction générale de la marine marchande ;
Distingués invités ;
Mesdames et messieurs,

Toute société qui aspire à un développement vit suivant des préceptes, des règles, des devoirs, des obligations et des objectifs.
L'hymne national de notre pays nous enseigne que ce qui nous unit est plus fort que ce qui nous divise.
L'avenir maritime de notre pays par la Direction générale de la marine marchande doit être, pour nous tous réunis ici, l'ambition quotidienne.

Les dispositions des articles premier et 20 du décret n°99-94 du 02 juin 1999 portant attributions et organisation de la Direction générale de la marine marchande spécifiant qu'elle est l'organe technique qui assiste le ministre dans l'exercice de ses attributions en matière maritime et surtout qu'elle est une administration publique à caractère technique et disposant d'une organisation financière régulée par le ministre en charge des Finances et le ministre en charge de la Marine marchande.

Mesdames et messieurs,

La Direction des services de la marine marchande avait été créée en juin 1965 sur la base de la loi 30/63 du 4 juillet 1963 portant Code de la marine marchande et dirigée pour la première fois par un ressortissant de nationalité congolaise, voici 50 ans que la mission de bâtir le devenir maritime de notre pays nous a été léguée.

L'année 2000 a été celle de la tenue de la session budgétaire inaugurale, voici 15 ans que nous expérimentons ce serpent de mer avec un règlement financier et une instruction comptable.

Le bon sens commande qu'une question de logique soit simplement posée : "Qu'avons-nous fait durant ces années ?"

Mesdames et messieurs,

Je voudrais vous rappeler que le 10 janvier 2015, monsieur le ministre d'Etat, ministre des Transports, de l'Aviation civile et de la Marine marchande, monsieur Rodolphe Adada, devant les 02 ministres délégués, à l'occasion de la présentation des vœux pour l'année 2015 dévoilait la feuille de route pour la Direction générale de la marine marchande qui dit, entre autres :

- poursuivre la mise en place de la coopération internationale en rapport avec les mécanismes de lutte contre la criminalité ;
- veiller à la mise en œuvre de la Stratégie africaine maritime intégrée pour les mers et les océans dite Stratégie AIM 2050 de l'Union africaine ;
- renforcer la réglementation et veiller à son application.

Votre mission s'étend aussi en votre qualité d'autorité maritime de veiller au respect des règles à caractère maritime qui se font au Port autonome de Pointe-Noire, à la SOCOTRAM, au Conseil congolais des chargeurs, au Centre national d'information et de documentation maritimes, au Guichet unique des opérations transfrontalières. Somme toute, regardez ! Tout ce qui se passe se crée par les administrations, les opérateurs dans la zone maritime.

Un dicton bantu ne dit-il pas : « Quand on est grand, on le reste. Mais c'est quand on est petit que l'on aspire naturellement à être grand ».

Alors, suivez mon regard !

Mesdames et messieurs,

Ce jour 26 mars 2015 est convoquée la session ordinaire budgétaire de la Direction générale de la marine marchande où il est proposé une prévision budgétaire, exercice 2015, en recettes et en dépenses à la somme de quatre milliards (4.000.000.000) de francs CFA contre trois milliards sept cents millions (3.700.000.000) de francs CFA en 2014, soit une augmentation de 8,11%.

Les objectifs sont connus et cités plus haut auxquels j'ajoute :

- la formation des agents sur les plans administratif, maritime et financier ;
- l'amélioration des conditions de travail.

Vous connaissez les bases de vos recettes.

Il vous revient dès à présent d'en faire une bonne lecture pour une meilleure appropriation.

J'insiste, car cela circule sous les manteaux et ne pas le dire, c'est faire preuve de complaisance et de complicité, que tout doit se faire suivant les règles de déontologie financière et comptable édictées par le ministère en charge des Finances, par la Direction générale de la comptabilité publique, la Direction générale du budget et la Direction générale du contrôle budgétaire.

La structure organisationnelle commande qu'il y ait un ordonnateur principal du budget qui est le Directeur général de la marine marchande et un comptable principal qui est l'agent comptable.

Au-delà de ces canaux, le reste sera de la responsabilité personnelle de ceux et celles qui s'y illustreront : l'évasion coupable des recettes et des dépenses est devenue ici un sport national.

Mesdames et messieurs,
Son Excellence Denis Sassou-N'Guesso, président de la République, chef de l'Etat, chef du Gouvernement a placé l'année 2015 sous le prisme du travail. Oui, le travail seul nous permet d'améliorer, de perfectionner l'administration maritime, mais dans l'unité de tous les agents pour aller vers le progrès car notre devise dit : UNITE – TRAVAIL – PROGRES.

« Chacun à son niveau doit comprendre son rôle, le supérieur instruit et contrôle, le collaborateur exécute et rend compte. Il ne s'agit pas pour le supérieur de faire, mais de faire faire » disait le ministre d'Etat Rodolphe Adada.

A ce stade, il faut témoigner la reconnaissance de l'effort fait. Vous êtes tous des serviteurs de l'Etat, la meilleure façon de dire est de faire.

Mesdames et messieurs,

Le Gouvernement a mis à votre disposition tout l'aréopage pour mener à bien vos missions contenues dans le Code de la Marine marchande de la CEMAC et dans les Conventions maritimes internationales en matière de

- la sécurité et la sûreté maritimes;
- la prévention et la lutte contre la pollution marine :
- la sauvegarde de la vie humaine en mer,
- transports maritimes ;
- l'administration des gens de mer ;
- la lutte contre les actes illicites en mer et la piraterie maritime.

Il ne vous reste qu'à les mettre en œuvre sur la place maritime du Congo.

Toutefois, il faut noter l'arrivée massive des agents, le départ naturel **et** imminent à la retraite de certains agents et la formation de plus d'une trentaine d'agents.

Il faudrait aussi éviter de continuer l'amalgame sur l'objet et les objectifs de la Direction générale de la marine marchande qui est une administration de synthèse à caractère technique et devra avoir un statut paramilitaire, d'où la transformation sous peu en Direction générale des affaires maritimes et portuaires.

N'oubliez jamais le rôle de la Direction générale de la marine marchande :

- Renseigner ;
- Eduquer ;
- réprimer les faits suivant les textes prévus par le Code communautaire de la marine marchande, les Conventions maritimes internationales et ceux pris pour leur application.

Mesdames et messieurs,

La science maritime est vaste et passionnante et je vous laisse le soin de la peindre avec beaucoup d'ingéniosité dans l'examen des dossiers soumis à votre analyse, d'en tirer tous les enseignements dans la concorde, la tolérance et la perspicacité pour l'avenir de l'administration maritime de notre pays.

2015 est l'année du :

- 50ème anniversaire de la mise sur pied de l'administration maritime ;
- 40ème anniversaire de la présence de la République du Congo dans les arcanes de la Conférence ministérielle des Etats de l'Afrique de l'Ouest et du Centre sur les Transports maritimes devenue l'Organisation maritime de l'Afrique de l'Ouest et du Centre ;
- 40ème anniversaire de la présence de la République du Congo dans les arcanes de l'Organisation maritime internationale ;
- point de départ de la mise en route de la Stratégie AIM 2050 de l'Union africaine sous l'impulsion de la République du Congo ;

- 6ème anniversaire du Congo à la présidence du Conseil d'administration de l'Académie régionale des sciences et techniques de la mer d'Abidjan ;
- 7ème anniversaire de la République du Congo à la tête de la présidence du Mémorandum d'entente d'Abuja sur le contrôle des navires dans la Région de l'Afrique de l'Ouest et du Centre ;
- 15ème anniversaire de la session budgétaire de la Direction générale de la marine marchande ;
- 15ème anniversaire de la Direction générale du port autonome de Pointe-Noire et de la Direction générale du conseil congolais des chargeurs ;
- 17ème anniversaire de la "remodulation" de la Société congolaise des transports maritimes

Tout un programme pour vous dire que l'avenir maritime de notre pays est radieux, n'en déplaise aux détracteurs et aux non-initiés.

Que les ouvriers du maritime se mettent au travail sur ce pavé mosaïque, notre chantier.

Monsieur le président de la session ordinaire budgétaire ainsi que les membres,

L'examen des documents mis à votre disposition pour la session ordinaire de la Direction générale de la marine marchande, exercice 2015, est autorisé,

Je déclare ouverts les travaux.

Je vous remercie.

UNION AFRICAINE

Communication sur la stratégie africaine intégrée pour les mers et les Océans à l'horizon 2050-Stratégie AIM 2050
Addis-Abeba, le 23 mai 2013

Monsieur le président du Conseil exécutif ;
Madame la présidente de la Commission de l'Union africaine ;
Mesdames et messieurs les ministres ;
Mesdames et messieurs,

Qu'il me soit permis de remercier monsieur le président du Conseil exécutif pour l'occasion qui m'est offerte de prendre la parole au cours de cette 23ème session.

Il ne s'agit pas pour nous de forcer la réinscription du point relatif à la Stratégie africaine intégrée pour les mers et les océans à l'horizon 2050 dite Stratégie AIM 2050 à l'ordre du jour de vos assises, mais il est question de montrer l'importance que revêt ce projet commun à toute l'Afrique.

Comme vous le savez, les enjeux et défis géopolitiques et géostratégiques auxquels est confronté le domaine maritime africain sont nombreux. Il s'agit entre autres :

- du développement durable, associé à l'insécurité, aux menaces et aux vulnérabilités ;
- de la pêche illégale non déclarée et non réglementée ;
- du déversement des déchets toxiques ;
- du trafic illégal d'armes, de drogue et de stupéfiants ;
- de la traite des êtres humains,
- du vol de pétrole ;
- de la piraterie et des attaques à main armée en mer ;
- du changement climatique ;
- du crime transfrontalier ;
- de la problématique des taux de fret et de la logistique portuaire et terrestre, les plus chers au monde et de l'entière dépendance de la plupart des Etats africains vis-à-vis des compagnies maritimes étrangères qui imposent des taxes et autres surcharges portuaires grevant les coûts de transport.

Mesdames et messieurs les ministres

Forts de ce constat et conscients de l'apport des mers et des océans dans le développement économique et social de l'Afrique, les chefs d'Etat et de gouvernement lors des treizième et quinzième sessions ordinaires de l'Assemblée tenues respectivement à Syrte en juillet 2009 et à Kampala en juillet 2010 ont décidé d'adopter une politique rationnelle et coordonnée des activités maritimes et littorales en vue de tirer le meilleur parti des richesses maritimes.

En application de cette volonté exprimée par les chefs d'Etat et de gouvernement, la Commission de l'Union africaine a pris l'initiative d'élaborer et de mettre en œuvre une Stratégie africaine intégrée pour les mers et les océans, Horizon-2050 (Stratégie AIM 2050), en vue de la prise en main des défis géostratégiques et opportunités liés au domaine maritime de l'Afrique.

Je puis vous affirmer que l'adoption de cette stratégie est le résultat d'une large concertation depuis plusieurs années tant au niveau des experts que des ministres.

En effet, deux conférences des ministres africains en charge des questions liées à la mer se sont tenues respectivement à Addis-Abeba en avril et décembre 2012 précédées de trois ateliers des experts en décembre 2011 et avril et décembre 2012.

Ces travaux ont abouti à l'adoption par consensus de ladite stratégie assortie d'un plan d'action d'opérationnalisation et d'une déclaration des ministres, ayant recommandé entre autres la mise en place d'un collège des champions composé de six ministres africains chargés de la Mer, chargés de la Promotion de la Stratégie AIM 2050.

Mesdames et messieurs les ministres

La Stratégie AIM 2050 consiste en des plans d'action importants, concertés, cohérents, à long terme et à plusieurs dimensions, qui visent à atteindre les objectifs fixés par l'Union africaine afin d'accroître la viabilité maritime pour une Afrique prospère.

Elle vise à favoriser la création d'une plus grande richesse des océans et des mers d'Afrique en développant une économie florissante, durable, sécurisée et respectueuse de l'environnement.

Il sied de noter qu'à ce jour une cellule de coordination chargée du pilotage dudit projet est à pied d'œuvre au niveau de la commission de l'UA. Elle est animée par un coordonnateur assisté d'un expert désigné par la Commission de l'UA.

Par ailleurs, certains Etats membres tels que le Congo, le Cameroun ont mis des experts à la disposition de cette cellule conformément à la note verbale DCP/14/GEN/322.12, du 31 janvier 2012 de la commission de l'Union africaine. Des experts d'autres pays vont bientôt intégrer ladite cellule.

Dans le cadre de l'assistance technique avec les partenaires stratégiques, un expert danois a été mis à la disposition du projet.

Force est de constater que certains Etats membres de l'UA ont pris d'ores et déjà, par note verbale, l'engagement de réaliser certains projets relevant de la mise en œuvre de cette stratégie notamment la construction des aquariums africains géants.

La Stratégie AIM 2050 bénéficie du soutien de nombreux Etats membres de l'UA parmi lesquels on peut citer : la Tanzanie, le Djibouti, le Kenya, l'Algérie, l'Afrique du Sud, les Seychelles l'Ile Maurice, l'Ouganda, le Rwanda, le Burundi, le Malawi, le Mozambique.

Outre les Etats membres, le projet a également reçu le soutien de l'Organisation maritime de l'Afrique de l'Ouest et du Centre (OMAOC), regroupant vingt (25) Etats (Angola, Bénin, Burkina Faso, Cameroun, Cap-Vert, Centrafrique, Congo, Côte d'Ivoire, Gabon, Gambie, Ghana, Guinée, Guinée Equatoriale, Guinée Bissau, Liberia, Mali, Mauritanie, Niger, Nigeria, Sierra Léone, Sao Tomé et Principe, Sénégal, Togo, Tchad, RDC), et son organe spécialisé, l'Union des Conseils des chargeurs africains (UCCA), ainsi que le Mémorandum d'entente sur le contrôle des navires par l'Etat du port dans la région d'Afrique de l'Ouest et du Centre (MoU d'Abuja), comprenant dix-huit (18) Etats de la côte ouest-africaine et l'Afrique du Sud et même de l'Union européenne.

De manière particulière, les partenaires de l'Afrique, y compris l'OTAN ont indiqué que la Stratégie AIM 2050 va être un instrument de référence dans l'élaboration des politiques maritimes englobantes dans les différentes régions du monde.

Le secrétaire général de l'ONU lui-même, Son Excellence monsieur Ban Ki-Moon en parle dans sa lettre datée du 18 janvier 2012, adressée au président du Conseil de sécurité de l'ONU.

De même, de nombreux pays africains ont adressé des correspondances dans lesquelles ils encouragent la commission pour les efforts inlassables qu'elle ne cesse de fournir en vue de faire aboutir ledit projet. La dernière qui date du 13 mars 2013, adressée par la République Unie de Tanzanie, dit : « Nous souhaitons dire de manière catégorique que nous chérissons la stratégie AIM 2050 ».

Mesdames et messieurs les ministres

Au regard de ce qui précède, vous conviendrez donc avec nous que la Stratégie AIM 2050 n'est pas une émanation de la République du Congo, mais découle d'une volonté commune de l'ensemble des Etats membres de l'Union africaine.

Cependant en dépit de ce consensus, le projet fait l'objet des divergences au sein des instances de l'UA. Cette situation a conduit au retrait injustifié, à notre entendement, de cet important point à l'ordre du jour de vos assises.

Compte tenu des avancées significatives qu'enregistre ce projet, il ne nous est plus permis de reculer, ni de perdre inutilement le temps. Nous devons avancer et écarter toute velléité qui nous pousserait, à l'heure de la renaissance africaine, de tourner le dos à la mer. Dans la perspective de l'agenda 2063, le développement durable devra effectivement prendre en ligne de compte l'économie bleue.
C'est ici le lieu de rappeler que le président Félix Houphouët Boigny, en 1975, nous faisant percevoir l'importance de la mer dans le développement économique du continent, disait : « La libération économique de l'Afrique passe inévitablement par la mer ».

L'ancien président sud-africain, Nelson Mandela aussi appelé Madiba, déclarait dans un discours prononcé à Cape Town en 1998 que « les magnifiques côtes de l'Afrique et l'abondance de ses ressources marines peuvent contribuer à garantir une sécurité alimentaire et environnementale au continent. Ces ressources côtières et marines, tout comme le reste des ressources environnementales de l'Afrique et de son peuple. C'est le paradoxe d'un peuple qui croupit dans la faim, la famine et la pauvreté, alors qu'il est potentiellement nanti et richement doté ».

Mesdames et messieurs les ministres

A l'orée de la célébration du cinquantenaire de l'OUA/UA, nous pouvons nous interroger sur le projet intégrateur sur lequel notre organisation devrait s'appuyer au cours de ces cinquante prochaines années.

A l'instar du président Félix Houphouët Boigny qui, en 1975, avait fait percevoir l'importance de la mer dans le développement économique du continent, par la création de la Conférence ministérielle des Etats de l'Afrique de l'Ouest et du Centre sur les transports maritimes (CMEAOC/TM) devenue OMAOC, la République du Congo, sous le leadership de son Excellence monsieur Denis Sassou-N'Guesso, entend, comme tous les autres Etats membres, s'approprier la Stratégie AIM 2050 pour accompagner l'Union africaine dans l'intégration du continent et continuer à faire profiter de leur expertise avérée dans la gestion des affaires maritimes.

A cet égard, la République du Congo qui a fait du management stratégique de la mer son cheval de bataille, traduit dans son programme de société le "Chemin d'Avenir" qui cadre parfaitement avec les objectifs de la stratégie, est parmi les premiers pays à créer un département ministériel en charge de la Marine marchande.

C'est à ce titre que le président de la République du Congo a été convié par le secrétaire général de l'Organisation maritime internationale à prendre part à la 5ème Conférence de la TICAD qui aura lieu du 1er au 3 juin 2013, à Yokohama (Japon).

De la même manière, l'avis de la République du Congo, en sa qualité de 2ème vice-président de l'OMAOC, a été demandé par le secrétaire général de cette institution, sur la signature prochaine de l'accord de coopération entre l'OMAOC et Interpol.

Au moment où nous célébrons le panafricanisme et la renaissance africaine, la Stratégie AIM 2050 est une vision africaine intégrant tous les aspects du domaine maritime africain, en vue du bien-être des populations africaines, tout en développant l'économie bleue qui favorise la création d'une plus grande richesse à partir de l'espace maritime africain, pour "une Afrique intégrée, prospère et pacifique, une Afrique conduite et gérée par ses propres citoyens et représentant une force dynamique sur la scène mondiale", ce qui est la vision de l'Union africaine.

Mesdames et messieurs les ministres

Vous comprendrez dès lors l'intérêt que la République du Congo attache à l'adoption et à la mise en œuvre de la Stratégie AIM 2050 qui peut être considéré à juste titre comme un facteur déterminant de la diversification de nos économies et de l'intégration du continent, projet cher aux pères fondateurs du panafricanisme.

Pour votre gouverne, la contribution de la République du Congo dans le cadre de l'édification de l'intégration maritime tant aux plans sous-régional, régional, continental qu'international ne peut faire l'objet d'aucun doute. A titre d'illustration, elle assume actuellement les fonctions de président du Mémorandum d'entente sur le contrôle des navires par l'Etat du port dans la région de l'Afrique de l'Ouest et du Centre (OMAOC), de président du Conseil d'administration de l'Académie régionale des sciences et techniques de la mer d'Abidjan (ARSTM) et de commissaire aux comptes de l'Union des conseils des chargeurs (UCCA).

Dans le cadre de la mise en œuvre de la Stratégie AIM 2050, la République du Congo manifeste d'ores et déjà de faire partie du collège des champions et d'en assurer la présidence.

Pour ce faire, elle s'engage concrètement à allouer un fonds de démarrage à la structure chargée des affaires liées à la mer.

Monsieur le président du Conseil exécutif,
Madame la présidente de la Commission de l'Union africaine,
Mesdames et messieurs les ministres

A l'analyse, voici 4 (quatre) ans que dans leur grande vision, mission nous avait été assignée par nos chefs d'Etat et de gouvernement d'élaborer cette stratégie.

Au niveau technique, nos experts y ont travaillé d'arrache-pied et au niveau politique, les ministres africains chargés de la Mer l'ont adoptée en décembre 2012, à l'issue de leur 2ème conférence. Comme vous le savez tous, dans leur déclaration, les ministres avaient demandé que l'adoption de cette stratégie soit introduite dans l'ordre du jour du dernier sommet (janvier 2013), comme ils l'avaient d'ailleurs déjà dit lors de la 1ère conférence en avril 2012. Cela n'a pu se faire parce que le COREP avait déjà arrêté l'agenda dudit sommet.
Le 27 mars 2013, ce même COREP avait arrêté l'ordre du jour du président du sommet qui, comme vous l'aviez vu dans l'agenda initial, prenait en compte ce point introduit par la République du Congo qui avait pris le soin de déposer un projet de décision y relatif dans la première semaine du mois de mai 2013.

C'est sur ces mots que nous voudrions humblement vous remercier une fois de plus pour votre aimable attention, tout en espérant que chacun de nos Etats aura pris la mesure de l'importance de ce projet porteur et intégrateur aussi bien pour les pays côtiers, sans littoral qu'insulaires en vue de son adoption et sa mise en œuvre dans les plus brefs délais.
Je vous remercie de votre bien aimable attention.

Plaidoyer à l'occasion de la 23ème session ordinaire du Conseil exécutif des ministres de l'Union africaine sur la stratégie africaine intégrée pour les mers et les océans à l'horizon 2050
Addis-Abeba, le 23 mai 2013

Monsieur le président du Conseil exécutif ;
Madame la présidente de la Commission de l'Union africaine ;
Mesdames et messieurs les ministres,

Qu'il me soit permis de remercier monsieur le président du Conseil exécutif pour l'occasion qui nous est offerte en notre qualité de ministre délégué chargé de la Marine marchande de la République du Congo, de président du Mémorandum d'entente sur le contrôle des navires par l'Etat du port dans la région de l'Afrique de l'Ouest et du Centre dit MoU d'Abuja, de 2ème vice-président de l'Organisation maritime de l'Afrique de l'Ouest et du Centre et de président du Conseil d'administration de l'Académie régionale des sciences et techniques de la mer d'Abidjan de faire le plaidoyer d'un projet commun à toute l'Afrique à savoir la Stratégie africaine intégrée pour les mers et les océans à l'horizon 2050.

En effet, l'Union africaine compte trente-huit (38) Etats côtiers et insulaires sur 54 Etats membres et son littoral s'étend sur 48.152 km de long soit 26000 milles nautiques.

Hélas, le pavillon africain ne représente que 1,2% du transport maritime mondial en nombre et 0,9% en tonnage brut.

Les ports africains ne gèrent que 6% du trafic mondial des cargos et près de 3% du trafic mondial en conteneurs et peu de marins sont embarqués à bord des navires africains.

A ce tableau, s'ajoutent d'autres défis et enjeux auxquels est confronté le domaine maritime africain dont la pêche illégale, le détournement des hydrocarbures, la piraterie maritime, le faible taux de ratification des conventions maritimes internationales, les taux de fret les plus élevés au monde, l'absence des compagnies maritimes, le faible renforcement des capacités de contrôle des navires par l'Etat du port, l'exploitation faible des zones économiques exclusives et du plateau continental créés par la Convention des Nations Unies sur le droit de la mer.

Mesdames et messieurs les ministres,

Conscients de l'apport des mers et des océans dans le développement économique et social de l'Afrique, les chefs d'Etat et de gouvernement lors des treizième et quinzième sessions ordinaires de l'Assemblée tenues respectivement en Syrte en juillet 2009 et à Kampala en juillet 2010 ont décidé d'adopter une politique rationnelle et coordonnée des activités maritimes et littorales en vue de tirer le meilleur parti des richesses maritimes tout en lui assurant une bonne sécurité et une bonne sûreté.

C'est en application de cette volonté que la Commission de l'Union africaine a pris l'initiative d'élaborer une Stratégie africaine intégrée pour les mers et les océans, horizon-2050 (Stratégie AIM 2050) en vue de la prise en main des défis géostratégiques et opportunités liés au domaine maritime de l'Afrique.

Je puis vous affirmer que l'adoption de cette stratégie est le résultat d'une large concertation au niveau des ministres en charge des questions de la mer, car deux conférences se sont tenues à Addis-Abeba, le 21 avril 2012 et le 06 décembre 2012, qui ont abouti à l'adoption par consensus de ladite stratégie assortie d'une déclaration des ministres, ayant recommandé entre autres la mise en place d'un collège des champions composé de six ministres africains chargés de la Mer pour la promotion de la Stratégie AIM 2050 et la création d'un département en charge des Affaires maritimes à l'Union africaine.

La stratégie consiste en des plans d'action importants qui visent à atteindre les objectifs fixés par l'Union africaine afin d'accroître la viabilité maritime pour une Afrique prospère dont la création d'une plus grande richesse des océans et des mers d'Afrique en développant une économie florissante, durable, sécurisée et respectueuse de l'environnement soit l'économie bleue.

Une cellule de coordination chargée du pilotage dudit projet existe au niveau de la Commission de l'Union africaine.

Les contributions de ce jour de la Mauritanie, du Cap-Vert, des Seychelles et de l'Île Maurice sur la préservation des mers et océans d'Afrique sont révélatrices.

Au regard de ce qui précède, vous conviendrez avec nous que la Stratégie AIM 2050 n'est pas une émanation de la République du Congo, mais découle d'une volonté commune de l'ensemble des Etats membres de l'Union africaine.

Mesdames et messieurs les ministres,
C'est ici le lieu de rappeler que le président Félix Houphouët Boigny, en 1975, disait à Abidjan que la voie de la libération économique de l'Afrique passe inévitablement par la mer et qu'en 1998, à Brazzaville, le président

Denis Sassou-N'guesso complétait par l'appropriation du management stratégique de la mer.

Alors, peut-on se demander pourquoi les problèmes maritimes africains ne se traitent pas à l'Union africaine, mais toujours hors du continent ?

A cet effet, il ne nous est plus permis de reculer. Nous devons avancer et écarter toute velléité qui nous pousserait, à l'heure de la renaissance africaine, de tourner le dos à la mer, source de richesse et d'enjeux géopolitiques, surtout que nous avons adopté la Charte africaine des transports maritimes et la Déclaration sur la sécurité et la sûreté maritimes à Kampala en 2010.

Agissons vite, mais ensemble, car le temps des constats et des hésitations est révolu, la piraterie maritime ne nous attend pas.

La République du Congo, qui a créé depuis le 02 novembre 1997, jusqu'à ce jour, un ministère chargé de la Marine marchande, tient à l'appropriation par nous tous de la Stratégie AIM 2050 qui peut être considérée à juste titre comme un facteur véritable déterminant de la diversification de nos économies et de l'intégration du continent et pense accompagner la Commission de l'Union africaine dans la promotion de cet outil d'intégration continentale qui va façonner l'avenir et le devenir de l'Afrique maritime à l'heure de la Renaissance.

Après le golfe d'Aden, le golfe de Guinée va mettre en place à Yaoundé par les chefs d'État de la CEEAC, la CEDEAO la Stratégie de la sécurisation des eaux maritimes.

Monsieur le président du Conseil exécutif ;
Madame la présidente de la commission ;
Mesdames et messieurs les ministres ;

C'est sur ces mots que nous voudrions humblement vous remercier une fois de plus pour votre aimable attention, tout en croyant que ce projet porteur et intégrateur aussi bien pour les pays côtiers, les pays sans littoral qu'insulaires soit acté par l'Union africaine peut-être dès janvier 2014, car il nous faut une politique maritime africaine claire, lucide et volontariste.

Voilà ce que nous voulions dire.

Intervention pour la présentation de la Stratégie africaine intégrée pour les mers et les océans - Horizon 2050 - Stratégie AIM 2050-à la 24ème session ordinaire du Conseil exécutif des ministres de l'Union africaine Addis-Abeba, le 28 janvier 2014

Monsieur le président ;
Mesdames et messieurs les ministres ;

L'importance géostratégique des mers et des océans dans le développement socio-économique de l'Afrique n'est plus à démontrer.

La République du Congo a constaté que les Etats africains, côtiers insulaires ou non-côtiers tirent un grand profit du secteur maritime et devraient en tirer plus, voire s'en approprier véritablement.

Parties aux Conventions maritimes, ils doivent s'adonner à leur mise en œuvre.

La République du Congo en présentant la Stratégie AIM 2050 veut que l'Afrique ne tourne plus le dos à la mer.

Monsieur le président, à titre d'exemple, la Charte africaine des transports maritimes révisée, adoptée par les chefs d'Etat et de gouvernement en juillet 2010 à Kampala, qui n'a besoin que de 15 ratifications pour entrer en vigueur, n'avait jusqu'à hier que 5 ratifications et la 6ème, celle du Congo, a été déposée ce matin.

C'est pourquoi tous les pays sont appelés à jouer leur partition pour la mise en œuvre de la stratégie et la République du Congo se tient disponible auprès de la Commission de l'Union africaine.

Nous vous remercions.

Intervention pour la présentation de la stratégie africaine intégrée pour les mers et les Océans - Horizon 2050 - Stratégie AIM 2050 - à la 22ème session ordinaire de la Conférence des chefs d'Etat et de gouvernement de l'Union africaine
Addis-Abeba, le 31 janvier 2014

Excellences mesdames et messieurs les chefs d'Etat et de gouvernement ;
Monsieur le président de la conférence ;
Madame la présidente de la commission de l'Union africaine ;

Mesdames et messieurs

Au nom du président Denis Sassou-N'Guesso et du peuple de la République du Congo, il est souhaité les sincères et vives félicitations au président de la République de Mauritanie pour sa brillante élection afin de conduire les destinées de l'Union africaine en qualité de président en exercice et ces félicitations vont aussi aux membres du bureau élu.

L'occasion nous paraît tout à fait indiquée à la présente session de féliciter et d'encourager la Commission de l'Union africaine pour la prise en main des questions maritimes, matérialisée par l'élaboration d'une Stratégie africaine intégrée pour les mers et les océans, Horizon 2050 dite Stratégie AIM 2050 que la présente session va approuver, car les moules du COREP et du comité exécutif ont produit la bonne substance.

Depuis juillet 2010 à Kampala, après l'adoption de la Charte africaine des transports maritimes révisée dont on attend actuellement 9 ratifications sur 15 après celle de la République du Congo depuis décembre 2013 et du Togo, du Bénin, de l'Ethiopie, de l'Ile Maurice, et du Gabon et pourtant nous utilisons et profitons de la mer,

La Stratégie AIM 2050 est établie pour développer l'économie bleue qui favorise la création d'une plus grande richesse et l'appropriation par des Africains des problèmes maritimes pour une Afrique maritime intégrée, prospère et devenant une force dynamique.

La Stratégie AIM 2050 constitue un instrument d'intégration économique et social de notre continent eu égard aux défis, enjeux et convoitises auxquels s'offre la gestion des mers et des océans.

Elle englobe toutes les activités maritimes dont la sécurité et la sûreté maritimes, la protection du milieu marin, les transports maritimes, la gestion des gens de mer et d'exploitation des ressources halieutiques et minérales ainsi que celle de la Zone économique exclusive maritime commune et la gestion des pays sans littoral et des Etats insulaires.

Le Congo qui présente et porte la Stratégie AIM 2050 se réjouit des contributions des Seychelles, de l'Ile Maurice, du Cap-Vert, de la Somalie, de la Mauritanie et de Djibouti.

Je fais noter que le secrétaire général de l'Organisation maritime internationale s'est prononcé à la 28ème Assemblée générale de décembre 2013 pour soutenir la Stratégie AIM 2050.

La République du Congo qui assure la présidence du Conseil d'administration de l'Académie maritime d'Abidjan, la 2ème vice-présidente de l'Organisation maritime de l'Afrique de l'Ouest et du Centre et la présidence du Mémorandum sur le contrôle des navires par l'Etat du port dit MoU d'Abuja demande que l'Afrique ne tourne plus le dos à la mer, mais s'adonne à un management stratégique de la mer.

Restée longtemps indifférente aux questions de la mer et des océans, l'Afrique dispose aujourd'hui, d'un instrument à intégrer dans l'agenda 2063 dont il nous revient à présent d'assurer la mise en œuvre par la mise en place du collège des champions et d'une structure gérant la question.

Tel est le prochain défi que le président Denis Sassou-N'Guesso veut, qu'au-delà de la résolution des problématiques des conflits armés, qu'il nous faut relever afin que la vie soit économiquement bleue avec une politique maritime claire, lucide et volontariste.

La République du Congo reste à la disposition de la Commission de l'Union africaine.

Monsieur le président

Nous avons dit.

DIVERS

Discours à l'occasion de la décoration au grade d'officier dans l'ordre du mérite maritime français à la Case de Gaulle
Brazzaville, le 20 juillet 2010

Monsieur le ministre d'Etat, coordinateur du pôle des Infrastructures de base, ministre des Transports, de l'aviation civile et de la Marine marchande ;
Madame et messieurs les membres du Gouvernement de la République du Congo et chers collègues ;
Monsieur l'ambassadeur extraordinaire et plénipotentiaire de la République française en République du Congo ;
Honorables députés ;
Honorable député, président du Groupe d'amitié Congo-France ;
Messieurs les directeurs de cabinet du ministre d'Etat, coordinateur du pôle des Infrastructures de base, ministre des Transports, de l'Aviation civile et de la Marine marchande ;
Monsieur le conseiller, chef du département administratif et juridique du chef de l'Etat ;
Messieurs les directeurs généraux des administrations, entreprises et sociétés sous-tutelle du ministère des Transports ;
Monsieur le représentant du chancelier des Grands ordres nationaux de la République du Congo ;
Monsieur le sous-préfet du district de Mvouti ;
Chers parents ;
Distingués invités, en vos rangs et prérogatives, tous protocoles respectés.

Il est des jours où seul le silence permettrait de créer la symbolique d'un événement comme celui que je vis aujourd'hui, car Bouddha disait :' « Fais silence en toi, et écoute ».

Mais hélas, c'est pour la mer que nous sommes rassemblés ici à la mythique Case de Gaulle.

C'est pourquoi, permettez-moi de rendre une reconnaissance à la République du Congo et à son peuple pour m'avoir permis d'y naître, d'y croître, d'y produire et d'y vivre en paix.

Mesdames et messieurs,

Du fond de mon âme, je tiens à adresser un hommage déférent et mérité à Son Excellence Denis Sassou-N'Guesso, président de la République du Congo et chef du Gouvernement pour m'avoir permis de me hisser au niveau maritime national et international que j'arpente depuis juillet 1985.

Monsieur Isidore Mvouba, ministre d'Etat, coordonnateur du pôle des Infrastructures de base, ministre des Transports, de l'Aviation civile et de la Marine marchande, les mots me manquent pour vous témoigner le degré de reconnaissance dans l'incitation au mieux-faire dans la vie et particulièrement pour le secteur maritime où vous avez depuis 1999 laissé clore l'intelligentsia maritime des jeunes cadres que nous étions et vous aviez misé sur ma modeste personne pour guider les autres dont je salue la présence parmi nous.

Monsieur le ministre d'Etat, je vous dis singulièrement merci et aussi aux anciens membres du Gouvernement particulièrement en charge des questions maritimes, j'ai cité le Premier ministre Louis Sylvain-Goma, le ministre Hilaire Mounthault, eux qui m'ont permis d'entrer à la direction des services de la Marine marchande en 1980 et à l'Ecole d'administration des affaires maritimes de Bordeaux en 1983, ensuite les ministres François Bita, Raymond Damase Ngolo, François Baptême Ndounga, Jacques Okoko, Maurice Niaty-Mouamba, Rigobert Pabou-Mbaki, Maître Martin Mberi, Victor Tamba-Tamba, Séraphin Gompet.

J'adresse aussi mes remerciements au Gouvernement de la République française, à son président, Son Excellence Nicolas Sarkozy et particulièrement à monsieur le ministre d'Etat, ministre de l'Ecologie, de l'Energie du Développement durable et de la Mer, en charge des Technologies vertes et des Négociations sur le climat, Jean Louis Borloo, sans oublier le Conseil de l'ordre du mérite maritime français.

Cette distinction me réconforte pour le travail accompli et à accomplir, elle m'honore d'autant plus que je compte désormais parmi les rares Africains, les premiers, mais au moins le premier Congolais à la dignité d'Officier dans l'ordre du mérite maritime français.

A mes chers collègues du Gouvernement de la République, votre présence ici m'encourage.

Aux anciens de la direction des services de la Marine marchande, Alphonse Bayonne, Daniel Nkouta, Pierre Nganga qui m'ont permis de faire les premiers pas maritimes à partir de décembre 1980, représentés ici par le capitaine de vaisseau Roger Charles Dussaud alors Lieutenant de vaisseau et qui m'a fait passer mon permis de conduire en mer pour les navires de plaisance en 1981 : j'en garde encore un vivace souvenir.

A mon premier directeur général de la Marine marchande en 1985, André Loemba-Goma ici présent et à mon ancien de l'Ecole de Bordeaux, ancien ministre des Transports maritimes et de la Marine marchande, Louis Marie Nombo-Mavoungou, à vous merci.

Mon cher Olivier Mornet, toi qui viens fraîchement de Paris, merci pour nos collègues des Affaires maritimes françaises et particulièrement ceux de notre promotion 1983 – 1985 à l'Ecole d'administration des affaires maritimes de Bordeaux où nous étions plus d'une dizaine d'élèves français, 5 Ivoiriens, 1 Sénégalais, 1 Gabonais, 1 Béninois : tu leur diras que le Congolais suit la voie tracée.

A mes parents, ma chère et tendre épouse Palmera, ceux et celles de mes enfants ici présents : Bibilo, Papa Ley, Kukel et Tilo, mon père Jean Pierre ici présent, ma mère Julienne Angélique qui nous a quittés depuis le 24 mars 2002, mes frères et mes sœurs. Mon oncle, le colonel Denis Ngoma, tu te rappelleras que c'est à quelques mètres d'ici, au 4 de la rue Nzoungou, que nous vivions en 1977, quand j'étais en 1ère année à la Faculté de droit de l'Université Marien Ngouabi.

Tout ceci n'est que symbole.

Merci pour toutes les attentions à mon égard.

A vous tous ici présents, merci.

Je voudrais vous rassurer que le travail ne fait que commercer, car la République du Congo, notre pays, voguant vers son 50ème anniversaire a plus que jamais besoin de nous.
Le secteur maritime congolais est à la croisée des chemins du développement économique de notre pays et de la sous-région.

Le général de Gaulle disait : « La gloire se donne seulement à ceux qui l'ont toujours rêvée et méritée ».

Mesdames et messieurs,

Ma conviction est faite, car quels que soient les dangers, les drames que nous aurons à traverser par-dessus tout et toujours nous savons où nous allons : Pour le Chemin d'Avenir du Congo.

Il faut de la force pour tenir son rang et son mouvement est d'imposer à l'action sa marque, de la prendre à son compte et d'en faire son affaire.

Voilà le serment que je fais à l'occasion de cette cérémonie de décoration à la dignité d'Officier dans l'ordre du mérite maritime français.

Le poète Jean Baptiste Tati-Loutard dans "Appel de la mer" tiré de *Racines Congolaises* disait : « Cette odeur d'infini qui toujours vous chavire, c'est l'éternel vertige en regard de la mer devant vous et de toutes parts écartelée, respire tout bas la mer par toutes ses fosses, c'est la naissance d'un immense désir, d'un monde qui sans cesse vous désire ».
Que ceux et celles qui me voient porter ce jour, 20 juillet 2010, cette décoration en soient fiers et fières, car c'est la symbolique d'un autre sursaut.

Je vous remercie.

Message à l'occasion de la Journée économique Congo-Picardie devant les membres de la chambre régionale de commerce et de l'industrie de Picardie,
Amiens, le 27 octobre 2011

Monsieur le président de la Chambre régionale du commerce et l'Industrie de Picardie,
Monsieur le Président de la Chambre de commerce, de l'industrie, de l'agriculture, et des métiers de Pointe-Noire,
Excellence monsieur l'ambassadeur du Congo en France,
Mesdames et messieurs les décideurs économiques,
Chers invités,

Je voudrais vous remercier au nom du président de la République du Congo et du Gouvernement, que je représente, pour mettre à l'honneur le Congo en organisant cette journée d'échanges.

Je vous remercie également pour l'accueil que vous nous avez réservé en terre de Picardie.

Nous avons répondu favorablement à l'invitation du président Lebrun pour prendre part à cette journée économique dédiée à la coopération Congo-Picardie qui, je l'espère, sera l'occasion de découvrir les potentialités du Congo à travers les nombreuses opportunités économiques, commerciales et industrielles, dans un contexte de profondes mutations qui touchent directement vos activités.

Au-delà des enjeux économiques qui sont au centre de cette rencontre, c'est pour moi personnellement une grande satisfaction d'être parmi vous ici.

En effet, en mars dernier, c'était un grand honneur de recevoir monsieur le président Lebrun à Pointe-Noire, qui était venu pour la première fois au Congo et en Afrique noire. Il était accompagné de monsieur Marc Flecher, l'ancien proviseur du lycée Amyot d'Inville de Senlis, et de monsieur Jean Kernaïse Mavoungou, président de l'Association AFICADA.

Cette délégation a parcouru l'autoroute Pointe-Noire - Brazzaville dans son premier module Pointe-Noire - Dolisie, dont les travaux de construction sont en cours de finition, puis rencontré la première Dame du Congo, madame Antoinette Sassou-N'Guesso, avant d'être reçue dans ma circonscription électorale de M'Vouti, par monsieur Dieudonné M'Boumba, sous-préfet qui est ici présent.

Le Congo a un potentiel de développement économique considérable. C'est un pays en croissance, post-conflit, qui présente actuellement de très nombreux atouts notamment dans le domaine agro-industriel et minier.

Par exemple, nous modernisons les infrastructures du port autonome de Pointe-Noire, pour le rendre plus compétitif et sûr pour les armateurs. Les grands acteurs du monde maritime réclament cette réforme depuis longtemps, ainsi que la modernisation de sa gouvernance qui favorisera la création de nouveaux emplois, l'accroissement du volume d'activité, notamment avec l'agrandissement des infrastructures portuaires pour accueillir les plus gros porte-conteneurs au niveau mondial.

Le Gouvernement veut relancer les activités fluviales, afin que notre pays retrouve sa vocation de pays de transit et continue de jouer un rôle stratégique au sein de la Communauté économique et monétaire de l'Afrique centrale (CEMAC),

Partout où les réformes des ports maritimes sont réalisées, les activités de manutention sont privatisées. Pour cela, les activités de manutention initialement exercées par les ports sont transférées à des opérateurs privés.

Le Gouvernement a adopté "un ambitieux plan d'investissement" pour le Port autonome de Pointe-Noire avec l'appui des bailleurs de fonds internationaux. L'objectif est de gagner des parts de marché, de mettre le port aux normes de sûreté en vigueur au niveau international, dans un contexte de lutte contre le piratage maritime et le terrorisme.

Aux termes de ce plan, le secteur privé sera chargé de la gestion des quais, l'Etat n'assurant plus que ses missions régaliennes (gestion des domaines portuaires, sécurité, etc.).

Le Gouvernement veut également développer le tourisme fluvial, le tourisme proximité, le tourisme vert, pour un meilleur équilibre de l'aménagement du territoire et le développement durable, source de création de richesses et d'emplois directs et indirects.

Le Congo dispose de 22,2 millions d'hectares de forêts. L'Organisation des Nations Unies pour l'alimentation et l'agriculture (FAO) estime la production annuelle du massif forestier du nord à 1.500.000 m^3 de variétés de bois dites « rouges », le sipo et le sapelli.

Actuellement, les eaux continentales sont insuffisamment explorées. Leur potentiel se situe entre 70.000 et 90.000 tonnes de poissons par an.

La demande nationale, estimée à 45.000 tonnes par an, est loin d'être satisfaite par une production annuelle qui se limite à 15.000 tonnes. Parallèlement à la pêche continentale se développe, sur la façade maritime, la pêche en mer. Pêche industrielle et pêche artisanale y cohabitent.

Le Congo a prévu une véritable réforme pour attirer les investissements et faciliter le business (plan d'action pour l'amélioration des affaires). D'autre part, des programmes d'investissement public, notamment pour l'amélioration des infrastructures sont mis en place.

Le Congo a le taux de croissance le plus élevé en Afrique centrale et connaît un fort taux de croissance de la production industrielle. Il a donc un potentiel important et offre diverses opportunités pour les investisseurs. De plus, son atout humain est non-négligeable : la jeunesse et le niveau d'instruction élevé de sa population active en font un pays très dynamique.

Le Congo détient désormais toutes les cartes pour devenir un pays-cible de l'investissement international.

Nous voulons sensibiliser les décideurs, que vous êtes, aux possibilités qu'offre notre territoire. Des opportunités vont se confirmer avec l'accroissement du trafic fluvial en matière de transport et de logistique, avec la réalisation du pont Brazzaville-Kinshasa. Sur le plan touristique et culturel. Mais ces évocations ne suffisent pas à elles seules pour convaincre de la possibilité d'un fort développement du tourisme, du commerce, des services, voire même de l'industrie, car on peut imaginer par exemple que sur les rives de l'Oise face à la forte demande que générera le nouveau canal l'on ait des chantiers navals de production de péniche ou de barges, des ateliers de réparation hors d'eau pour les bateaux, des commerces d'accastillage, des activités de loisirs, des centres de formations aux métiers de la rivière, bref toutes les activités liées au secteur fluvial.

Pour terminer, je dirais que le fleuve, tant du point de vue des transports, de la logistique, de l'environnement que du tourisme, peut devenir le vecteur d'un nouvel essor économique de notre pays, compatible avec une politique d'aménagement du territoire qui favorise le développement durable des activités et donc de l'emploi.

Je vous remercie.

TESTAMENT AU SECTEUR MARITIME

Discours à la cérémonie d'ouverture de la première réunion des chefs des administrations maritimes des pays francophones d'Afrique de l'Ouest et du Centre, des Comores et de Madagascar
Abidjan, le 9 juillet 2015

Monsieur le Premier ministre, chef du gouvernement,
Monsieur le ministre des Transports et cher aîné ;
Excellence mesdames et messieurs les chefs de délégations diplomatiques ;
Monsieur le représentant du secrétaire général de l'Organisation maritime internationale ;
Monsieur le secrétaire général de l'Organisation maritime de l'Afrique de l'Ouest et du Centre ;
Monsieur le coordonnateur régional francophone de l'Organisation maritime internationale ;
Mesdames et messieurs les chefs des administrations maritimes ;
Mesdames et messieurs ;
Distingués invités ;

C'est pour moi un agréable plaisir et un réel privilège de prendre la parole à l'occasion de la cérémonie d'ouverture de cette première réunion régionale des chefs des administrations maritimes francophones de l'Afrique de l'Ouest et du Centre, des Comores et de Madagascar, au nom du Gouvernement de la République du Congo et de son chef, Son Excellence Denis Sassou-N'Guesso, président de la République, chef de l'Etat.

Mais, avant tout propos, je voudrais remercier la République de Côte d'Ivoire, pays hôte de l'Organisation maritime de l'Afrique de l'Ouest et du Centre (OMAOC), d'avoir facilité la tenue de ces assises, ainsi que son chef, le président Alassane Ouattara et surtout d'avoir permis que cette cérémonie soit rehaussée de la présence très remarquée de Son Excellence monsieur le Premier ministre, chef du Gouvernement.

La présence à Abidjan, cette ville qui a déjà vu naître nombre d'initiatives africaines, de tous les responsables des administrations maritimes ayant en commun la langue française, est une autre preuve que nos Etats disposent toujours de plusieurs plateformes où des questions diverses peuvent être discutées.

Mesdames et messieurs,

Alors que l'Afrique a été partie prenante au développement de l'industrie maritime dans le monde, cette partie du monde n'a pas su tirer, de manière pérenne, profit de sa place naturelle.
En effet, il est généralement admis dans les sphères des institutions commerciales ou financières mondiales que l'Afrique, deuxième continent en termes de superficie avec 30 millions de km² et couvrant un cinquième (1/5) de la superficie de la planète, présente les caractéristiques ci-après :

- Trente-huit (38) pays africains ont accès à la mer, mais ne participent au transport maritime mondial qu'à hauteur de 1,2%. :
- Environ 90% des importations et des exportations de l'Afrique sont transportés par voie maritime.

En sus, l'utilisation de plus en plus intense des océans et des mers par différents secteurs, associée au changement climatique ont contribué à faire augmenter la pression exercée sur le milieu marin.

Le domaine maritime africain en même temps qu'il offre d'importantes possibilités de croissance à toutes les Nations africaines pour leur sécurité et leur prospérité, est d'une importance énorme en termes de ressources naturelles et énergétiques, de commerce et d'industrie, des activités scientifiques et de loisirs.

Les nombreux navires, les ports, les chantiers navals et les industries appartenant au domaine maritime africain devraient, en principe, fournir des millions d'emplois aux Africains.

Ces dernières décennies, les pertes de revenu lié aux activités illégales au sein du domaine maritime africain se chiffrent en centaines de millions de dollars américains, sans compter les pertes de vies humaines.

En conséquence, le développement du domaine maritime africain exige des solutions innovantes et des systèmes de gestion adaptés, afin d'assurer sa durabilité à long terme ainsi que la mise en œuvre des réglementations nationales et internationales et des instruments pour relever les défis actuels.

Mesdames et messieurs,

Que faire alors ?

En essayant d'apporter des réponses idoines à cette question, la Commission de l'Union africaine s'est fixé pour objectif de construire autour des mers et

des océans une Afrique unie et intégrée, déterminée à établir pour elle-même une stratégie ambitieuse capable de tirer la meilleure partie de ses ressources humaines et matérielles, et soucieuse d'assurer le progrès et la prospérité de ses citoyens.
Le 14 janvier 2014, l'Union africaine a adopté ainsi la Stratégie africaine intégrée pour les mers et les océans d'ici à l'horizon 2050, dite Stratégie AIM 2050 sous l'impulsion du président Denis Sassou-N'guesso de la République du Congo.
La Stratégie AIM 2050 qui comble le vide constaté est un consensus qui permet de disposer d'un outil d'intégration économique et social.
C'est une vision africaine intégrant tous les aspects liés au domaine maritime en vue du bien-être social des populations africaines.
Elle vise à développer l'économie bleue qui favorise la création d'une plus grande richesse à partir de l'espace maritime pour une Afrique intégrée, prospère et pacifique ; une Afrique conduite et gérée par ses propres citoyens et représentant une force dynamique sur la scène mondiale.

La Stratégie AIM 2050 épouse bien sûr les idées fortes prônées par la Convention internationale de 1982 sur le droit de la mer ainsi que les principales préoccupations de l'Organisation maritime internationale.
Elle doit donc être interprétée et mise en œuvre conjointement avec tous les cadres réglementaires nationaux et internationaux et les initiatives en cours en Afrique.

Mesdames et messieurs,

Dans ce contexte, l'OMAOC née ici à Abidjan le 7 mai 1975 et « remodulée » en août 1999 toujours ici à Abidjan doit jouer son rôle de porte-parole unique des concertations maritimes au plan sous-régional. Ce qui, de facto, nécessite que l'organisation sorte des sentiers battus et amène à penser à une politique maritime intégrée, volontariste, bénéficiant du soutien de tous les Etats, mais aussi de tous les acteurs dont l'intérêt majeur et même la raison d'être résident dans le développement progressif du secteur.

C'est à cela qu'il me plaît d'engager l'ensemble des décideurs, des experts et des chefs des administrations maritimes que vous êtes, afin de redonner à notre organisation commune le crédit dont elle a joui jusque-là.
Il y a donc matière à réflexion et à débats.
Et c'est tout l'intérêt de cette réunion pour laquelle nous remercions infiniment l'OMI et tout spécialement le Coordonnateur régional pour ses activités dans la zone francophone de l'Afrique, monsieur Honorat A. Hoba qui n'a ménagé aucun effort pour y parvenir.

Mesdames et messieurs,

La 1ère réunion régionale des chefs des administrations maritimes des pays francophones de l'Afrique de l'Ouest et du Centre, des Comores et de Madagascar est le lieu indiqué d'échanger sur les expériences des politiques de chaque administration afin d'améliorer leurs performances dans la gestion des activités maritimes, de passer en revue les législations nationales sur les conventions internationales ratifiées et mises en œuvre par les Etats membres.

Dans l'administration maritime, jouissant de son particularisme comme celui du droit maritime et du droit international de la mer, l'unité d'action, la hiérarchie, le respect de l'autorité et de la discipline, la sécurité des biens et des personnes, l'action de l'Etat en mer sont des nécessités d'ordre public : la Côte d'Ivoire et le Gabon et bientôt le Congo en faisant des corps habillés paramilitaires ont compris le particularisme à l'instar des douanes et des eaux et forêts à côté de la marine nationale et de la gendarmerie.

Mesdames et messieurs,
Honorables chefs des administrations maritimes,

Permettez-moi d'être volontairement hors sujet pour faire l'apologie d'un constat après 35 ans de vie administrative maritime.

En effet, ceux de ma génération notent une démission de l'administration maritime face aux enjeux de l'heure et de leurs attributions, alors que la réglementation maritime internationale a plus que jamais créé les conditions idoines de leur prise en main.

- Les administrations maritimes sont-elles aujourd'hui au service de nos économies respectives ?
- Quelle administration maritime pour la décennie 2015-2026 ?

Ces deux questions devraient résonner dans la conscience de chacun d'entre vous, messieurs les chefs des administrations maritimes.

Partons du fait qu'il nous faut lutter contre la vie chère que subit la population de nos pays respectifs, la doctrine maritime en la matière et confortée par l'Union des Conseils des chargeurs africains, organe spécialisé de l'Organisation maritime de l'Afrique de l'Ouest et du Centre montre que les taux de fret sont élevés et sont fixés unilatéralement par les armateurs.

L'Afrique francophone dispose-t-elle encore d'armements dignes de ce nom ?

Quel est l'apport des administrations maritimes devant cette impasse que vivent les Conseils des chargeurs et partant les éventuels volontaires opérateurs économiques pour embrasser l'activité d'armateur ?
L'histoire me fait un clin d'œil vers le pays où nous sommes, oui la Côte d'Ivoire, avec ce qu'était la SITRAM et la SIVOMAR des années 80 pour lesquelles ma reconnaissance est sans limites, car j'ai pu en 1984 parfaire ma formation d'administrateur des Affaires maritimes en navigant sur le BOUAKE et le CAYENNE de la SITRAM.

Alors et pourquoi cela n'existe plus aujourd'hui ?

Quelle est l'administration chargée de veiller à la délivrance des diplômes et brevets eu égard à la convention STCW ? Accompagne-t-elle les instituts de formation comme l'Académie d'Abidjan ? Et pourquoi ne pas avoir une Ecole d'administration maritime commune à l'instar de l'ENA- d'Abidjan et listée par l'Organisation maritime internationale ?

De manière générale et ce forum organisé par l'Organisation maritime internationale arrive à point nommé, car il est constant que nous devons parler de la ratification et de la mise en œuvre des Conventions maritimes internationales, mais le faire à quel prix ?
L'administration maritime, seul référentiel, dans les Conventions maritimes doit jouer son rôle devant les Gouvernements des Etats, car seule elle participe aux réunions de l'Organisation maritime internationale.

Messieurs les chefs des administrations maritimes, si vos Etats ne ratifient pas les Conventions peut-on dire que vous n'arrivez pas à convaincre vos ministres respectifs ?

L'Organisation maritime internationale est ici interpellée pour mettre en place un mécanisme cohérent pour la mise en œuvre des Conventions maritimes dans le Programme intégré de coopération technique.

L'absence chronique de nos Etats aux réunions de l'Organisation maritime internationale, combien vont encore à l'Assemblée générale de novembre à Londres, tenue de 2009 à 2013, moins de 15 Etats y ont participé surtout que moins de 5 sont membres du Conseil.

Et la représentativité de l'Afrique francophone au sein du Système OMI, oh, une véritable peau de chagrin, j'ai noté qu'après 2013, il n'y a plus personne au siège.

Que fait l'administration maritime devant les questions de lutte contre la piraterie maritime après le sommet des chefs d'Etat et de gouvernement de la CEEAC et de la CEDEAO du 25 juin 2013 à Yaoundé ? Même si elle a brillé de son absence en dehors du Congo et du Sénégal.

Je rappelle néanmoins que le débat continu en novembre 2015 à Lomé.

Il n'est plus de secret que l'Europe a fait prendre des dispositions d'agréer des sociétés privées armées à assurer la protection des navires, mais que pense l'administration maritime, car ces navires vont entrer dans nos ports respectifs.

Mesdames et messieurs,

Il est aujourd'hui plus impérieux que l'administration maritime reprenne ses responsabilités en créant les nouvelles conditions de mise en vigueur des Conventions maritimes, car chaque Etat est 1 voix, donc abolir le pourcentage par rapport au tonnage, arme destructrice des pays développés vers les nôtres.

Il faut mettre en exergue la liste de ces experts que doit utiliser l'Organisation maritime internationale.

S'impliquer fortement sur les questions de construction navale par exemple la gestion des embarcations de faibles dimensions.

Associer les pays enclavés dans la question maritime à l'image de la Convention de Rotterdam et des Règles d'Almaty.

Revoir le poids de l'Afrique dans l'aréopage du personnel navigant, combien de marins africains naviguent en 2015 ? Afin que le thème de la Journée mondiale de la mer 2015 "Education et formation maritimes" ne soit pas un vain mot.

S'adapter aux nouvelles normes sur le rôle d'équipage numérisé, sur le jaugeage des navires par les sociétés de classification, le renforcement de la cohérence de l'action de l'Etat en mer, l'extension de la délégation à la classe, sur les frontières maritimes, sur l'audit de l'Organisation maritime internationale.

Mesdames et messieurs,

Ma conviction profonde après ces années d'expérience est que nos Etats ratifient la Charte africaine des transports maritimes révisée du 26 juillet 2010.

Elle a été, jusqu'au 29 avril 2014, signée par 16 Etats dont l'Angola, le Bénin, le Burkina Faso, la Côte d'Ivoire, la République du Congo, la Guinée, la Guinée-Bissau, Madagascar, le Niger, le Togo... Elle n'a été ratifiée que par 07 Etats dont le Bénin, la République du Congo, le Gabon, l'Ile Maurice, le Togo…, alors qu'elle ne devrait avoir que 15 ratifications pour entrer en vigueur.

Il faut savoir que l'article 7 de la Charte parle des administrations maritimes.

Messieurs les chefs des administrations maritimes, pendant que vous statuez sur la ratification des conventions maritimes, faites prendre les dispositions afin que l'Afrique francophone envahisse en novembre 2015 la 29e Assemblée générale de l'Organisation maritime internationale à Londres, car les absents ont toujours tort.

Par anticipation, l'on peut dire merci au secrétaire général de l'Organisation maritime internationale, Koji Sekimizu, pour son mandat et d'avoir facilité la tenue de cette réunion et bonne arrivée pour le 1er janvier 2016 du nouveau secrétaire général Lim Ki-Tack qui est un administrateur maritime tout en espérant qu'un jour il visitera l'Afrique francophone.

Mesdames et messieurs,

N'entrons pas dans le futur à reculant et la tradition bantu enseigne comme le dit l'écrivain congolais Alain Mabankou : « Là où l'homme est passé, l'empreinte s'éternise et dans le village d'où je viens, les arbres aussi versent des larmes lorsque perdure l'absence des oiseaux sur leurs branches ».

Vive l'Afrique

Vive l'Organisation maritime internationale

Je vous remercie.

Table des matières

Le Congo-Brazzaville aux éditions L'Harmattan

Dernières parutions

GUIDE DES RELATIONS GOUVERNEMENT-PARLEMENT EN RÉPUBLIQUE DU CONGO
Tsalissan Okombi Digne Elvis
La Constitution du 6 novembre 2015 consacre l'avènement d'une nouvelle ère institutionnelle marquée par le renforcement des pouvoirs du Parlement. Ce nouveau cadre institutionnel implique une gestion plus étroite et plus efficace des relations entre l'exécutif et le législatif en vue de répondre aux exigences du jeu démocratique, de la bonne gouvernance et de la stabilité de l'État. Ce livre expose les méandres de la procédure législative, de l'initiative d'un texte à sa publication au Journal officiel. Il nous plonge aussi dans les coulisses des rapports spécifiques entre le gouvernement et le Parlement.
(Harmattan Congo-Brazzaville, 16.50 euros, 146 p.)
ISBN : 978-2-343-12225-0, ISBN EBOOK : 978-2-14-004248-5

LE QUOTIDIEN DES ARTÈRES URBAINES DU CONGO
Essai de description et d'analyse spatiale
Moundza Patrice
L'aménagement des artères urbaines est, dans une large mesure, à l'origine de la croissance démographique et de la densification de nombre de quartiers des villes congolaises. L'étude de la vie et des activités sur ces avenues montre leur place dans la pratique quotidienne de nombreux citadins. Elles constituent des espaces commerciaux et de loisirs abondamment fréquentés. Les grandes artères n'échappent pas à la crise de l'environnement urbain : trafic automobile de plus en plus intense, embouteillages, éclairage public déficient, déchets de toutes sortes dans les caniveaux...
(Coll. Études africaines, 13.50 euros, 116 p.)
ISBN : 978-2-343-11891-8, ISBN EBOOK : 978-2-14-004286-7

CONQUÊTE, RÉSISTANCE ET TERREUR EN AFRIQUE ÉQUATORIALE FRANÇAISE
Un passé colonial oublié du bassin de l'Alima-Nkeni (1911-1946)
Gassongo Benoît - Préface, introduction et notes par François Onday-Akiera
En 1900, l'Empire français est en marche aux quatre coins du monde. En Afrique centrale, Paris institue un impôt de capitation qui mettra le feu aux poudres. Après l'institution de ce racket, les Français passent à l'application d'une stratégie de mise en condition des populations par l'exercice d'une terreur de masse. Survivant d'un de ces massacres, Mgr Benoît Gassongo a capté des moments où s'exerça cette terreur de masse reléguée dans le silence du temps et de l'oubli, que l'auteur interroge pour exhumer un passé colonial ignoré des génération actuelles.
(Harmattan Congo-Brazzaville, 20.00 euros, 194 p.)
ISBN : 978-2-343-11702-7, ISBN EBOOK : 978-2-14-004133-4

LA VISION VERTE DE DENIS SASSOU-NGUESSO FACE À UN MONDE EN DANGER ET AVEUGLE
Évangile du management de l'environnement et du développement durable
Peya Michel Innocent
L'auteur consacre ce livre au combat de Denis Sassou-Nguesso, qui ne cesse d'alerter et de prévenir le commun des mortels des dangers liés à la destruction de l'environnement et au changement

climatique. Il prône une gouvernance mondiale verte et inclusive en vue d'assurer au profit de la Terre une transition et une intégration écologiques qui épargneraient à notre planète la catastrophe.
(25.00 euros, 270 p.)
ISBN : 978-2-343-12529-9, ISBN EBOOK : 978-2-14-004202-7

RECUEIL DE CONTES VILI
Analyse des parcours figuratifs et symboliques
Gomas Aimée Noëlle
Les contes de ce recueil ont un fond culturel vili (sud-ouest du Congo) et traitent de la totalité des thèmes qui résument la vie de cette société. Ils dévoilent tout ce qu'on ne dit pas, ce que l'on dissimule aux autres, ce que la pudeur arrête sur les lèvres. En proposant une approche des parcours symboliques, ce livre invite chacun à découvrir le sens profond des contes et à les comprendre au second degré.
(Harmattan Congo-Brazzaville, 13.50 euros, 108 p.)
ISBN : 978-2-343-12408-7, ISBN EBOOK : 978-2-14-004366-6

INTRODUCTION À L'HISTOIRE ET AUX CIVILISATIONS DES PEUPLES DE LA LÉKOUMOU (CONGO)
Goma-Thethet Joachim, Ipari Marcel, Mackitha Raymond Timothée
Préface de Jean-François Owaye
Située au sud-ouest du Congo Brazzaville et adossé au massif du Chaillu, la Lékoumou est un département peuplé de quelques milliers d'autochtones (Babongo) et de communautés ethniques appartenant aux aires culturelles teke et kongo. Ce premier travail introductif sur la Lékoumou s'emploie à présenter au public les éléments de l'histoire et des civilisations de cette partie du Congo.
(Coll. Études africaines, 21.50 euros, 206 p.)
ISBN : 978-2-343-09441-0, ISBN EBOOK : 978-2-14-004045-0

LA DÉCHÉANCE DES MŒURS AU CONGO
Les antivaleurs
Nimbi Eugène
Les antivaleurs désignent l'ensemble des comportements contraires à l'éthique morale, professionnelle et politique. Au Congo, les antivaleurs souffrent de ce que leur histoire n'a pas de traces écrites, bien que tout le monde constate leurs ravages. L'auteur veut tirer la leçon dans l'histoire politique du pays et donner à chacun sa part de responsabilité dans le développement éhonté de ce fléau social.
(Harmattan Congo-Brazzaville, 13.50 euros, 110 p.)
ISBN : 978-2-343-12002-7, ISBN EBOOK : 978-2-14-003859-4

LA PAIX AU CONGO BRAZZAVILLE
Antoine-Ganga Dieudonné - Préface d'Albert K.Ekue
Depuis 1997, la situation de la République du Congo-Brazzaville ne s'est pas stabilisée. La paix y est toujours perturbée. La sécurité demeure précaire et trop d'armes restent entre les mains de personnes incontrôlables. Les femmes et les hommes politiques arrogants, obnubilés par leur goût effréné du pouvoir pour le pouvoir foulent aux pieds les intérêts du peuple congolais. Cet ouvrage pose les questions suivantes : Que voulons-nous ? Qui perturbe la paix et pourquoi ? Quelles sont les conditions d'une paix durable et comment y parvenir ?
(Coll. Justice Internationale, 19.00 euros, 178 p.)
ISBN : 978-2-343-11506-1, ISBN EBOOK : 978-2-14-003709-2

RÉSIDENCE EN TERRE BRÛLÉE
M'Bemba-Ndoumba Gaston
Les traumatismes de guerre sont saisis ici dans leur réalité brute, loin des complaintes habituelles. L'auteur s'appuie même sur un humour subtil qui redonne une couleur humaine aux personnages, survolant ainsi leurs déséquilibres. Cet ouvrage s'élève en silence comme un vaste chant qui revendique la vie, signe de l'infini de l'espoir. Cette histoire est vraie, comme peut l'être une

histoire imaginée de bout en bout. Cette histoire a été vécue dans une conscience réelle et vraie, pleine de sang visible et invisible ; le sang est toujours vrai.
(Harmattan Congo-Brazzaville, 10.00 euros, 62 p.)
ISBN : 978-2-343-11553-5, ISBN EBOOK : 978-2-14-003643-9

UNE VIE DE BATTANT
Récit
Etou Paul Carroph
Cette autobiographie dresse le parcours atypique de l'auteur, Paul Carroph Etou, qui a su se frayer un chemin de réussite avec l'aide de tous ceux qu'il a connus et connaît encore. Soumis à de rudes épreuves (maladies, jalousie, calomnie, médisance, haine, traîtrise, hypocrisie, et même tentative d'élimination), il s'est battu et se bat encore pour poursuivre sa route avec confiance et assurance.
(Harmattan Congo-Brazzaville, 14.00 euros, 126 p.)
ISBN : 978-2-343-11200-8, ISBN EBOOK : 978-2-14-003584-5

GÉOGRAPHIE DU CONGO
Mélanges offerts au Professeur Bonaventure Maurice Mengho
Sous la direction de Patrice Moundza - Préface du Professeur Yolande Berton - Ofouemé
Cet ouvrage est un recueil de travaux de recherche originaux produits par des enseignants-chercheurs à l'université Marien Ngouabi et des chercheurs évoluant dans d'autres structures scientifiques et techniques. Ils couvrent plusieurs domaines de la géographie du Congo si chère au professeur Bonaventure Maurice Mengho. Les travaux qu'il rassemble relèvent de la géographie et de l'environnement. Ils constituent des éléments de connaissance, de réflexion et d'analyse sur le Congo.
(Coll. Études africaines, 28.00 euros, 270 p.)
ISBN : 978-2-343-10310-5, ISBN EBOOK : 978-2-14-003259-2

PLAIDOYER POUR LE CHANGEMENT DES MENTALITÉS AU CONGO !
Obami Odilon
Aucun changement social n'est possible sans le changement des mentalités ! Cette assertion est si évidente qu'en Afrique en général, et au Congo en particulier, la première révolution qu'il faille faire pour insuffler le développement socioéconomique est celle des mentalités. Car en Afrique le sous-développement est d'abord mental. Ainsi, du sommet à la base et dans tous les domaines de la vie en société, il est impératif que chacun agisse aux fins de substituer les antivaleurs qui nous tirent vers le bas par des valeurs positives qui fondent l'éthique républicaine dans la perspective du développement intégral.
(16.00 euros, 144 p.)
ISBN : 978-2-343-11390-6, ISBN EBOOK : 978-2-14-003221-9

LE MYSTÈRE DE LA DÉMOCRATIE EN AFRIQUE
L'exemple du RDPS au Congo-Brazzaville
Ghoma Lefort Robert
Après la chute du mur de Berlin, la démocratie fut propulsée dans les pays d'Afrique noire. Celle-ci repose *a priori* sur deux piliers : une Constitution stable respectée par les gouvernants (surtout) et les autres citoyens ainsi qu'un partage équitable du PIB (produit intérieur brut) par tous et la justice sociale. Le problème, c'est que ces deux piliers fondamentaux sont mis à mal en Afrique noire : ceci est la cause des guerres, de la prolongation et de la modification en cascade des constitutions. Cette étude est organisée autour du cas du Rassemblement pour la démocratie et le progrès social (RDPS) au Congo-Brazzaville.
(19.50 euros, 190 p.)
ISBN : 978-2-343-09920-0, ISBN EBOOK : 978-2-14-002882-3

L'ÉGLISE À L'ÉPREUVE DE L'HISTOIRE AU CONGO
Identité, responsabilité et défis
N'semi Fabrice - Postface de Mgr Louis Portella Mbuyu
Cet ouvrage propose une analyse de la place de la foi chrétienne dans l'histoire et dans la société congolaise contemporaine. Il décrit le parcours croisé de l'Eglise et de l'Etat au Congo

postcolonial, en vue d'opérer une évaluation, sans complaisance, du rôle sinon mitigé, du moins ambigu des chrétiens dans le processus politique au Congo.
(Coll. Croire et savoir en Afrique, 15.50 euros, 144 p.)
ISBN : 978-2-343-09425-0, ISBN EBOOK : 978-2-14-001335-5

LA TUTELLE POLITIQUE DANS LA PRODUCTION DE L'INFORMATION DE PRESSE EN AFRIQUE FRANCOPHONE
Le cas du Congo-Brazavillle
Minkala-Ntadi Pierre - Préface de Bertrand Cabedoche
Ce livre traite de l'évolution de la presse africaine francophone dans un contexte de mutations sociopolitiques récurrentes. S'appuyant sur le cas particulier du Congo-Brazzaville, l'analyse démontre clairement comment les mutations sociopolitiques induisent des logiques sociales de la communication qui interfèrent dans la médiatisation de l'expérience sociale. Mais au-delà de cette analyse du terrain congolais, cet ouvrage offre au lecteur des outils théoriques pour interpeller le rapport des médias avec le politique.
(Coll. Études africaines, 20.50 euros, 196 p.)
ISBN : 978-2-343-07354-5, ISBN EBOOK : 978-2-14-001425-3

VIVRE À BRAZZAVILLE
Gankama Emile
Comme une caméra que l'on promène le long de la route, Émile Gankama dresse à travers ce livre le quotidien des habitants de Brazzaville, ville cosmopolite et hospitalière. Chacun y a son métier, chacun y joue son rôle. *Vivre à Brazzaville* est un livre qui peut servir de guide pour séjourner à Brazzaville.
(Harmattan Congo, 11.00 euros, 74 p.)
ISBN : 978-2-343-07397-2, ISBN EBOOK : 978-2-336-39857-0

LE CONGO
Enjeux d'une gouvernance démocratique
Gandou D'Isseret Crépin Gyscard
La mise en place d'une gouvernance démocratique solide au Congo ne pourra se faire que par le biais d'une réforme politique profonde impliquant : des partis politiques forts, des groupes de défense des intérêts, un nouveau système électoral, un équilibre entre institutions, une séparation fiable des pouvoirs, une société civile active, un contrôle des actions des gouvernants, la création d'emplois et de richesse et la protection des libertés civiles et politiques. Le système actuel ne peut assurer un déploiement conséquent du jeu politique.
(Harmattan Congo, 24.50 euros, 240 p.)
ISBN : 978-2-343-06723-0, ISBN EBOOK : 978-2-336-39578-4

LE MARIAGE COUTUMIER CHEZ LES SUUNDI DU CONGO-BRAZZAVILLE
Sous la direction de Jean-Félix Yekoka, Samuel Kidiba et Augus Lembikissa
Préface de Michel-Alain Mombo
Prenant appui sur leurs coutumes ancestrales et leurs valeurs culturelles fondamentales, comment les Suundi du Congo-Brazzaville définissent-ils le mariage ? Quels en sont les fondamentaux et les principales étapes ? Quels sont les biens qui entrent dans la compensation matrimoniale, et quelle est la signification symbolique de chacun d'eux ? Cet ouvrage répond à l'ensemble de ces questions.
(Coll. Études africaines, 18.00 euros, 172 p.)
ISBN : 978-2-343-06336-2, ISBN EBOOK : 978-2-336-39463-3

L'HARMATTAN ITALIA
Via Degli Artisti 15; 10124 Torino
harmattan.italia@gmail.com

L'HARMATTAN HONGRIE
Könyvesbolt ; Kossuth L. u. 14-16
1053 Budapest

L'HARMATTAN KINSHASA
185, avenue Nyangwe
Commune de Lingwala
Kinshasa, R.D. Congo
(00243) 998697603 ou (00243) 999229662

L'HARMATTAN CONGO
67, av. E. P. Lumumba
Bât. – Congo Pharmacie (Bib. Nat.)
BP2874 Brazzaville
harmattan.congo@yahoo.fr

L'HARMATTAN GUINÉE
Almamya Rue KA 028, en face
du restaurant Le Cèdre
OKB agency BP 3470 Conakry
(00224) 657 20 85 08 / 664 28 91 96
harmattanguinee@yahoo.fr

L'HARMATTAN MALI
Rue 73, Porte 536, Niamakoro,
Cité Unicef, Bamako
Tél. 00 (223) 20205724 / +(223) 76378082
poudiougopaul@yahoo.fr
pp.harmattan@gmail.com

L'HARMATTAN CAMEROUN
TSINGA/FECAFOOT
BP 11486 Yaoundé
699198028/675441949
harmattancam@yahoo.com

L'HARMATTAN CÔTE D'IVOIRE
Résidence Karl / cité des arts
Abidjan-Cocody 03 BP 1588 Abidjan 03
(00225) 05 77 87 31
etien_nda@yahoo.fr

L'HARMATTAN BURKINA
Penou Achille Some
Ouagadougou
(+226) 70 26 88 27

L'HARMATTAN SÉNÉGAL
10 VDN en face Mermoz, après le pont de Fann
BP 45034 Dakar Fann
33 825 98 58 / 33 860 9858
senharmattan@gmail.com / senlibraire@gmail.com
www.harmattansenegal.com

www.ingramcontent.com/pod-product-compliance
Lightning Source LLC
LaVergne TN
LVHW011252061026
849535LV00005B/1233
* 9 7 8 2 3 4 3 1 3 4 8 7 1 *